幼稚教育的理論與實務研究（一）

黃文樹　編

主編序

　　幼稚教育，乃一切教育之基礎，其重要性不言可喻。幼稚教育的理論與實務知能，是鋪陳幼教專業的津梁，也是提升幼稚教育效能的法門。本書研撰、編輯之動機，即在充實幼稚教育相關之理論思維及實務研究成果，期以增益同道之幼教理論與實務知能，共同來耕耘幼教園圃，涵育、提昇幼教專業。

　　本書乃有關幼稚教育的理論與實務研究的論文彙集。概分四大篇：第一大篇「幼教思想尋根探源」；第二大篇「幼師培育理念思索」；第三大篇「幼兒教師相關研究」；第四大篇「積木遊戲相關研究」。第一及第三大篇，各有五篇論文，第二大篇有四篇論文，第四大篇有三篇論文，合計十七篇。作者群含蓋國立高雄師範大學教育系、樹德科技大學幼保系和師資培育中心、輔英科技大學幼保系等校幼教相關學系教授，以及現職具有碩士學位之幼稚園教師。每一篇論著均為各文作者之最新力作，體悟與專精各有其獨到處，頗能從多元層面切入，探研幼稚教育的理論與實務。

　　本書脫胎於樹德科技大學師資培育中心最近三年來主辦的學術研討會論文，除將各篇論文依內容性質重新歸類為前舉四大篇外，並修正原作謬誤，增添新識，使架構及品質更臻理想。惟侷限於吾人才學與資料，不當之處，一定存在，尚請讀者批評指教。

黃文樹　謹識

樹德科技大學師資培育中心教授

2007.10.16

目錄

第一篇　幼教思想尋根探源

教師也是知識人

張光甫
（高雄師範大學教育系教授）

一、前言

　　中國傳統社會一向尊重「士」或「讀書人」。「讀書人」不只是讀過四書五經的人，他們信守「士志於道」、「士不可以不弘毅，任重而道遠」的信念。教師自然屬於「讀書人」的階層，他們不只是在「教書」而已，他們也要作為學生的榜樣。

　　「士」或「讀書人」的基本性格與西方人所刻劃的「知識分子」極為相似，他們都以代表「社會的良心」自居。余英時（1988）在〈中國知識分子的創世紀〉一文中，就認為「無論是儒家型或道家型，中國知識分子『明道救世』（顧炎武語）的傳統一直延續了兩千多年，至今仍在。」（頁104）「明道救世」，用薩依德（Edward W. Said）在《知識分子論》（1997）一書中所說，知識分子根據普遍原則，代表公眾陳述意見。這個普遍原則是：

> 在涉及自由和正義時，全人類都有權期望從世間權勢或國家中獲得正當的行為標準；必須勇敢地指證、對抗任何有意或無意違犯這些標準的行為。（頁 48-49）

　　今年三月，余英時（2007）出版一本《知識人與中國文化的價值》，書中說到他從 2002 年以後就不再沿用「知識分子」一詞，而借用「知識人」（intellectual）的日譯。他覺得「知識人」比「知識分子」更適切。他說：

> 我想儘量恢復「intellectual」的「人」的尊嚴，對於中國古代的「士」更應如此。把孔、孟、老、莊一概稱之為「知識分子」似乎總不免感覺著有點彆扭。（頁216）

教師是知識人，他們在傳「道」（文化的核心價值）、授「業」（謀生的志業）、解「惑」（生命之謎）之餘，樹立一種典範供人學習與敬仰。張光甫（2003）在《教育哲學》書中專闢一章討論〈知識人的傳統〉，還稱頌「一群典範」教人景從。

作為知識人的教師應具備那些特質與修養呢？下面分別從說真話、行正道、修文（史哲）學三項說明。

二、說真話

說真話，何難？只要我們保守一顆「童心」。明代思想家李贄（1527-1602）在他的《焚書》裡，有一篇〈童心說〉，認為「童心」即「真心」。他說：

> 夫童心者，絕假純真，最初一念之本心也。若失卻童心，便失卻真心，失卻真心，便失卻真人。人而非真，全不復有初矣。

凡人皆有「童心」，只是年長日久，人們往外探求見聞之知，眩惑於世俗風尚，遂使童心蔽障，「於是發而為言語，則言語不由衷；見而為政事，則政事無根柢；著而為文辭，則文辭不能達。」李贄說。

莊子在〈天地〉篇裡有一寓言，用玄珠比喻真道。有知識的「知」不能得道；會分辨形狀的「離朱」不能得道；好說話力諍的「喫詬」也不能得道。唯獨無相無心的「象罔」才能尋得玄珠。「象罔」絕似「渾沌」，抱道自守；也類如老子所稱頌的「嬰兒」，不在乎外界光怪陸離的迷惑。

　　孟子稱讚「大人者，不失其赤子之心者也。」（〈離婁下〉）也是希望保有赤子之心的大人先生們，說真話、行正道。

　　羅素（Russell，1961）在〈教師的功能〉一文中，首先提出教師最基本的要素是對「心智獨立的感受」（a feeling of intellectual independence）。教師在公意形成的過程中，應本著獨立思考的精神，將知識與理性的態度傳達給百姓。他說：

> 教師不應討好群眾的偏見，也不該諂媚官員的立場。教師專業的德性，讓他們守住正義，不偏不倚；又能努力地從爭辯對立的層次，提昇到冷靜地跟著科學根據走。（頁438）

這種「不討好」、「不諂媚」的態度，也唯有心無蔽障，具有赤子之心的大人才能做到。

　　不過，這種「心智獨立的感受」，「絕假純真」的心思，往往帶給知識分子一些挫折和難堪。薩依德（1997）把「知識分子刻劃成流亡者和邊緣人（exile and marginal），業餘者，對權勢說真話的人。」（頁34）

　　知識人是「對權勢說真話的人」。我在「一群典範」一節裡記載洪業、梁漱溟「對權勢說真話」的生動情節。讓我再舉一例。根據民國九十三年十月十七日《中國時報》記者林志成的一則「台北報導」：中央研究院在十月十六日慶祝南港院區成立五十周年。典禮進行到「本院耆老話當年」時，七十三歲的人文組院士李亦園說了一段往事。「報導」說：

> 李亦園說，蔣介石花了很多心力才請到胡適出任中研院長，胡適在四十七年四月十日就任時，蔣介石出席恭賀。但蔣介石在典禮上表示，要不是發生五四自由運動，共產黨不可能坐大，國民政府也就不必從大陸撤退到台灣來。
>
> 五四運動是胡適擔任北大校長時（按：誤記，當時是蔡元培）北大一群學生所發起。李亦園指出，蔣介石批評五四的說話，讓典

禮氣氛變得非常尷尬。沒想到接著上台的胡適硬是當著蔣介石的面說：「總統，您說錯了！」胡適一講完，所有人臉色都白了，不知所措。自此以後蔣介石未再踏進南港地區一步。

這篇「報導」最後還說：「李亦園語氣平緩的講述這段歷史，坐在最前面的李遠哲自然每字每句都聽得清清楚楚。但對於李亦園的話，李遠哲沒有表示意見。」

知識人無論中外，大多都是「對權勢說真話的人」。那麼他們必然容易成為「流亡者和邊緣人」，甚至囚禁在暗無天日的「勞改」、「勞教」營中，甚至含冤而終。今年恰逢大陸「反右」運動五十周年，據調查，「反右」運動受害者大約有五十五萬五千多人。潘耀明（2007）在〈一頁血寫的歷史〉文中說：

> 五十多萬右派中，大都是黨內外的精英分子，以共產黨知識分子為主。這些人都是在大鳴大放運動中的搖筆桿者和能言善道者，他們白紙黑字的文字或發言記錄，凡是對共產黨提過意見的，即使是善意的批評，均被指為向共產黨進行猖狂進攻的「右派分子」。（頁71）

在「反右運動」中，讓我舉巫寧坤（2007）的著作《一滴淚：從肅反到文革的回憶》來映照知識人的受難與悲情。巫寧坤雖然歷經北大荒勞改農場勞動教育，「文革」期間，關入「牛棚」，又全家流放到農村「接受貧下中農再教育」，他說真話的個性仍舊一貫，無懼無悔。1979年，他的「極右分子」得到「錯劃右派」改正，返國際關係學院任英文系教授。1980年，他參加一項由社會科學院外文系所主辦的「全國外國文學學會」。他選擇了「文藝理論組」參與討論。當會議快結束的時候，他舉起手，表示要講幾句話。在他談到現代派文學的爭論時，他的話風一轉，說：

昨天大會發言的同志，倚靠列寧的權威，把革命與文學對立起來。列寧那篇文章是早在十月革命之前寫的。當時他認為現代派文學在俄羅斯流傳可能不利於布爾什維克革命事業，顯然是出於政治上的考慮。但是，在「文化大革命」後的中國，把現代派文學和革命對立起來，這只能是政治幻想的虛構。至於澤丹諾夫，幸好他早已帶著花崗岩腦袋見史達林去了。如果今天有誰在中國要把選擇強加於人，那麼我肯定會選取自由的文學，而謝絕奴役人的革命！（頁 383）

巫寧坤說完後，全場轟動。他走出會場時，好幾個人跟他握手，興奮地說「講得好」。甚至南京大學「改正右派」中文系張教授攔住他說：「老巫，謝謝你、謝謝！你說了我想說的話。但我不會說。謝謝你說了出來！」他看到張教授的眼睛裡含著淚水。（頁 383）巫寧坤回北京後，去看望卞之琳老師，一見面，卞老師就說：「你在成都又放炮了。副所長回來跟我說，寧坤的思想真解放。我一聽就明白你又惹事了。」（頁 383）

好在中國改革開放後的大環境已經改變，巫寧坤愛說真話的自由不再受限，1991 年他退休後定居美國。1993 年出版英文回憶錄《A Single Tear》，暢銷美國，也是余英時閱讀的第一部「右派分子」的自述。

三、行正道

說真話就得行正道。前引羅素的話，認為「教師不應討好群眾的偏見，也不該諂媚官員的立場。」討好與諂媚就不是說真話，也無法實行正道。用孟子的話說，「以順為正者，妾婦之道也。」（〈滕文公下〉）「順」字正好用來解釋「討好」與「諂媚」的行為。孔子說「道不同，不相為謀。」（〈衛靈公〉）那麼，知識人行正道的唯一抉擇，就是採取不合作、不服從、不戀棧職位、不降志求全的途徑。

　　印度聖雄甘地用「不合作主義」、「非暴力的不服從」對抗英國殖民統治，是最典型的例子。而影響甘地的人正是美國自然主義哲學家，亨利・大衛・梭羅（Henry David Thoreau, 1817-1862）。梭羅生長在麻省康柯德鎮（Concord），該鎮一直是反奴隸運動的中心。他認為美國政府贊助奴隸制度，所以在 1846 年七月他以拒絕納稅被捕入獄。1848 年他公開宣讀了一篇文章〈個人與國家的關係〉，說明自己的立場。1849 年，他把該文的題目改為〈抵抗政府〉（Resistance to Civil Government），也就是後來為人所稱道的〈消極抵抗的義務〉（On the Duty of Civil Disobedience）或更簡單的稱為〈不服從論〉（Civil Disobedience）。（參見陳長房，1991，頁 134-135）

　　採取不戀棧職位的知識人，遠有晉代陶淵明辭去彭澤縣令，作〈歸去來〉表達今是昨非的心境。近有北大校長蔡元培。從 1898 年辭翰林院編修官職起，到 1923 年請辭北大校長，蔡元培共有五次為堅持讀書人的風格而主動請辭職務。蔡校長的辭職，有它實質的象徵意義，它代表了孟子所說「威武不能屈」的大丈夫精神。（參見張光甫，2003，頁 79-82）

　　不降志求全，又能向當權者施以正氣的莫過於史學家陳寅恪。在陸鍵東（1997）《陳寅恪的最後二十年》書中，保留一份由陳寅恪的學生汪籛所記錄的〈對科學院的答覆〉全文。原來汪籛在 1953 年是奉命到廣州勸說陳寅恪北返去擔任中古史研究所所長。陳寅恪在〈答覆〉文中，一開始就點出「我的思想，我的主張完全見於我所寫的王國維紀念碑中。」陳寅恪在「海寧王先生之碑銘」裡有幾句很重要的話。他寫道「士之讀書治學蓋將以脫心志於俗諦之桎梏，真理因得以發揚。思想而不自由，毋寧死耳。斯古今仁聖所同殉之精義，其豈庸鄙之敢望。」他認為王國維的「獨立之精神、自由之思想，歷千萬祀與天壤而日久，共三光而永光。」（頁 115）於是，陳寅恪在〈答覆〉文中，提出兩個條件：

> 我提出第一條:「允許中古史研究所不宗奉馬列主義,並不學習政治」。其意就在不要有桎梏,不要先有馬列主義的見解,再研究學術,也不要學政治。不止我一人要如此,我要全部的人都如此。我從來不談政治,與政治決無連涉,和任何黨派沒有關係。怎樣調查也只是這樣。因此,我又提出第二條:「請毛公或劉公給一允許證明書,以作擋箭牌。」其意是毛公是政治上的最高當局,劉少奇是黨的最高負責人。我認為最高當局也應和我有同樣看法,應從我之說。否則,就談不到學術研究。(頁111)

陳寅恪不但正氣凜然地說真話,也用兩個條件逼退權勢,實踐他的正道。陸鍵東認為「從性格而言,在常人看來跡近幼稚天真的兩個條件,恰恰正是陳寅恪自傲、倔強氣質最鮮明的體現。」(頁105)中國傳統社會知識人的風骨由陳寅恪的言行中得以彰顯。

　讓我再舉一位女性知識人的行止,說明中國傳統社會書香門第中的人格陶冶。根據章立凡(2004)一篇〈綠酒人懷今古潮——談康同璧母女寂寞身前身後事〉記載,康同璧是康有為的女兒,與張滄江教授熟稔。張滄江曾幫康同璧處理一些文案。張氏曾談到康同璧在抗戰期間的一件軼事,她的女兒羅儀鳳也說過這件事。日軍佔領平津之後,日軍華北駐屯軍的軍官曾帶領成隊士兵,到康同璧家探訪。章文記述如下:

> 那時康先生(按:即康同璧)住在後院,他們擅自闖入房間,康先生很惱火,質問道:「懂不懂規矩?進門為什麼不脫鞋?」當然這是日本禮儀,但敵人的囂張氣焰頓時被壓下去了,只好唯唯稱是,一步步倒到門口,脫靴再入內,立在康先生面前行禮。她接下來便斥責日本軍閥發動侵華戰爭,掠我土地,殺我人民的滔天罪行。日本軍官被她的凜然氣節所鎮懾,肅立聆訓不敢造次。

被訓斥了好一陣後，軍官表達了仰慕之意便退出，臨走還對康先生說：「我見到您，就像見到自己的母親一樣。」（頁 94-95）

康有為是清末「百日維新」的靈魂人物，康同璧幼承家學，曾在 1920 年八月到挪威出席萬國女子參政會，用中英文發表演講。她是見過世面的女性知識人。她面對日本軍官所表現的「威武不屈」的態度，也是理所當然的事。

四、修文（史哲）學

　　知識人說真話、行正道的風骨，最容易受世俗的譏讒與惡政的欺凌。一旦邪風腥雨鋪天蓋地而來，知識人如何自處呢？知識人是會讀書的人，他們應該具備文、史、哲學的修養，因為這三種學科可作為生活實踐的活水源頭。我在〈談生命教育〉一文中，認為：

> 文學作品最能蘊發人的情感、顯見人性的超越與幽闇意識。文學探討人性的糾結既深且廣，遂能讓人參透生活的意義，提昇生命的境界。哲學原是一種反省思索的活動與習慣。人透過哲學的突破，方能養成「毋意、毋必、毋固、毋我」的處事態度。凡事慎始而動、持中不懈、臨終不懼，表現一種君子坦蕩蕩的生活情調。歷史教人明白「歷史的長期合理性」的常則。歷史的視界一經放寬，史實與人物都呈現新的形貌。在人類歷史的永恒發展中，有個體生命剎那的呈現與累積（張光甫，1998，頁 196）

　　知識人在現實世界中生活，無所逃於天理人欲的交戰、理想現實的抉擇、人我權利的爭勝。有了文（史、哲）學的修養，知識人總會從人生窮蹇困頓中，超脫出來。Allan Bloom（1987）曾在他的《閉塞的美國心靈》

（The Closing of the American Mind）書中，呼籲美國高等教育應該重拾永恒主義的理念。他認為：

> 現代人要是常讀柏拉圖和莎士比亞的作品，會活得比往常更真切而充實，因為閱讀使他有萬物同體之感，無視於生活中短暫的遭逢。
> Men may live more truly and fully in reading Plato and Shakespeare than at any other time, because then they are participating in essential being and are forgetting their accidental lives. (P.380)

讓我再舉巫寧坤（2007）《一滴淚》中的事例，為 Bloom 的話作見證。巫寧坤在 1958 年四月十七日向半步橋勞教所報到的時候，他塞了英文本的《哈姆雷特》和《杜甫詩選》在他的背包裡。這兩本書伴隨著他渡過半步橋、北大荒、清河農場三處的勞改歲月。文學作品的感染力量在他身上激發，給他一個精神世界，無視於勞改生活的艱辛與凌辱。他告訴讀者：

> 《哈姆雷特》是我百讀不厭的莎劇。可是，在一座中國勞改營裡讀來，丹麥王子的悲劇呈現出意想不到的意蘊。當年我手不釋卷的那些學院式的分析研究和評論，現在都顯得遙遠而毫不相干了。哈姆雷特的吶喊「丹麥是一座監獄！」在這片荒原裡回蕩。（頁115）

巫寧坤同時也承認「詩聖」杜甫的詩篇，本來不是他最喜愛的古詩經典。但是，他說：

> 在勞改營裡讀來，從那些傑作中聽到的是「萬方多難」的時代民族良心的聲音。這位「乾坤一腐儒」，半生顛沛流離，偏偏還要「窮年憂黎元」，荷負天下眾生的苦難，把數十年家國之痛化為彪炳日月的詩篇。（頁116）

巫寧坤在《一滴淚》的書末，用一句話概括他三十年的勞改「牛鬼」生涯：「我歸來，我受難，我倖存」。他說：

受難像一根綿延不斷的線索貫穿生活和歷史的戲劇。或許恰恰因為受難在一個人的生命中佔有一個無比重要的地位，所以一部丹麥王子的悲劇，或是杜甫盪氣迴腸的詩篇，才以人生悲劇的壯麗使我們的靈魂昇華。（頁 394）

2002 年六月，巫寧坤接受彼得・海斯勒的訪問。海斯勒（2007）問他在牢裡和勞改營的那些年，他是怎樣維持他的勇氣。巫寧坤回答說：

我常想到杜甫、莎士比亞、狄倫・托瑪斯（Dylan Thomas），你知道，狄倫在他父親死的時候寫的那篇〈死亡不能統治我〉（And Death Shall Have No Dominion），裡面有一句「在刑架上受折磨」（twisting on the racks）。這跟我們相信的是什麼有關。雖然我們被折磨，但死亡不能統治我們。（頁 503）

由巫寧坤的例子看來，讀文學作品竟然有著抗拒死亡統治，讓靈魂昇華的功能。

三十一年前，我曾經在《新聞報》發表一篇短文，題目是「文學的教育性」。雖然事隔多年，我的基本觀點並未改變。下面刊錄全文，以供參考。

教育的產生源於生活的需要。人在自然環境和社會情境中，對需求的滿足、情意的化導、心智的啟發，都需依賴教育的力量。教育以「人」為對象，以整個的人生歷程為範疇，以造就一個理想的人格為目的。所以，教育的活動既非一種機械式的訓練，也非一種強迫的灌輸，而是一種自發的感悟或深省的精神自覺。人生的境界從純生理的滿足，進而為心理上情感的喜悅，更提昇為靈性上美感的神往；從純然無知無識，進而對外在世界作感知的確定，再從而揚棄感知，去把捉萬物可能是什麼的知識；從行為外

於道德規範的約束，進而受道德習慣的制約，更超越他律而為自覺自律的生活態度。在這一條「即生活而超生活」的歷程中，處處有教育的作用可尋，教育成為使個人生命提昇的一條重要途徑。然而，教育應該用何種教材，此種教材又最能以底於理想人格的完成呢？從人生歷程本身探求之，最能反映人生真象、顯示人生情趣，提高人生意義的，莫過於文學。文學是人的情意活動，對自然、宇宙、人生所作的一種反應和觀賞。因為它訴諸人性，所以每個人都能透過文學的諸種形式，如詩歌、戲劇、小說，直接或間接地對文學所含蘊的情趣和真理，得著深切的體驗和反省。俄國文學家托爾斯泰在《論藝術》裡，就把文學的影響力全都寄託在「感染」上，認為人生感染文學的影響力之後，會提高人性的自覺，從而建立大同世界。

就文學的功能而言，文學訴諸人性的情意活動，所以人們即使在人命困窮、人情澆薄的坎坷路途上，也能藉文學的創作或欣賞，使抑鬱的情緒與貪婪的欲念得以舒放與宣洩，達到淨化心靈的目的。文學又能將人生繁變的情態及多樣的經驗，藉藝術的形式予以巧妙安排，不僅揭示人性的弱點，也彰顯人性的尊嚴。從而促使人們在善惡、是非、美醜、理想與現實的價值衝突中，激悟人性的真相，使人們對人性寄予更大的信心和同情，以創造人生的理想。

由此可知，文學應是人格教育的最好材料。而文學的創造和欣賞，也是一種最自然、最動人的教育活動，尤其文學的欣賞，給予人們一種高度對人生與人性的透視與感悟，進而充實與提昇生命的境界。文學雖無意於教育人們，然而人們卻透過文學的「感染」而得到人格教育的完成，文學的教育性在此。

　　諾貝爾文學獎得主高行健在 2004 年十一月十五日接受台灣大學榮譽文學博士頒授典禮上的書面講話裡，有一段話，可以支持我對文學功能的看法。他說：

> 文學也不理會市場和時尚，它有其自身的審美判斷，而且超越是非的辯論和倫理教化，獨立不移，關照的只是人和人的生存環境及其困境。文學的價值在於真實，而這真實又往往通過透視社會現實而直達人的本性，換言之，文學乃人性的證明。（高行健，2004，頁 19）

　　高行健「文學乃人性的證明」的斷語，也可用在巫寧坤從肅反到文革的回憶錄《一滴淚》書上。余英時為該書作序，引趙翼詩「國家不幸詩家幸，吟到滄桑句便工！」為序文結語。余英時認為：

> 本書的最高價值不止於保存了一人一家「受難」的真相。更重要的，它寫出了中國知識人在歷史上最黑暗期間的「心史」。……巫先生的《一滴淚》是中國數以百萬計的知識人「淚海」中之「一滴」。然而這《一滴淚》也如實地折射出整個「淚海」的形勢，也可以說是「淚海」的具體而微。（頁 7）

　　教師也是知識人。教師修文學，對己可以保有心智的清明，不惑於現實人生的紛亂；對他人可以藉身教訂頑、砭愚；對社會可以起「君子之德」的風潮。

五、後語

　　教師是教書的人，讀書的人，也是知識人，更是一個作為榜樣的典範人。在家庭，父母是子女最早的教師，也是認同的對象；在學校，教師的

言行思貌是學生學習的榜樣；在社會，教師對人類基本價值的堅持、人性尊嚴的捍衛成為社會大眾「說真話」、「行正道」的典範。

《天下雜誌》（2007）四月份出版一冊「2007 親子天下專刊」刊名〈教出品格力〉。品格力固然可以藉倫理課程教出來，但是最能使品格力保持永續成長的辦法，還是從榜樣中去學習。

該專刊的採訪記者用〈南方朔：對價值偏差的事，請堅決抗拒〉標題，訪問了知名的文化評論人南方朔。「台灣是一個不堅持的社會，我們的很多價值都被顛倒、錯亂了。」南方朔說：

> 我們不知道有些核心價值是不能動的，這是一個社會的基礎，像是人要誠信、要知所敬畏，人必須做一個道德的存在，要維持一個社會，就必須維持這些東西，台灣現在沒有。（頁 91）

南方朔也認為榜樣對品格教育起很大的作用。「應該成為榜樣的人不成為榜樣，統統成為反榜樣。」他又說：

> 台灣沒有品格，本質上是因為時代精神就是沒有品格的，很多事情都被政治扭曲，失去了榜樣，這是最可怕的。任何一個社會，是榜樣決定一切，大企業家應該是榜樣，大政客、有權力的人應該是榜樣，媒體創造出的歌星、明星應該是榜樣。（頁 92）

教師也是知識人，台灣的教師能成為知識人的榜樣嗎？

參考書目

Bloom, Allan. (1987)，The Closing of the American Mind. New York : Simon and Schuster.

Russell, Bertrand. (1961)，The Basic Writings of Bertrand Russell. Edited by Robert E. Egner and Lester E. Denonn, New York: Simon and Schuster.

天下雜誌（2007），《2007 親子天下專刊：教出品格力》，台北市：天下雜誌。

艾德華・薩依德（Edward W. Said）著，單德興譯（1997），《知識分子論》，台北市：城邦文化。

余英時（2007），《知識人與中國文化的價值》，台北市：時報文化。

余英時（1988），《文化評論與中國情懷》，台北市：允晨文化。

巫寧坤（2007），《一滴淚：從肅反到文革的回憶》，台北市：允晨文化。

彼得・海斯勒（Peter Hessler）著，盧秋瑩譯（2007），《甲骨文：流離時空裡的新生中國》，台北市：久周文化。

高行健（2004），〈人性的證明〉，《明報月刊》十二月號，香港：明報出版社。

章立凡（2004），〈綠酒人懷今古潮──談康同璧母女寂寞身前身後事〉，《明報月刊》六月號，香港：明報出版社。

陸鍵東（1997），《陳寅恪的最後二十年》，台北市：聯經出版社。

張光甫（1998），《教育論叢》，高雄市：復文出版社。

張光甫（2003），《教育哲學：中西哲學的觀點》，台北市：雙葉書廊。

陳長房（1991），《梭羅與中國》，台北市：三民書局。

潘耀明（2007），〈一頁血寫的歷史〉，《明報月刊》五月號，香港：明報出版社。

王陽明的幼教思想析論

黃文樹
（樹德科技大學師資培育中心教授）

一、前言

　　幼稚教育是一切教育的基礎；欲達成各級教育之目標，必須從幼稚教育著手。一般人都以為注重幼稚教育的觀念是西洋提倡的，誠不知中國古代就有這方面珍貴的教育遺產。自先秦孔子、孟子，經南北朝顏之推，到南宋朱熹，以至明代王陽明[1]（1472-1529）等，都提出過不少有價值的幼稚教育觀點。其中王陽明不但富有新穎、獨到的幼稚教育理念，而且具備幼稚教育實務經驗，是中國教育史中光芒輝耀的一頁。

　　「人格修養」與「經世實踐」是王陽明的兩大特質。他不僅是一位政治家、哲學家，更是一位教育家。他熱衷教育，從三十四歲開始授徒講學，直至去世，共從事教育活動達二十三年之久。值得注意的是，他每到一處，

---

[1] 王陽明，幼名雲，五歲時更名守仁，字伯安，浙江餘姚人。因講學「陽明洞」，人稱陽明先生。弘治十二年（1499）登進士第，授刑部主事，改兵部。正德初以論救言官戴銑等忤劉瑾杖闕下，謫貴州龍場（今修文）驛丞。瑾誅，移江西廬陵知縣。累擢右僉都御史，巡撫南贛，平大帽山諸賊，定宸濠之亂。嘉靖時，官至南京兵部尚書，封新建伯；督兩廣軍務，破斷藤峽賊。明世文臣用兵，未有如陽明者，卒諡文成，從祀孔廟。其學以良知良能為主，謂格物致知，當向內「自求諸心」，不當向外求諸事物。他強調心是天地萬物之主，「心即理」、「心外無物」、「心外無理」；又以知行合一、致良知為鵠的，世稱「王學」、「陽明學」、「心學」、「良知學（說）」、「姚江之學」等。學者雲從，風靡南北。著有《傳習錄》、《王陽明全集》、《大學問》等名作傳世。

屢建學校，如他巡贛期間，要求南贛各府、州、縣，設立「社學」以施教化。這對當時社學之振興與幼稚教育之發展，具有正面的影響作用。據《吉安府志》載，明代中後期，江西一帶由於王陽明大力推動社學教育，以致當地「蒸釀成習，五尺童子稍知書，慨然有志」；「居閭閻者，敦樸檢」；「流風所及，莫不根柢行義，枝葉藝能」[2]。社學教育之功，已經顯然。

從中國教育史可知，社學是明代在地方最重要的初級教育機構。《明太祖實錄》洪武八年正月丁亥條載，太祖諭旨中書省曰：

> 昔成周之世，家有塾，黨有庠，故民無不習于學，是以教化行而風俗美。今京師及縣皆有學，而鄉社之民未睹教化，宜令有司更置社學，延師儒以教民間子弟，庶可導民善俗也。

自此各地紛紛設立社學。但這種奉旨而設的官立社學，含有相當多的虛假成分。研究指出，明代社學因缺乏固定經費，只依賴提學官與地方首長的興作，故處於一種「興廢不常」的狀態[3]。如《上海縣志》〈學校〉載：「社學，洪武八年奉部符開設，每五十家為一所，尋革去。」《（正德）姑蘇志》〈學校〉亦云：社學「歲久，漸廢」。可見徒具文案之社學，所在多有。至明代中葉弘治年間，社學「廢弛」之窘境更加嚴重[4]。在這種情況下，王陽明率先振興社學的壯舉，意義非凡。

基本上，傳統的兒童教育方法是「注入式」的，甚至濫用體罰。王陽明對此曾提出尖銳的批判：

> 近世之訓蒙稚者，日惟督以句讀課仿，責其檢束，而不知導之以禮；求其聰明，而不知養之以善；鞭撻繩縛，若待拘囚。彼視學

---

[2] 王時槐，《吉安府志》（北京：中國書店，稀見中國地方志匯刊，1922 年），卷 11，頁 166-168。

[3] 郭麗明，〈明代初級教育——以社學為中心〉，載《中興史學》第 7 期，頁 77-95。

[4] 李東陽，《大明會典》（台北：新文豐，民國 65 年），卷 78〈學校·社學〉，頁 1250。

舍如囹獄而不肯入，視師長如寇仇而不欲見。窺避掩覆，以遂其
嬉戲；設詐飾詭，以肆其頑鄙；偷薄庸劣，日趨下流。是蓋驅之
於惡，而求其為善也，何可得呼[5]？

從這段文字，可見王陽明當時束縛兒童的「惟督以句讀課仿，責其檢束」
的灌輸方法，以及對「鞭撻繩縛，若待拘囚」的體罰手段十分痛恨。在他
看來，這種方法與手段，嚴重摧殘兒童的自然天性，大大戕傷兒童的自尊
心，使兒童對學校、教師處於敵對狀態，這不僅不能「求其為善」，反而
「驅之於惡」。

王陽明認為，幼稚教育，首要營造快樂、和諧的學習情境，讓學童「舒
暢」地學習。他說：「大抵童子之情，樂嬉遊而憚拘檢，如草木之始萌芽，
舒暢之則條達，摧撓之則衰痿。」[6]這種「兒童本位」的教育觀點，在當
時兒童教育盛行「約束」的時代裡，實際上已是「石破天驚」的「改革思
想」了。

由上簡述可知，王陽明富有實際主導地方辦理兒童教育工作的豐富經
驗。他嫻熟幼稚教育應興應革之事項，提出許多新穎、寶貴的幼稚教育觀
點。不可否認的，王陽明富贍幼稚教育理論與實務經驗，這在當時是有突
破性和影響性的。

職是之故，本文針對「王陽明的幼稚教育觀」作一全面的探討，以期
獲得對於王陽明之幼稚教育理論與活動的進一步認識。一方面加深加廣明
代兒童教育史實的瞭解，一方面作為省思當前兒童教育之參考，使優質的
歷史文化遺產受用於今日。

---

[5]　王守仁，《王陽明全集》（上海：古籍，1992 年），卷 2〈訓蒙大意示教讀劉
　　伯頌等〉，頁 88。
[6]　同上註，頁 87。

二、文獻探討

　　由於王陽明不但政務事功顯赫，而且道德文章冠代，因此所到之處，士人翕然追從。特別是他「汲汲以聚徒講學為性命，若飢渴之不能一刻耐。故其學風淹被之廣，漸漬之深，在宋明學者中，乃莫與倫此，即伊川晦翁，皆所不逮。」[7]王學的強勁旋風，吹落了程朱理學在明前期學術界的主流地位，造成「天下之好稱守仁十七八也」[8]的新時局。

　　民國以來，中國教育史哲的研究，為數不能算少，但以王陽明為主題的教育研究，還是沒有預期的多。十年前，張克偉收錄了自 1897 至 1988 年，共九十二年間，中外（含中國大陸、台灣、香港、日本、朝鮮及歐美等國家與地區），有關陽明學研究之論著，得出「專著類」164 種，「論文類」763 篇[9]。其中針對王陽明教育學說之「專著類」，僅有丁仁齋《王陽明教育學說》、吳蘭《王陽明教育思想之研究》、龔書綿《王陽明與現代教育》及張松禮《王陽明教育學說之研究》等 4 種；「論文類」則有孫沛德〈陽明先生之教育思想〉、陳代鍔〈王陽明的修身教育〉、胡美琦〈王陽明的教育思想〉與〈王陽明的教育方法〉、鄭繼孟〈王陽明的人格生活與教育事業〉、陳增輝〈王守仁教法節述〉與〈王陽明教育思想試評〉、昭民〈王守仁與敷文書院〉、任繼愈〈宋明理學家的教育哲學——從朱子到王陽明〉、余懷彥〈王陽明教育思想初探〉、操震球〈王陽明的學習方法〉、伍振鷟〈王陽明的致良知教育學說〉、黃建中〈陽明心學及其教育思想〉、羅廷光〈王陽明與青年教育〉、邱椿〈王陽明的教育思想〉、羅

---

[7]　錢穆，《中國學術思想史論叢》（七）（台北：東大，民國 75 年），頁 153。

[8]　王世貞，《弇州史料前集》（台南：莊嚴文化，四庫全書存目叢書，民國 86 年），卷 25，頁 638。

[9]　張克偉，〈陽明學研究論著目錄〉，載《書目季刊》第 22 卷第 2 期（民國 80 年），頁 91-139。

炳之〈王守仁的教育思想評介〉、中根東里〈陽明學與女子教育〉，及笠井清〈王陽明的教育思想〉等十八篇。

此外，近十年，兩岸也先後出現張克偉〈王陽明教育思想析論〉、楊福程〈氣功在教育上的應用——王陽明的「教約」〉、黃書光〈王守仁「致良知」教育體系論與理學社會化〉、林惠勝〈趣談王陽明接引弟子的方式〉、吳美瑤〈王陽明「致良知」學說及其在教育上的意義〉、李貴榮〈種德、養德、孝德——王守仁的德育理論與實踐〉、林樂昌〈王陽明的講學生涯和社會教化使命——兼論明代儒教民間講學的現代意義〉、陳增輝〈王守仁的教育方法論〉、黃曉眾〈王陽明道德教育思想的積極意義〉、黃文樹〈王門弟子的學風析論〉，及呂妙芬〈明代寧國府的陽明講學活動〉與〈陽明學者的講會與友論〉等十二篇論文，以及畢誠的專著《儒學的挫折——陽明學派教育思想研究》。

故總計而言，截至目前，以王陽明教育思想為主題之研究，「專著」有五種，「期刊論文」則有三十篇，數量差強人意。這些研究，大致肯定王陽明的良知說及其在教育上的正面意義，其中若干論著對王陽明的「知行合一」論賦予「求實精神」的教育詮釋。值得一提的是，上舉畢誠的專著由於有「系統」，且「理論性強」，被評為「多年來研究王陽明教育思想的總結性成果」[10]。不過，檢視該書架構，仍發現有亟待商榷之處，較明顯的問題是，畢作將王陽明推動的「社學教育」與「兒童教育」均放入「社會教育」項中討論，這與一般教育學將教育分為「家庭教育」、「學校教育」及「社會教育」三大類之概念不合。事實上，王陽明實踐之社學教育應屬於「學校教育」而非「社會教育」範圍，因明代「社學」是當時「正式的」，且是最主要之「初級教育機構」，將之列為社會教育一環，無法令人苟同。再者，真正所謂王陽明之「社會教育」活動，應屬其在各

---

[10] 杜成憲，《中國教育史學九十年》（上海：華東師範大學，1998年），頁180。

地所主盟之「書院講學」，可惜畢作卻將之摒棄在外而未予探討，這不能不說是嚴重的罅漏。

截至目前，針對王陽明幼稚教育觀之研究，已知的僅有下面兩篇：其一，林秀的〈王陽明的兒童教育觀〉（全文只有 4 頁），指出王陽明以「兒童」為本位的思想，可以媲美西方「兒童教育之父」福祿貝爾（F. Froebel）。林氏認為，王陽明主張兒童教育以「孝弟忠信、禮義廉恥」八目為教育目標，重在明「人倫」。其次，林氏分析王陽明的兒童教育課程有「歌詩」、「習禮」及「讀書」三部分；教學原則有「瞭解個性」、「注重興趣」、「愛的教育」；教學方法有「因材施教」、「誘導啟發」、「自我反省」及「共同參與」；學習態度有「精神專一」、「常存童心」；教學評量則有「重視平時」、「富於變化」等[11]。

其二，大陸學者陳漢才在《中國古代幼兒教育史》特闢〈王陽明的兒童教育改革理論〉一節（全文共 14 頁），指出「兒童教育改革理論」是王陽明全部教育理論中「最珍貴的瑰寶，很有參考價值」。陳氏首先簡述王陽明的心學、知行觀及致良知說；其次探討王陽明的兒童教育改革理論，認為王陽明不但揭露、批判了當時流行束縛和摧殘兒童身心發展的傳統兒童教育窠臼，而且提出改革兒童教育的具體理論和方法，包括「明人倫」的教育目的論，以「詩」、「禮」、「書」為主的課程內容觀，及讓兒童「舒暢條達」的教學原則。文末，陳氏徵引郭沫若之觀點作結，認為王陽明的教育主張，「與近代進步的教育學說每多一致」[12]。

上面這兩篇「短文」，均只簡略說明王陽明的一部分幼稚教育觀點，對於王陽明推動兒童教育的實務經驗，如他大力振興社學教育，二作均疏於討論。基本上，教育理論與實務是密切聯繫的，要探討王陽明的兒童教

---

[11] 林秀，〈王陽明的兒童教育觀〉，載《孔孟月刊》第 29 卷第 5 期（民國 80 年），頁 27-30。

[12] 陳漢才，《中國古代幼兒教育史》（廣州：廣東高等教育，1996 年），頁 217-231。

育觀，不能不從他的兒童教育實踐經驗中去印證、分析，如此才能得出完整、清晰的了解。其次，二作皆只應用王陽明的〈訓蒙大意示教讀劉伯頌等〉及〈教約〉兩篇文章，這分明是不夠的。事實上，王陽明的〈興舉社學牌〉[13]、〈頒行社學教條〉[14]、〈示憲兒〉[15]、〈答顧東橋書〉中的「拔本塞源論」[16]，及〈批立社學師耆老名呈〉[17]諸作，皆是攸關幼稚教育的論述，有必要加以應用、分析。如〈興舉社學牌〉一文，提到：社學師資，「務學術明正，行止端方者」；政府對待他們應「優其禮待，以示崇勸」；又如〈頒行社學教條〉，強調「教育愛」之重要，王陽明在文中呼籲社學教師宜「視童蒙如己子，以啟迪為家事。」這些論述，是研究王陽明幼稚教育觀不可忽略的。

再次，要了解歷史上教育家的思想，須先了解這個教育家活動的時代社會背景，能如此，才可明瞭那個時代如何孕育這個教育家，而這個教育家又如何推動那個社會向前發展。因此，要探討王陽明的幼稚教育觀，有必要回溯當時的時代社會背景及當時的兒童教育概況與問題，以此作為主題探討之背境，使論文之分析得以周延、深入。可惜上面二作於此幾無著墨。

此外，丁淑萍的《明代社學之研究》第六章〈興衰與影響〉，發現王陽明的教育活動，是影響明代社學在中晚期發展的四大因素之一。丁氏徵引周愚文的觀點[18]，認為程朱理學與陽明心學構成明代訓蒙理念上的路線

---

[13] 王守仁，《王陽明全集》，卷17，頁604。
[14] 同上註，頁610-611。
[15] 同上註，卷20，頁753。
[16] 同上註，卷2，頁54-56。
[17] 同上註，卷18，頁626-627。
[18] 周愚文在《中國教育史綱》第十一章第四節〈訓蒙理論的發展〉中，指出自宋以降，中國訓蒙教育的理念上有兩大路線之爭，一是程朱理學，主濬靜、惡嬉戲、重管束；一是陸王心學，由良知良能出發，強調自由、自然，鼓勵舒暢與活動肢體，反對拘束體罰，兩者壁壘分明。

之爭；王陽明所主張的訓蒙理念不但影響到社學的課程與教學，而且他們在啟蒙教育的具體實踐，也影響到社學數量的變化。

綜上可知，關於王陽明幼稚教育學說與活動的研究，已有相當的成果。王陽明注重幼稚教育乃是無可置疑的事實，他在幼稚教育方面的核心問題：(一)王陽明在明中葉推動幼稚教育的時代社會背景為何？(二)當時的兒童教育概況與問題有哪些？(三)王陽明有哪些具體的兒童教育活動？(四)他所主張的幼稚教育之哲學基礎與目的何在？(五)他重視的幼稚教育原則有哪些？(六)他取用哪些課程作為教育內容？(七)他要求之師資條件有哪些？(八)他的幼教實踐與思想在明中後期幼教史上扮演何種角色或帶來哪些影響？(九)他的幼教觀有無侷限？對於這些課題，上述之研究，似乎皆未深入探討，這些課題都值得認識和探討。故本文將針對這些課題，進行系統探究，期能彌補過去研究之不足，並充實明代教育史之研究成果。

三、明代幼教概況

明代國祚凡 277 年（1368-1644），與先秦、兩漢、唐、宋諸朝代，並為中國歷史上文教昌興的時期，地位肯確。明代政治乏善可陳，誠如錢穆所言：朱元璋廢相、不惜嚴刑酷罰箝制士人，使明代的政治走上君主獨裁的歧途；而當獨裁的皇帝不問政事，自然有權臣應運而生，宦官也伺機驕橫跋扈；就在這種黑暗的權勢下面，激盪出諂媚之風，並同時激起名節之士之反抗，黨禍於焉興發，國脈亦遂斬[19]。但是，錢氏同時指出：明代「學校之盛，為唐宋以來所不及」，至國子監有「歷事」之制，頗有育才精神；而「帶有教育後進之性質」的翰林院制及其教習「庶吉士」，尤堪

---

[19] 錢穆，《國史大綱》（台北：商務，民國 84 年），頁 665-680。

稱述[20]。錢氏這些話點出了明代學校教育與養士機制積極的一面，至於其消極的一面，則未提及，難免令人覺得可惜！

在文教上，中國自漢代「罷黜百家、獨尊儒術」之後，歷代文教皆以儒家思想為主流。儒家基本上代表一種容納性很強的人文主義，它倡導天人合一、萬物一體的精神，採取積極入世的人生態度，冀望通過道德理想來改善現實政治，亦即由「內聖」到「外王」，完成儒者的社會責任。這種努力，即杜維明所指的「企圖以道德理想轉化政治的潮流」；但另一股潮流，則是「政治化的儒家」，也是「中國封建時代思想文化的主流」，「即不是用道德理想轉化政治，而是在通過其他途徑取得政治權力後，用政治來干預、歪曲學術，使『道統』變為統治者對人民進行思想控制的工具。」[21]顯然，政治化的儒學，已背離了儒家發揚人文精神的根本思想，而被扭曲地利用了。

回溯明太祖朱元璋建立王朝後，為了維護其君主專制的中央集權統治，乃採取了相應的文化教育政策，透過教育實施予以落實。朱元璋在洪武十三年（1380），廢除唐宋以來的丞相制，分設吏、戶、禮、兵、刑、工六部，直屬皇帝，以下歷任帝王皆承襲此制，使君主專權得以強化。高度的政治集權必然產生高度的文化專制。

明政權建立後，即在政教的指導思想上，批判了元朝的所謂「弊端」，目的在於加強以程朱理學為正宗的思想統治。所謂元朝的「弊端」，是指他們在法令上以佛、道、儒並稱，特別重視佛教，「百年之間，朝廷所以敬禮而尊信之。」[22]明朝為了恢復和加強為封建專制主義服務的程朱理學，

---

20 同上註，頁 681-689。
21 杜維明，《儒學第三期發展的前景》（台北：聯經，民國 78 年），頁 10。
22 宋濂，《元史》（台北：商務，四庫全書本，民國 72 年），卷 202〈釋老傳・八思巴傳〉，頁 645。

朝廷曾親自出馬頒布《御製大誥》，讓各級學校講讀，以清除崇佛崇元的意識，重申封建綱常道德，以鞏固其統治。

明太祖《御製大誥》中說：「申明我中國先王之舊章，務必父子有親、君臣有義、夫婦有別、長幼有序、朋友有信。」而「胡人綱常大壞」，「今後若有犯先王之教，罪不容誅！」[23]他把綱常道德作為統一思想的武器和進行教育的「聖經寶典」，所以全民都得學習他的《御製大誥》，而綱常之「載道於經」，「學主性理而明倫」，因此必須把「綱常」道德教育滲透於經史的教學中去。故陳鼎在《東林列傳》卷二中說：明太祖即位之後，「一宗朱氏之學，令學者非「五經」、孔孟之書不讀，非濂、洛、關、閩之學不講。成祖文皇帝，益張而大之，令儒臣輯「五經」、「四書」《大全》及《性理全書》，頒天下。」[24]這是極為專制、保守的文化教育政策。

到了洪武六年（1373），明太祖直言「舉賢才必以德行為本，文藝次之」的政策。選才既以此為圭臬，學校中的教育內容，當然以此為調整之標準，並且明確規定以孔子所定經書教誨諸生，蘇秦、張儀之文戒勿讀。當時他召博士趙俶等人於奉天殿曰：「爾等一以孔子所定經書誨諸生，若蘇秦、張儀由戰國尚詐，故得行其術，宜戒勿讀。」[25]就是六經之文，也以道（綱常）載於經的觀點去教。據《明大政纂要》卷三十四載，孝宗弘治元年（1488），在敕國子監祭酒時就明確指出，封建綱常之道載之於經，不可捨綱常而講六經。他說：「朕惟自古帝王本綱常以致治，必以學校為首務焉，學校所以明人倫也。……夫治本于道，道載于經，所當講明而體行者，捨綱常何以哉！」可知，官學裏講經的目的，在於宣傳封建道德，以端正士心，培養忠君的德行。

23　朱元璋，《明朝開國文獻》（台北：學生，民國 55 年），頁 24-25。
24　陳鼎，《東林列傳》（台北：商務，四庫全書本，民國 72 年），卷 2，頁 199。
25　黃佐，《南雍志》（台南：莊嚴文化，四庫全書存目叢書，民國 86 年），卷 1〈事紀〉，頁 44。

　　明太祖之實行「文化專制主義」，可在歷代帝王中名列前茅。朱元璋稱帝不久，即令中書省官員大建各級學校系統，中央官學以屬於高等教育性質的「國子監」為中心，地方官學以屬於中等教育性質的府州縣「儒學」為主要，各鄉村則普遍設立屬於初等教育性質的「社學」，形成了一個上下銜接的學校教育制度。此乃朱元璋在教育文化建設上的貢獻。不過，朱元璋「不惜嚴刑酷罰來對待士大夫」；「鞭笞捶楚，成為朝廷士丈夫尋常之辱」；「終明之世，廷杖逮治不絕書」；「其慘酷無理，殆為有史以來所未見」，「使士人震懾於王室積威之下」[26]。明顯地逼文教走上專制歧途。

　　另一方面，明初建立科舉制度後，試士「專取四子書及《易》、《書》、《詩》、《春秋》、《禮記》五經命題試士。」[27]朱熹的《四書集注》不但成為明代最重要的教科書，更是科舉考試的標準本。這就使「文化專制主義」徹底化、普及化，儒學道統幾乎成為當時整個教育的「枷鎖」。至永樂年間，如前述，明政府又編纂《五經大全》、《四書大全》和《性理大全》，朱熹思想為主的理學實已成為「官方的意識型態」。從內容上看，這三部大書具有濃厚的朱學印跡，它們的「欽定頒布」，「標誌著朱學統治地位的完全確立」[28]。朱熹的理學思想，明顯地主宰著明代的教育走向。

　　文化專制政策籠罩著整個朝代，至明末絲毫不減。依《大明會典》之記載，萬曆三年（1575），內閣首輔張居正要求全國府、州、縣儒學，「今後務將頒降四書、五經、《性理大全》、《資治通鑑綱目》、《大學衍義》、《歷代名臣奏議》、《文章正宗》及當代誥律典制等書，令生員誦習講解。」考試內容也不得超過這個範圍[29]。張居正認為，課程應能呈顯古往今來之

---

[26]　錢穆，《國史大綱》，頁 666-669。

[27]　張廷玉，《明史》（台北：中華，民國 60 年），卷 70〈選舉志二〉，頁 1。

[28]　王育濟，《理學、實學、樸學》（濟南：山東友誼，1993 年），頁 177。

[29]　李東陽，《大明會典》，卷 78〈儒學〉，頁 1247。

經典義理與歷史文化，符應政府的需要。在他看來，通過上面這些課程的洗禮，以協助學習者「適於世用」[30]，才是辦教育的正途。

明王朝厲行文化專制主義，還從其他方面落實，即統治者為了尊經崇儒，推崇程朱理學所宣揚的封建綱常禮教為立國之本，曾屢次表彰程朱後裔及其門人。《明史》卷二十一〈景帝紀〉載，景泰八年（1455），封朱熹裔孫梃為翰林院世襲五經博士；翌年又封宋儒周敦頤裔孫冕為翰林院世襲五經博士[31]。嘉靖二年（1523），又封朱熹十一世孫墅為翰林院五經博士[32]。直到崇禎年間，還授宋儒邵雍後裔為五經博士[33]。可見終明之世，禮致耆儒，尊崇程朱理學為正學，是為明代文教政策始終不變的指導原則。

文化專制主義、高壓政治和社會黑暗三者往往是相伴而生的。明代政治發展到中後期，皇帝的專制獨裁空前加強，以至形成如明武宗時的腐朽統治，宦官專政，建立廠、衛的特務組織，分遣囉嘍，四出刺事，陷害「良臣」，魚肉人民，社會矛盾日趨劇烈。由於皇帝的極端專制獨裁，鉗束甚嚴，閣臣多唯諾而不勇於任事、敢言直諫；否則，總有一天會受到懲處。

總之，明朝的文教指導思想是崇儒道、尊君權、行綱常，以加強君主專制統治的政治制度。這種文教專制主義，造成了「學術日就於荒陋，人才日即於銷耗」[34]的窘境。

明代主要的兒童教育機構是「社學」，它係沿襲元制，但設立更為廣泛普遍，「所代表的是真正具有普及小學性質的教育組織」[35]。史載，元

30　同上註，頁 1246。

31　張廷玉，《明史》，卷 11〈景帝紀〉，頁 5。

32　同上註，卷 17〈世宗一〉，頁 2-3。

33　同上註，卷 32〈莊烈帝一〉，頁 3。

34　嵇璜，《欽定續文獻通考》（台北：商務，四庫全書本，民國 72 年）卷 50，頁 403。

35　時龍，〈論明代社學性質的轉變與明清小學學制的繼承〉，載《教育史研究》第 3 期（2000 年），頁 21-26。

世祖至元二十三年（1286），頒行《社規》，規定各地方縣內所屬村五十家為一社，各社擇通曉經書者一人為社學師[36]。

向前追溯，元代創設之「社學」，乃設置於「社」（五十家）之「學校」，有經選擇具備「通曉經書」者為師資，「農隙」為學期時間。論者認為，該措施乃中國歷史上「前所未見」之創舉，此法讓地方官學更深入基層[37]。

一般以為，明代社學性質多重，兼有初級教育、啟蒙教育與社會教育之義涵，且隨時間而有所變化。周愚文在《中國教育史綱》一書中，認為明代社學基本上為官辦，但仍許民辦；而就設置而言，一為教化百姓，一為進入官學作準備，並向上銜接儒學，既有社會教育性質，又有啟蒙教育性質，而啟蒙教育性質隨著時代向後推移，成分愈重[38]。另者，池小芳在〈明代社學興衰原因初探〉，則將明代社學定位為「基礎教育」[39]。與池氏見解相近，郭麗明〈明代初級教育——以社學為中心〉將它界定為「初級教育」機構[40]。

最近，丁淑萍《明代社學之研究》作不同方面的判別：從學校的設置者、管理者、經費來源等方面檢視，明代社學具有官學的色彩，但若自教師身分、學生特性、課程設計權來看，則與私學相近；丁氏認為在程度上，明代社學屬「啟蒙教育」、「小學教育」，但在內容上，卻有「社會教育」的意義[41]。

---

[36] 劭态，《新元史》（台北：藝文，民國45年），卷64〈食貨志〉，頁5。

[37] 周愚文，《中國教育史綱》，頁14。

[38] 同上註，頁349-350。

[39] 池小芳，〈明代社學興衰原因初探〉，載《中國文化研究所學報》第2期（民國82年），頁19-28。

[40] 郭麗明，〈明代初級教育——以社學為中心〉，頁77-95。

[41] 丁淑萍，《明代社學之研究》（台灣師大教研所碩士論文，民國91年），摘要，頁1。

此外，明政府希望藉社學傳達朝廷意旨施為，以使民眾知所遵循並收統一意識、鞏固政權之效[42]。換言之，明廷將「教化」作為政治統治的根本，社學乃執行該理念的重要機制之一，它使得皇權的觸角延伸到社會的最基層，達到對全國的有效控制。雖然「社學」的發展時興時廢，但終明之世，「社學」一直是地方上「啟蒙教育」的主要形式[43]。

明代各地方志對明初社學設立的盛況有不少記載，如《（正德）松江府志》〈學校〉載：「國朝洪武八年（1375）三月，奉禮部符，府州縣每五十家設社學一所。延有學行秀才教訓軍民子弟，仍以師生姓名申達，于是本府兩縣城市鄉村皆設社學。」依丁淑萍的最新統計，明代可考社學總數為 11,967 所，其中分布於兩直隸與十三個布政司的有 11,881 所，每府（州）平均有 54.75 所，每縣平均有 8.75 所[44]。普及性甚高，這佐證了前述錢穆所云明代學校之盛冠乎歷代的說法。惟因各地方社學設置時間有先後，同時城鄉分布有別，方志記載詳略不一，甚至興廢無常，故這些數字僅供參考。

基本上，明代社學之發展，實呈一曲折演進：即初期兼有社會教育與啟蒙教育之性質，先是官辦，而後委由民辦；至中後期，則官辦之「啟蒙教育」特徵漸濃，已近似現代之「小學」。周愚文根據《大明會典》及《明實錄》等史料，曾將明代辦理社學之重要政策，依年代順序列出脈絡，茲摘錄其中舉舉大者如下：

1、太祖洪武八年（1375），詔令鄉社皆置社學，延師儒家以教化民間子弟，導民化俗。據此可見，社學肇始時期確為官辦，目的是以教化為主。

---

[42] 邱錦昌，〈明代教育制度之研究〉，載《國立政治大學學報》第 45 期（民國71 年），頁 167。

[43] 丁淑萍，《明代社學之研究》，頁 2。

[44] 同上註，摘要，頁 1。

2、太祖洪武十三年（1380），因有地方官吏藉辦社學從中舞弊擾民，故明政府下令罷革社學。

3、太祖洪武十六年（1383），朝廷再改前令，詔命民間建立社學，要求有司不得干預。如此一來，社學的性質由官辦變成民辦。

4、英宗正統二年（1437），詔命省提學官及司府州縣官嚴督社學，不許廢弛；其有俊秀向學者，許補儒學生員。這一政令，又將社學納入官方的管理中，且將原本重教化的社學與培育人才的儒學，作某種程度的銜接。

5、憲宗成化元年（1465），規定民間子弟願入社學者聽其便，但貧乏不願者，則不得強迫上學。

6、孝宗弘治十七年（1505），朝廷又令各府州縣建立社學，訪求師儒，民間幼童年十五以下者，送入讀書，講習冠、婚、喪、祭之禮。此一政策使社學的性質趨向於啟蒙教育，且官辦的特徵益為彰顯[45]。

辦社學的目的，旨在「養蒙育德，敷教儲才」[46]。但這種奉旨而設的官立社學，含有相當多的虛假成分。《上海縣志》〈學校〉載：「社學，洪武八年奉部符開設，每五十家為一所，尋革去。」《姑蘇志》〈學校〉亦載：「洪武八年，詔府州縣每五十家設社學一所。本府城市鄉村共建七百三十所。歲久，漸廢。」可見徒具文案之社學，所在多有。論者研究發現，明代社學設置數量以洪武年間最多，共有 3,713 所，至於永樂、宣德與天啟年間的興建校數皆不及十所；其興衰之主要原因，係受到黃帝下詔興舉、提學官的督導、府州縣官的關心程度以及陸王心學的影響[47]。

---

[45] 周愚文，《中國教育史綱》，頁 348。

[46] 嵇橫，《欽定續文獻通考》，卷 50，頁 403。

[47] 丁淑萍，《明代社學之研究》，頁 151-156。

　　明代中葉以後，社學逐漸廢弛，朝廷雖多次明令復興社學，但各地官吏大多視為「故事」，並不認真興辦，甚至「通不遵行」。如「正統元年（1436），令各地提學官及司府州縣官，嚴督社學，不許廢弛。」[48] 敕督學官「必茲諭之」，惜經過了數十年，「天下之社學卒不興」[49]。論者根據多種明代地方之記載指出，明中後期地方官員執行社學教育並不盡力，「以致社學失修，廢弛之狀隨時可見。」[50]

　　《（萬曆）淮安府志》卷六〈學校·社學〉載，江蘇淮安府山陽縣原有社學六十五所，但至萬曆年間，陳文燭為該府撰方志時，這些社學已「並廢」，「僅存縣治東北隅一所」；同府邳州原有社學四十七所，至修志之際，也呈現「多廢」窘境[51]。再如《（天啟）平湖縣志》卷七〈學校·社學〉載，浙江平湖縣原有社學三所，不過，到了程楷在天啟年間修縣志時，這些社學已廢棄不再辦理了[52]。

　　綜上可知，明代鄉社基層實施的屬於初級教育、啟蒙教育性質的社學等，都呈現由盛而衰的趨勢。所謂初期的「盛況」，事實上有很多是「假象」，名實根本不副。至後期，更是積弛累弊，已到難以挽救的地步。

四、幼教實務經驗

　　王陽明是明代最重要的教育家，他有豐富的教育經驗。以下針對王陽明實踐的幼稚教育活動說明之。

---

[48] 李東陽，《大明會典》，卷78〈學校·社學〉，頁1250。

[49] 趙之謙，《（光緒）江西通志》（台北：華文，民國57年），卷81，頁1783。

[50] 池小芳，〈明代社學興衰原因初探〉，頁22。

[51] 陳文燭，《（萬曆）淮安府志》（上海：上海書店，天一閣藏明代方志選刊續編，1990年），卷6，頁469-470。

[52] 程楷，《（天啟）平湖縣志》（上海：上海書店，天一閣藏明代方志選刊續編，1990年），卷7，頁424。

正德五年（1510），王陽明陞江西廬陵縣知縣，正德十二年（1517）奉命剿平江西一代的流賊；翌年四月，平定三浰之亂。班師回營途中，他對於地方治安惡壞的窘境，有感而發的對門人提出「透過教育以移風化俗」之道，他說：

> 民風不善，由於教化未明。今幸盜賊稍平，民困漸息，一應移風易俗之事，雖未能盡舉，姑且就其淺近易行者，開導訓誨。即行告諭，發南（安）、贛（州）所屬各縣父老子弟，互相戒勉，興立社學，延師教子，歌詩習禮。……久之，市民亦知冠服，朝夕歌聲，達於委巷，雍雍然漸成禮讓之俗矣[53]。

在王陽明看來，改善社會風氣的方法很多，其中設立社學以施教化，是最為「淺近易行」的。

王陽明立即在贛州建蓋了義泉、正蒙、富安、鎮寧及龍池等五所社學，並「選生儒行義表俗者」為「教讀」（社學教師），開始對當地子弟進行教學工作：「教之歌詩習禮，申以孝悌，導之禮讓。」經過一番努力，這五所社學即取得施教成效：「未期月而民心丕變，革奸宄而化善良；市廛之民皆知服長衣，叉手拱揖而歌誦之聲溢於委巷，浸浸乎三代之遺風矣。」[54]

除了從教育制度上倡導、建立社學以推動兒童教育之外，王陽明也收了數位「小學童」入門啟迪，王襞（1511-1587）即其中一佼佼者。泰州王門王襞自九歲起，跟著父親王艮（1483-1540）從家鄉江蘇泰州遊學江浙，在越中隨侍王陽明側凡八年。某次講會上，王陽明「命童子歌，眾嘻。先生（王襞）高歌自如。」這裏的「命童子歌，眾嘻」，顯示與王襞一起受學的年幼「同儕」可能不少。又一日，「數十犬叢吠之，先生神色不動，眾犬委委而退。」王陽明見狀，「益奇之」，謂大眾曰：「此子器宇不凡，

---

[53] 王守仁，《王陽明全集》，卷33〈年譜一〉，頁1252。
[54] 同上註，卷36〈年譜附錄一〉，頁1343。

吾道當有寄矣！」[55]據此可推，王陽明用心於觀察學童行為，並能賦予學生適當之「教師期望」。由於王襞精音律，善樂器，歌聲若金石，王陽明還贈以玉琴鼓勵他向學。足見王陽明也善於運用今日「行為改變技術」中的「正增強法」。後來，王襞果然成為泰州王門的健將之一。

五、幼教哲學基礎

任一教育實踐與理論，必有其哲學思考作為基礎。茲從本根論、人性論、知行論及致良知論等四方面，梳理王陽明的幼教哲學基礎。

（一）本根論——「心者，天地萬物之主」

本根論，即「關於宇宙之最究竟者的理論」[56]。論者以為，中國本根論的基本假定，是認為本根必是超乎形象的，求本根必須求之於「無形無質」者，其最顯著的有三：一是理則，二是氣體，三是心。於是乃形成三種本根論的主要類型：即「唯理論」、「唯氣論」、「唯心論」（所謂唯者，非謂一切惟何，乃表示最究竟者為何）。「唯理論」，以理則或規律為宇宙本根；「唯氣論」，以無形之氣解說一切；「唯心論」認一切皆本於心[57]。

王陽明繼承陸象山的「宇宙便是吾心，吾心即是宇宙」[58]、「宇宙內事，乃己分內事；己分內事，乃宇宙內事」[59]，以及楊慈湖的「易者己也，

---

55 王襞，《王東崖先生遺集》（新竹：國立清華大學人文圖書館館藏微捲），卷上〈年譜紀略〉，頁3。
56 余雄，《中國哲學概論》（高雄：復文，出版年不詳），頁7。
57 同上註，頁112。
58 陸九淵，《象山全集》（台北：中華，民國55年），卷36〈年譜〉，頁3。
59 同上註，卷33〈行狀〉，頁3；黃宗羲，《宋元學案》（台北：河洛，民國64年），卷58〈象山學案〉，頁5。

非有他也」;「天地我之天地,變化我之變化,非他物也」[60]等唯心論思想,強調「吾心」是萬事萬物之源,認為一切皆依附於心。在王陽明看來,宇宙一切皆在吾人心內,他說:「人者,天地萬物之心也;心者,天地萬物之主也。心即天,言心則天地萬物皆具之矣。」[61]明白表示心是宇宙的主宰。他又說:「心物無物,心外無事,心外無理,心外無義。」[62]物、事、理、義種種,實皆吾人之心。

顯然,依王陽明的觀點,心便是一切,無在心外者;眾理萬事皆備於心;「無心外之理,無心外之物」[63]。他指出:

> 充天塞地中間,只有這個靈明,人只為形體自間隔了。我的靈明,便是天地鬼神的主宰。天沒有我的靈明,誰去仰他高?地沒有我的靈明,誰去辯他吉凶災祥?天地鬼神萬物離却我的靈明,便沒有天地鬼神萬物了[64]。

天地萬物的存在,純粹仰賴人心的靈明;離開人心的靈明,天地萬物便一無所有。換言之,人心具有主宰作用與主動機能。

有一次王陽明遊南鎮,同行的朋友指著岩壁上的花與樹說:「天下無心外之物,如此花樹,在深山中自開自落,於我心亦何相關?」這是針對王陽明上述觀點極大的質問,他不慌不忙的答道:「你未看此花時,此花與汝心同歸於寂。你來看此花時,則此花顏色一時明白起來。便知此花不在你的心外。」[65]在他看來,人未知覺的事物即不存在,人不感物即無物;宇宙依心而有,離心則無。

60　黃宗羲,《宋元學案》,卷74〈慈湖學案〉,頁58。
61　王守仁,《王陽明全集》,卷6〈答季明德〉,頁214。
62　同上註,卷4〈與王純甫〉,頁156。
63　同上註,卷1〈傳習錄上〉,頁6。
64　同上註,卷3〈傳習錄下〉,頁124
65　同上註,頁107-108。

　　至於「身」和「心」的關係，王陽明認為兩者交互作用，但主宰機能仍在「心」。他說：

> 耳目口鼻四肢，身心，非心安能視聽言動？心欲視聽言動，無耳目口鼻四肢亦不能。故無心則無身，無身則無心。但指其充塞處言之謂之身，指其主宰處言之謂之心，指心之發動處謂之意，指意之靈明處謂之知，指意之涉著處謂之物，只是一件[66]。

此處王陽明分別界定身、心、意、知、物五個概念，並加以區別與聯繫，而其中「心」有主宰知覺的功能。他補充道：「心不是塊血肉，凡知覺處便是心。如耳目之視聽，手足之知痛養，此知便是心也。」[67] 無疑的，目之視其所以視者，耳之聽其所以聽者，口與四肢之言動其所以言動者，概為心知作用使然。

（二）人性論──「性無不善」，「牽蔽於物欲」

　　古人論性，各有異同，意見紛歧。對此，王陽明的觀點是：性體無善無惡，發用則有善有惡。他說：

> 性無定體，論亦無定體。有自本體上說者，有自發用上說者；有自源頭上說者，有自流弊上說者；總而言之，只是一個性，但所見有淺深爾。若執定一邊，便不是了。性之本體，原是無善無惡的；發用上也原是可以為善、可以為不善的；其流弊也原是一定善，一定惡的。譬如眼，有喜時的眼，有怒時的眼；直視就是看的眼，微視就是覷的眼；總而言之，只是這個眼。若見得怒時眼，就說未嘗有喜的眼；見得看的眼，就說未嘗有覷的眼，皆是執定，就知是錯。孟子說性，直從源頭上說來，亦是說個大概如此。荀

---

[66]　同上註，頁 90-91。
[67]　同上註，頁 121。

子性惡之說，是從流弊上說來，也未可盡說他不是，只是見得未精耳。眾人則失了心之本體[68]。

王陽明認為，性之本體，是無善無惡的，是超越善惡相對的，但其發用，則可以為善，可以為不善。

性之本體「無善無惡」，是超越現實生活中善惡觀念的，那是一種「至善」。王陽明說：「無善無惡者，理之靜，有善有惡者，氣之動。不動於氣，即無善無惡，是謂至善。」[69]性之本體是「理之靜」，故無善無惡；性之發用即「氣之動」，則有善有惡。他又說：「性無不善，……良知即是未發之中，即是廓然大公，寂然不動之本體，人人所同具者也。但不能不昏蔽於物欲。」[70]依王陽明的觀點，每個人都有「無不善」的本性，即「良知」。若不被物欲牽蔽，循著良知發用流行，則無不是道。「但常人多為物欲牽蔽，不能循得良知」，「或泛濫於多歧，疑迷於影響，是以或離或合而未純。」[71]

（三）知行論──「知是行之始，行是知之成」

知識論及方法論之名，來自西洋，中國傳統學術與之相關者，《大學》中有「致知」一詞，到宋明哲學，「致知」乃成為一個重要的議題。目前，中國哲學史界，一般以「致知論」總括知識論及方法論兩者。中國哲學中所倡的「知」，往往涵涉認識及知識兩方面；而中國哲學中的「為學之方」，則通常兼指修養方法及研究方法。認為致知方法與德行涵養有相依不離的關係，這是中國哲學的特點之一[72]。

68　同上註，頁 115。
69　同上註，卷 1〈傳習錄上〉，頁 29。
70　同上註，卷 2〈傳習錄中〉，頁 62-63。
71　同上註，頁 69。
72　余雄，《中國哲學概論》，頁 475。

　　關於「知」的性質與起源之問題，王陽明是「主內派」，認為知出於內，不緣於外；至於知行關係，他主張知行無別、離行無知，即所謂「知行合一」。

　　既然「心者，天地萬物之主」，因此致知應求諸內不當向外索。王陽明指出：

> 夫萬事萬物之理不外於吾心，而必曰窮天下之理，是殆以吾心之良知為未足，而必外求於天下之廣，以禪增益之，是猶析心與理而為二也。……良知之外，豈復有加於毫末乎？今必曰窮天下之理，而不知反求諸其心，則凡所謂善惡之機，真妄之辨者，舍吾心之良知，亦將何所致其體察乎[73]？

在王陽明看來，知的性質與來源在內不在外，他將「外求以致知」的作法比喻為「目之不明者，不務服藥調理以治其目，而徒悵悵然求明於外！」[74]這當然是無效的，目之明豈可自外而得！

　　知之起源在人的內心，不在外界。宇宙萬物，吾心自有之，故欲求得圓滿之知識，只須致吾之良知。王陽明說：「夫物理不外吾心，外吾心而求物理，無物理矣；遺物理而求吾心，吾心又何物邪？」[75]依他的觀點，「理雖散在萬事，而實不外乎一人之心。」[76]所以，「外心以求物理，是以有闇而不達之處。」[77]因此「求理於吾心」實在無庸置疑。

　　「知行合一」之教，乃陽明學說之一大主軸，王陽明道：

---

[73] 王守仁，《王陽明全集》，卷2〈傳習錄中〉，頁46。
[74] 同上註。
[75] 同上註，頁42。
[76] 同上註。
[77] 同上註，頁43。

> 未有知而不行者。知而不行，只是未知。……知是行的主意，行
> 是知的功夫；知是行之始，行是知之成。若會得時，只說一個知
> 已自有行在，只說一個行已自有知在[78]。

知行相待，兩者是相依而不分的，知之同時必有行，知而不行，究竟仍是
未知而已。

當時有一友人針對「知行合一」說向他提出疑問：「自來先儒皆以學
問思辯屬知，而以篤行屬行，分明是兩截事。今先生獨謂知行合一，不能
無疑。」王陽明回答如下：

> 凡謂之行者，只是著實去做這件事。若著實做學問思辯的功夫，
> 則無定體，論亦無定體。有自本體上說者，有自發用上說者；有
> 自源頭上說者，有自流弊上說者；總而言之，只是一個性，但所
> 見有淺深爾。若執定一邊，便不是了。性之本體，原是無善無惡
> 的；發用，却如何懸空去學問思辯得？行時又如何去得做學問思
> 辯之事？行之明覺精察處，便是知；知之真切篤實處，便是行。
> 若行而不能精察明覺，便是冥行，便是「學而不思則罔」，所以
> 必須說個知；知而不能真切篤實，便是妄想，便是「思而不學則
> 殆」，所以必須說個行；原來只是一個工夫[79]。

知行是一個工夫，二者合而為一。

78　同上註，卷1〈傳習錄上〉，頁4。
79　同上註，卷6〈答友人問〉，頁208。

（四）致良知論——「隨時就事上致其良知」[80]

我們知道，致知格物論向為宋明哲學中一個很重要的討論項目，因它包含了為學方法與修養方法。故本文擬從致知格物論說明王陽明的「致良知論」。「致知」與「格物」本是《大學》八條目中的兩條。

何謂「致知」？何謂「格物」？《大學》云：「物有本末，事有終始，知所先後，則近道矣。」[81]又云：「此謂知本，此謂知之至也。」[82]可知「致知」即是知本，即知事物之中孰為本，孰為末。至於「格物」，《大學》未多解說，古今解者不一，其中，朱熹訓「格」為「至」，解「格物」為「至物」；王陽明則訓「格」為「正」，解「格物」為「正物」。

王陽明繼承、發展孟子重「思」與「存心養性」的概念，揭櫫、闡明「致良知」之說。無論是「為學觀」或「存養觀」，王陽明都表現了「向內觀照」的傾向。他論「致知」、「格物」，頗富簡易精一的特質，他說：「隨時就事上致其良知，便是格物。」[83]以「致良知」通貫致格功夫。陽明後學深受陽明思想的影響，往往以「致知」包融「格物」。如江右王門鄒守益所言：「致吾心之良知於事事物物之間，寂感內外，通一無二。故庸德之行，庸言之謹，便是聖門格物致知樣子。」[84]可以看出，「致知」與「格物」已濃縮到「致良知」一點上。

從以上分析看，王陽明的本根論、人性論、知行論、致良知論，構成了他的教育哲學基礎。這種教育哲學觀點直接影響著他的幼稚教育思想。他對兒童「習禮歌詩之教」，「背書誦書」之要求，教學原則之提出，教

---

[80] 本項內容參見黃文樹，《陽明後學與明中晚期教育》（台北：師大書苑，民國92年），頁178-191。

[81] 朱熹，《四書章句集注》（北京：中華，1983年），〈大學章句〉，頁3。

[82] 同上註，頁6。

[83] 王守仁，《王陽明全集》，卷2〈傳習錄〉中〈答聶文蔚〉，頁83。

[84] 鄒守益，《東廓鄒先生文集》，（台南：莊嚴文化，四庫全書存目叢書，民國86年），卷6〈簡復聶雙江〉，頁71。

學方法之設計，都強調自省自察，自我領悟，這些同他的教育哲學有密切的關係。

六、幼稚教育目的

從中國學術思想史之發展看，自從孟子提出「四端」理論後，「性善論」成了中國道德哲學的張本，歷代無不受其影響。孟子認為人性本善，「惻隱之心」、「羞惡之心」、「辭讓之心」、「是非之心」皆與生俱來。他說：

> 所以謂人皆有不忍人之心者，今人乍見孺子將入於井，皆有怵惕惻隱之心，非所以內交於孺子之父母也，非所以要譽於鄉黨朋友也，非惡其聲而然也。……惻隱之心，仁之端也；羞惡之心，義之端也；辭讓之心，禮之端也；是非之心，智之端也。人之有是四端也，猶其有四體也[85]。

既然人性、人心的本源是善的，仁、義、禮、智四種德行就存在其中，因此教育的重要旨趣即是要把這善端尋回，並予擴充出來。

論者指出，明中後期的心學，是「性善論」道德學說發展的高峰。這種道德哲學，簡單地說，即主張人天賦的心具有道德認知的能力，而因為人與生俱來這種「先驗的」道德認知本能，故人只要「保育」之，而不使失去，那麼就可以作正確的道德判斷，甚至於達成道德的完善生活和理想，用孟子的話，這就是「人皆可以為堯舜」[86]。

---

[85] 朱熹，《四書章句集注》，《孟子》，〈公孫丑上〉，頁 237-238。

[86] 李弘祺，〈中國教育傳統與二十一世紀〉，載《當代月刊》第 153 期（民國 89 年 5 月），頁 121。

這樣的道德哲學用王陽明的話來說，即人皆具有「良知良能」。因此，教育的主要目的在於如何「致良知」，「致良知之外無學矣」[87]。陽明後學承傳這種人性論觀點，肯定人本身是道德感的自然源頭。在他們看來，「吾心本體」──「良知」，默朕淵浩，統率性融，天德充盈，湛然虛明，教育的旨趣即在「完此常照、常明之體」。

現實生活裏，世人對於名相差等、利祿得失均不免處處執著，使自己的身體生命和自然本性受到殘害，個體的存在為各種社會化的存在所束縛限制，始終不得「全身樂生」。基本上，人不僅要「全其身」，安身立己，更要「樂其生」，享受生命的真樂。在王陽明看來，這就必須「復明本心」，超越一切有限的時間和空間，不為物役，不為鉗制，以追求本性的天真悅樂。

七、幼教教學原則

王陽明肯定人在整個宇宙中的地位，而人的「本心」、「良知」，真誠惻怛，炯然明覺，故在他看來，教育應是一種自內而外「開展」的歷程，也就是「自我實現」的歷程。依王陽明的觀點，每個個體自身之內，即存在著豐富、自明的發展潛性；教育的意義，因而就是把人豐碩、完善的潛性，予以開展出來，使發展不致因外誘而陷入困境。在此一教育哲學基礎上，他強調準備原則、主動原則、舒暢原則、精熟原則、合一原則及個別適應原則，以下分別討論之。

（一）準備原則

王陽明認為為學「須從本原上用力」，在基礎上漸次以進。他說：

---

[87] 王守仁，《王陽明全集》，卷8〈書魏思孟卷〉，頁280。

> 為學須有本原，須從本原上用力，漸漸盈科而進。仙家說嬰兒示
> 善譬，嬰兒在母腹時只是純氣，有何知識？出胎後方始能啼，既
> 而後能笑，又既而後能識認其父母兄弟，又既而後能立，能行，
> 能持，能負，卒乃天下之事無不可能，皆是精氣日足，則筋力日
> 強，聰明日開，不是出胎日便講求推尋得來[88]。

在王陽明看來，人的成長與發展應在「本原」之上，循一定的規律開展：
即出生後能啼，既而能笑，其後能識認其父母，接著能站立、能行走、能
持物、能負重，最後能做天下事，這就意含了教學應依「準備」原則，不
可「揠苗助長」。

　　一般而言，個體的情緒發展係由簡單到複雜；認知發展由具體到抽
象；體能發展由粗糙到精細。換言之，自個體生命開始，身心各方面之發
展，從幼稚朝向成熟，有其規律和模式。因此，在教育上，為增進教學的
效果，自須於教學過程中遵循「準備」原則，用王陽明的話，即是兒童教
育應使其「精氣日足，筋力日強，聰明日開」才有所成，此乃「固本培原
之功」[89]。

　　王陽明重視從「本原」上用力，這是偏重學習者生理發展方面的「準
備」。此外，尤值得注意的是，王陽明也強調學習者「立志」的重要性，
此乃重視心理動機方面的「準備」。他說：

> 夫學，莫先於立志。志之不立，猶不種其根而徒事培擁灌溉，勞
> 苦無成矣。世之所以因循苟且，隨俗習非，而卒歸於污下者，凡
> 以志之弗立也[90]。

88　同上註，卷1〈傳習錄上〉，頁14。

89　張克偉，〈王陽明教育思想析論〉，載《哲學與文化》第17卷第7期，1990
　　年，頁616。

90　王守仁，《王陽明全集》，卷7〈示弟‧立志說〉，頁259。

把「立志」比喻為「植根」，認為學習莫先於立志，無學習之志，學習將一無所成。

王陽明有一篇名為「立志」的論說文，簡短有力，摘引如下：

> 志不立，天下無可成之事，雖百工技藝，未有不本於志者。今學者曠廢隳惰，玩歲愒時，而百無所成，皆由於志之未立耳。故立志而聖，則聖矣；立志而賢，則賢矣。志不立，如無舵之舟，無銜之馬，漂蕩奔逸，終亦何所底乎[91]？

為學之「志」一如舟船之「舵」，足見其關鍵性，所以王陽明簡言道：「大抵吾人為學，緊要大頭腦，只是立志，所謂困忘之病，亦只是志欠切。」[92]

依王陽明的觀點，立定志向是為學的根本，他曾舉孔子為例說：

> 孔子，聖人也，猶曰：「吾十有五而志於學。三十而立。」立者志立也。雖至於「不踰矩」，亦志不踰矩也。志豈可易而視哉！夫志，氣之帥也，人之命也，木之根也，水之源也。源不濬則流息，根不植則木枯，命不續則人死，志不立則氣昏。是以君子之學，無時無處而不以立志為事[93]。

這段話，中間字字句句，莫非言立志之於學習的決定性作用。

（二）主動原則

王陽明認為學習者必須主動思考，才能獲得「自得」之樂，他說：

> 夫學貴得之心。求之於心而非也，雖其言之出於孔子，不敢以為是也，而況其未及孔子者乎！求之於心而是也，雖其言之出於庸常，不敢以為非也，而況其出於孔子者乎[94]！

---

[91] 同上註，卷 26〈立志〉，頁 974。
[92] 同上註，卷 2〈啟問道通書〉，頁 57。
[93] 同上註，卷 7〈示弟・立志說〉，頁 260
[94] 同上註，卷 2〈答羅整奄少宰書〉，頁 76。

「學貴自得」，重視學習者的獨立思考、自求自得，反對盲目崇信，這是一種以學習者為主體、實事求是的學習精神。

尊己心，尚主動，是王陽明的教育思想中極為顯著的特點。王陽明與友人、門下論學的書信，一再強調這個教學原則，如〈答徐成之〉云：

> 夫君子之論學，要在得之於心。眾皆以為是，苟求之心而未會焉，未敢以為是也；眾皆以為非，苟求之心而有契焉，未敢以為非也。……苟盡吾心以求焉，則不中不遠矣。學也者，求以盡吾心也。是故尊德性而道問學，尊者，尊此者也；道者，道此者也。不得於心而惟外信於人以為學，烏在其為學也已[95]！

在王陽明看來，學習不自得於己心，只「外信於人」，是迷失於「為學」本質的。

王陽明吸收了禪宗思想的精華，主張「自證自悟」、「學貴自得」、「存疑求真」，鼓勵人們對於一切認識包括聖賢、偶像、經典，都要放入自己的心中，通過自我的「良知」加以判斷，富有啟蒙教育的精神。

（三）舒暢原則

宋元以來，兒童教育基本上是以教師為中心、成人為本位，採取約束、懲罰的外在制裁方法施教，學校形同監獄，以致兒童幼小的心靈中往往視學校為畏途。在高壓管理之下，學童只能養成欺偽伎倆，教育成效適得其反。對此有深刻認識的王陽明批評道：

> 近世之訓蒙稚者，日惟督以句讀課仿，責其檢束，……鞭撻繩縛，若待拘囚。彼視學舍如囹獄而不肯入，視師長如寇仇而不欲見，

規避掩覆以遂其嬉遊，設詐飾詭以肆其頑鄙，偷薄庸劣，日趨下流。是蓋驅之於惡而求其為善也，何可得乎[96]？

王陽明認為，若學校教育方式不能順適兒童身心發展特性，一味的站在教師立場進行教學活動，則其後果是堪慮的。

按王陽明的分析，過去的兒童教育，教師每日只督促學童「句讀課仿」，「檢束」其行為，「鞭撻繩縛」，把學童當成囚犯般的嚴厲管教，結果導致學童「視學舍如囹獄而不肯入，視師長如寇仇而不欲見」，造成學生與學校、學生與教師之間嚴重的對立。加上學童為了滿足其遊戲的需求，便欺騙隱瞞、弄虛佈假，造成不良的學習風氣。在王陽明看來，這樣的兒童教育等於是在驅使學童為惡，欲求其向善，無異是緣木求魚、猿猴撈月了！

依王陽明的觀點，「大抵童子之情，樂嬉遊而憚拘檢」，因此教育他們應該「如草木之始萌芽，舒暢之則條達，摧撓之則衰痿。」即採取適應兒童好動、活潑的共同特質，「順導其志意，調理其性情，潛消其鄙吝，點化其粗頑」；「使其趨向鼓舞，中心喜悅」，「則其進自不能已，譬之時雨春風霑被卉木，莫不萌動發越，自然日長月化。」最後使兒童達到「漸於禮義而不苦其難，入於中和而不知其故」的教育效果[97]。

（四）精熟原則

基於提升教育效果，王陽明在〈教約〉中強調授書「不在徒多，但貴精熟」。他說：

凡授書不在徒多，但貴精熟。量其資稟，能二百字者，止可授以一百字。常使精神力量有餘，則無厭苦之患，而有自得之美，諷

96　同上註，卷2〈訓蒙大意示教讀劉伯頌等〉，頁88。

97　同上註，頁87-88。

> 誦之際，務令專心一志，口誦心惟，字字句句紬繹反覆，抑揚其
> 音節，寬虛其心意。久則義禮浹洽，聰明日開矣[98]。

王陽明認為，上課授書不用貪多，重要的是要學童專心一志對內容反覆思
考，以臻於精熟程度。如此，可使兒童的學習精神和力量綽綽有餘，消極
上不會對學習產生厭苦，積極上更能夠在學習中悠遊自得，體會其樂趣。
那麼，久而久之，自可「義禮浹洽，聰明日開」。

（五）合一原則

　　學、問、思、辨、行合一的教學原則，是王陽明「知行合一」說在教
育實務上的體現，他分析社會上有兩種人，一種人「懵懵懂懂的任意去做，
全不解思維省察，也只是個冥行妄作。」另一種人「茫茫蕩蕩懸空去思索，
全不肯著實躬行，也只是個揣摸影響。」[99]他認為這兩種人皆不可取。

　　王陽明在〈答顧東橋書〉中，對於「學、問、思、辨、行合一」原則
有精闢的論證，摘引於後：

> 夫學、問、思、辨、行，皆所以為學，未有學而不行者也。如言
> 學孝，則必服勞奉養，躬行孝道，然後謂之學，豈徒懸空口耳講
> 說，而遂可以謂之學孝乎？學射則必張弓挾矢，引滿中的；學書
> 則必伸紙執筆，操觚染翰；盡天下之學無有不行而可以言學者，
> 則學之始固已即是行矣。篤者敦實篤厚之意，已行矣，而敦篤其
> 行，不息其功之謂爾。蓋學之不能無疑，則有問，問即學也，即
> 行也；又不能無疑，則有思，思即學也，即行也；又不能無疑，
> 則有辨，辨即學也，即行也。辨既明矣，思既慎矣，問既審矣，
> 學既能矣，又從而不息其功焉，斯之謂篤行。非謂學、問、思、

---

[98] 同上註，卷 2〈教約〉，頁 89。
[99] 同上註，卷 1〈傳習錄上〉，頁 4。

辨之後而始措之於行也。是故以求能其事而言謂之學；以求解其惑而言謂之問；以求通其說而言謂之思；以求精其察而言謂之辨；以求履其實而言謂之行；蓋析其功而言則有五，合其事而言則一而已[100]。

王陽明自稱他這種將學、問、思、辨、行「統整」起來的論點為「心理合一之體」，而這恰是「知行並進之功」，他並自詡是「異於後世之說者」，表明對此獨見之自信與惜重。

（六）個別適應原則[101]

所謂「個別適應」原則，就是指對不同能力、志向、品德的人施以不同的教育，以協助其發揮潛能。王陽明的幼教思想十分重視這一原則，他說：

我輩致知，只是各隨分限[102]所及。今日良知見在如此，只隨今日所知擴充到底；明日良知又有開悟，便從明日所知擴充到底。如此才是精一[103]功夫。與人論學，亦須隨人分限所及[104]。

教學時須「隨人分限所及」，用現代教學語言，即教學活動應建立在學習者的「起點行為」之上，不管是教材的選用、呈現，或是教學方法的應用、實施，都應適應學習者的興趣、性向與能力等，「因材施教」。

王陽明曾以樹木灌溉為例，說明「個別適應原則」如下：

---

[100] 同上註，卷 2〈答顧東橋書〉，頁 45-46。
[101] 本項參見黃文樹，《陽明後學與明中晚期教育》，頁 394-400。
[102] 分限，指才分、素質的標限。
[103] 精一，即精粹純一。
[104] 王守仁，《王陽明全集》，卷 3〈傳習錄下〉，頁 96

> 如樹有這些萌芽，只把這些水去灌溉。萌芽再長，便又加水。自
> 拱把以至合抱，灌溉之功皆是隨其分限所及。若些少萌芽，有一
> 桶水在，盡要傾上，便浸壞他了[105]。

這段話指出了教學必須從學習者的基礎出發，循序漸進地傳道、授業、解
惑，否則，超越學習者的需要或接受能力就會產生相反的效果。

王陽明進一步將「隨人分限所及」的教學原理比作「良醫之治病」，
他說：

> 夫良醫之治病，隨其疾之虛實、強弱、寒熱、內外，而斟酌加減。
> 調理補泄之要，在去病而已。初無一定之方，不問症候之如何，
> 而必使人人服之也，君子養心之學，亦何以異於是[106]！

教學既如醫疾，故藥不可亂投，而應就學習者力之所及，選材施教。故王
陽明又說：「因人而施之，教也。各成其材矣，而同歸於善。」[107]在他看
來，每個人之素質不同，「因人而施」是教學之「定法」[108]。

此外，王陽明還以幼童學習走路為例，提出兒童肢體動作能力發展
的模式及其教學原則，他說：「學起立移步，便是學步趨庭除之始；學
步趨庭除，便是學奔走往來於數千里之基，故非有二事。但其功夫之難
易，則相去懸殊矣。」[109]學習走路有其次第，最先是學「起立移步」，
其次是學「步趨庭除」（在院子裏自由行走），最後是「奔走往來於數
千里」，這三者的難易差別甚大，必須循序漸進，不可躐等而能。王陽
明補充道：

---

[105] 同上註。
[106] 同上註，卷 5〈與劉元道〉，頁 191
[107] 同上註，卷 7〈別王純甫序〉，頁 232。
[108] 同上註，頁 233。
[109] 同上註，卷 2〈答聶文蔚〉，頁 86。

既已能奔走往來於數千里之間者，則不必更使之扶牆傍壁而學起
立移步，而步趨於庭除之間自無弗能矣；既已能步趨於庭除之間，
則不必更使扶牆傍壁而學起立移步，而起立移步自無弗能矣[110]。

能力發展有其階段性，前一階段的發展是後一階段的基礎，當還在「慮其
不能起立移步」時，何必「慮其不能奔走千里」？相反的，已能「奔走千
里者」，也沒有必要「慮其或遺忘於起立移步之習哉？」王陽明這些識見，
實與現代發展心理學的研究發現相符應。

八、幼教課程內容

　　王陽明在〈訓蒙大意示教讀劉伯頌等〉中主張兒童教育要以德育為
重，「當以孝弟忠信禮義廉恥為專務」，其栽培涵養之方，包括「誘之詩
歌」、「導之習禮」、「諷之讀書」等[111]。為什麼要規定這些課程？這些
課程對兒童身心發展究有何價值？王陽明指出：

誘之歌詩以發其志意，導之習禮以肅其威儀，諷之讀書以開其知
覺。……大抵童子之情，樂嬉戲而憚拘檢，如草木之始萌芽，舒
暢之則條達，催撓之則衰痿。今教童子，必使其趨向鼓舞，中心
喜悅，則其進自不能已。譬之時雨春風，霑被卉木，莫不萌動發
越，自然日長月化；若冰霜剝落，則生意蕭索，日就枯槁矣。故
凡誘之歌詩者，非但發其志意而已，亦以洩其跳號呼嘯於詠歌，
宣其幽抑結滯於音節也；導之習禮者，非但肅其威儀而已，亦所
以周旋揖讓而動蕩其血脈，拜起屈伸而固束其筋骸也；諷之讀書
者，非但開其知覺而已，亦所以沉潛反復而存其心，抑揚諷誦以

---

[110] 同上註。
[111] 同上註，卷2〈語錄二〉，頁87。

宣其志也。凡此皆所以順導其志意，調理其性情，潛消其鄙吝，
默化其粗頑，日使之漸於禮義，而不苦其難，入於中和而不知
其故[112]。

王陽明認為，「近世之訓蒙稗者，日惟督以句讀課仿，責其檢束」[113]的做
法，是不對的。為了改革兒童教育，他特別叮嚀社學「教讀」們，務須依
上述課程施教，庶成「蒙以養正」之效。

　　至於兒童教育具體內容，則見於〈教約〉一文[114]，包括「考德」、「歌
詩」、「習禮」及「讀書」等，此處分別說明於後：

（一）考德

　　王陽明在〈教約〉指出，兒童教育先「考德」，次「讀書」，再次「習
禮」，又次「歌詩」。將「考德」列為課程之首，這可見他對德育的重視。
考德之方式如下：

> 每日清晨，諸生參揖畢，教讀以次。遍詢諸生：在家所以愛親敬
> 長之心，得無懈忽，未能真切否？溫凊定省之儀，得無虧缺，未
> 能實踐否？往來街衢，步趨禮節，得無放蕩，未能謹飾否？一應
> 言行心術，得無欺妄非僻，未能忠信篤敬否？諸童子務要各以實
> 對，有則改之，無則加勉。教讀復隨時就事，曲加誨諭開發。然
> 後各退席肄業[115]。

社學的每日功夫，先考察學生孝弟修養的實踐情況，相當於今日小學的「生
活與倫理」教育，以及《幼稚園課程標準》規定幼稚教育之實施，應以「生

---

[112] 同上註，卷2〈傳習祿中〉，頁87-88。
[113] 同上註，頁88。
[114] 同上註，卷2〈語錄二〉，頁88-89。
[115] 同上註。

活教育及倫理教育為主」的「教育目標」是一致的。即幼稚教育務從日常
生活中養成學童良好的道德行為習慣。

（二）歌詩

王陽明在〈教約〉指出：

> 凡歌詩，須要從容定氣，清朗其聲音，均審其節調；毋躁而急，
> 毋蕩而囂，毋餒而懾。久則精神宣暢，心氣和平矣。每（社）學
> 量童生多寡分為四班，每日輪一班歌詩；其餘皆就席，斂容肅聽。
> 每五日則總四班遞歌於本（社）學。每朔望，集各（社）學會歌
> 於書院[116]。

王陽明在此不但說明歌詩的方法與原則，並提出歌詩的作用與功能，而且
規定了社學實施歌詩活動的計畫，包括日課、月課的安排，這可見他對社
學歌詩課程的重視。

（三）習禮

如同「考德」與「歌詩」，王陽明在〈教約〉中亦提出他對社學實施
「習禮」課程的精闢觀點。他說：

> 凡習禮，須要澄心肅慮，審其儀節，度其容止；毋忽而惰，毋沮而
> 怍，毋徑而野；從容而不失之迂緩，修謹而不失之拘局。久則體貌
> 習熟，德行堅定矣。童生班次，皆如歌詩。每間一日，則輪一班習
> 禮。其餘皆就席，斂容肅觀。習禮之日，免其課仿。每十日則總四
> 班遞習於本（社）學。每朔望，則集各（社）學會習於書院[117]。

---

[116] 同上註，頁89
[117] 同上註。

這段話顯示了王陽明的「習禮」教育，不單只重視外表體貌的涵養，尤為注重情緒、態度、精神等內在層面的潛修，這是一種兼重內外、會通表裏的人格教育與情緒教育。

（四）讀書

在知識教育方面，王陽明在〈教約〉同樣賦予重要的地位。他認為讀書是「開發聰明」、「浹洽義禮」的門路，他說：

> 凡授書不在徒多，但貴精熟。量其資稟，能二百字者，止可授以一百字。常使精神力量有餘，則無厭苦之患，而有自得之美。諷誦之際，務令專心一致，口誦心惟，字字句句紬繹反覆，抑揚其音節，寬虛其心意。久則義禮浹洽，聰明日開矣[118]。

王陽明此文提到許多精采的論點，其一，他認為教師授書、學生習書，不必貪多，重要的是能對課程內容精熟，而非一知半解；其二，授書的「量」應依學習者的資質稟賦加以取捨，使學生學起來輕鬆愉快為原則；其三，專心致志的讀書精神，是必要的，而用心體會，勤加練習，亦不可缺。這些見解都極其珍貴。

九、幼教師資條件

嘉靖七年（1528）正月，王陽明總督兩廣期間，在〈批立社學師耆老名呈〉中稱：社學教師的條件，須「誠愛惻怛」，具有「視民如子之心」，要能對學童「涵育薰陶，委曲開導」，而使他們得以「感發興起」[119]。王陽明在該文甚至強調，「社學師」平日應「行以實心，節用愛民，施為有

---

118 同上註。
119 同上註，卷18〈批立社學師耆老名呈〉，頁626。

漸」，不能「徒飾一時之名」，而要以「垂百年之澤」自期始可[120]。換言之，社學師不僅應扮演一位「社會楷模」，還應以師道自任，犧牲奉獻於百年樹人之不朽事業。

要實踐師道，教師在人格修養上必須做到「莊敬自持」，王陽明說：

> 古之教者，莫難嚴師。師嚴道尊，教乃可施。嚴師維何？莊敬自持，外內若一，匪徒威儀。施教之道，在勝己私，孰義孰利，辨析毫釐。源之弗潔，厥流孔而。毋忽其細，慎獨謹微。毋事於言，以身先之。教不由誠，日惟自欺。施不以序，孰云匪愚。庶予新知，患在好為。凡我師士，宜鑒於茲[121]。

「嚴師道導」是中國傳統的教育思想，王陽明認為，這是教育實施的根本。而師如何「嚴」，其規準在「莊敬自持，外內若一」；在施教中，沒有私心，明於「義利之辨」，「慎獨謹微」，以身率教。在王陽明看來，「誠」「敬」於教是教師宜念茲在茲的最重要信念。

十、結語

綜上可知，王陽明之前，中國傳統的兒童教育傾重注入灌輸、高壓管理，幼小心靈的天真童心與活潑本性受到極大束縛。特別是明中葉前，高度的政治集權厲行文化專制主義，教育與學術流於制式化，時代文化禁錮保守，稱之為「封閉社會」並不為過。

社學是明代最主要的兒童教育機構，其目的在「養蒙育德，敷教儲才」，政府初期辦理尚稱積極。惟至中葉，王陽明活動的時代，盛況不再，徒具文案之社學所在多有，呈現廢弛之狀態。就在這一窘況裡，王陽明高

---

[120] 同上註，頁 627。
[121] 同上註，卷 28〈箴一首〉，頁 1033。

張「透過社學教育以移風化俗」的鮮明而堂正之旗幟，在南贛一帶務實推動社學教育，並取得具體顯著之成效。

在教育哲學基礎上，首先，王陽明植基於「心學」，主張「心外無理」，「心外無物」，強調人心具有主宰作用與主動機能。其次，他認為「性無不善」，但可能因「牽蔽於物欲」而陷入疑迷。再者，他兼重知與行，揭櫫「知是行之始，行是知之成」的「知行合一」論。還有，他濃縮「致知」與「格物」為「致良知」，提出「隨時就事上致其本具之良知良能」這種重視日用常道與生活教育的教育價值論。

既然人性本善，每個人均與生俱有「良知良能」，故教育之目的就在於「致良知」，復明本來之良善面目。為了達成「致良知」，王陽明認為教學歷程應掌握「準備」、「自動」、「舒暢」、「精熟」、「合一」及「個別適應」諸原則。至於教育內容，則需多元採取「考德」、「歌詩」、「習禮」及「讀書」等為課程。在這同時，他也重視師資條件在教育實施上的樞紐地位，他認為，教師應「莊敬自持」，「師道自任」。這些觀點，彌足珍貴，頗值參考借鏡。

當然，世上沒有十全十美、放諸四海皆準的理論或觀點，王陽明的幼教思想不可能毫無缺憾。基本上，王陽明崇尚「心學」，涵養工夫確有偏重個人內在修練，以致疏忽外在世界探索之嫌。而他將人的「本來之良知良能」的自然發展視為教育綱領，認定「本來面目」或「自然」足以提供人的發展之法則和標鵠，這個觀點固可提醒吾人確立教育旨趣時，須重視人的天賦德性、資質，但卻容易使人不能積極開發各項潛能，落入「放任之自由」；同時不免使人忽略社會文化材，漠視人類歷史累積之經驗。另外，王陽明以「致良知」為教育價值指向，似乎過於狹隘；其實，價值儘可以「多元化」。這些都是不完善的，再開展王陽明幼教思想時，有必要去面對、正視、解決這些不能規避的問題。現代的教育工作者宜採更開放的精神，汲取當代進步思想的長處，取精用宏，使陽明學再出發。

參考資料

（說明：分「史料部分」及「專書部分」及「期刊論文部分」，各部分依作者姓名筆畫由少至多順序排列，出版年依各書版權頁所註民國年或西元年為準。）

一、史料部分

王世貞（明）：《弇州史料前集》。台南：莊嚴文化事業公司，四庫全書存目叢書，民國 86 年。

王守仁（明）：《傳習錄》。台北：商務印書館，民國 67 年。

王守仁（明）：《王陽明全集》。上海：古籍出版社，1992 年。

王時槐：《吉安府志》。北京：中國書店，稀見中國地方志匯刊，1992 年。

王襞：《王東崖先生遺集》。新竹：國立清華大學人文圖書館館藏微捲。

王鏊（明）：《（正德）姑蘇志》。台北：商務印書館，四庫全書本，民國 72 年。

朱元璋（明）：《明朝開國文獻》。台北：學生書局，民國 55 年。

朱熹（宋）：《四書章句集注》。北京：中華書局，1983 年。

宋濂（明）：《元史》。台北：商務印書館，四庫全書本，民國 72 年。

李東陽（明）：《大明會典》。台北：新文豐出版社，民國 65 年。

陸九淵（宋）：《象山全集》。台北：中華書局，民國 55 年。

張廷玉（清）：《明史》。台北：中華書局，民國 60 年。

陳文燭（明）：《（萬曆）淮安府志》。上海：上海書店，天一閣藏明代方志選刊續編，1990 年。

陳威（明）：《（正德）松江府志》。台南：莊嚴文化事業公司，四庫全書存目叢書，民國 86 年。

陳鼎（清）：《東林列傳》。，台北：商務印書館，四庫全書本，民國 72 年。

嵇璜（清）：《欽定續文獻通考》。台北：商務印書館，四庫全書本，民國 72 年。

程楷（明）：《（天啟）平湖縣志》。上海：上海書店，天一閣藏明代方志選刊續編，1990 年。

黃佐（明）：《南雍志》。台南：莊嚴文化事業公司，四庫全書存目叢書，民國 86 年。

黃宗羲（清）：《宋元學案》。台北：河洛圖書公司，民國 64 年。

鄒守益（明）：《東廓鄒先生文集》。台南：莊嚴文化事業公司，四庫全書存目叢書，民國 86 年。

趙之謙（清）：《（光緒）江西通志》。台北：華文書局，民國 57 年。

談起行（清）：《上海縣志》。北京：中國書店，稀見中國地方志匯刊，1992 年。

二、專書部分

丁淑萍（民 91）：《明代社學之研究》。國立台灣師範大學教育系碩士論文。

王育濟（1993）：《理學、實學、樸學》。濟南：山東友誼出版社。

中研院史語所校（民 67）：《明太祖實錄》。台北：中研院史語所。

杜成憲（1998）：《中國教育史學九十年》。上海：華東師範大學出版社。

杜維明（民 78）：《儒學第三期發展的前景》。台北：聯經出版社。

余雄（出版年不詳）：《中國哲學概論》。高雄：復文出版社。

周愚文（民 90）：《中國教育史綱》。台北：正中書局。

柯劭忞（民 45）：《新元史》。台北：藝文印書館。

陳漢才（1996）：《中國古代幼兒教育史》。廣州：廣東高等教育出版社。

教育部（民 76）：《幼稚園課程標準》，台北：教育部，教育部令台（76）國字第 03555 號。

黃文樹（民 92）：《陽明後學與明中晚期教育》。台北：師大書苑。

錢穆（民 75）：《中國學術思想史論叢》。台北：東大圖書公司。

錢穆（民 84）：《國史大綱》。台北：商務印書館。

三、期刊論文部分：

池小芳（民 82）：〈明代社學興衰原因初探〉。載《中國文化研究所學報》第 2 期，頁 19-28。

李弘祺（民 89）：〈中國教育傳統與二十一世紀〉。載《當代月刊》第 153 期，頁 114-123；第 154 期，頁 126-133。

邱錦昌（民 71）：〈明代教育制度之研究〉。載《國立政治大學學報》第 45 期，頁 151-181。

林秀（民 80）：〈王陽明的兒童教育觀〉。載《孔孟月刊》第 29 卷第 5 期，頁 27-30。

郭麗明（民 90）：〈明代初級教育──以社學為中心〉。載《中興史學》第 7 期，頁 77-95。

張克偉（民 79）：〈王陽明教育思想析論〉，載《哲學與文化》第 17 卷第 7 期，頁 614-633。

張克偉（民 80）：〈陽明學研究論著目錄〉，載《書目季刊》第 22 卷第 2 期，頁 91-139。

陳時龍（2000）：〈論明代社學性質的轉變與明清小學學制的繼承〉。載《教育史研究》第 3 卷，頁 21-26。

老子與盧梭自然主義思想的比較及其對幼兒教育的啟示

蔡銘津

（樹德科技大學師資培育中心教授）

壹、前言

一、研究動機

　　對照於中外的教育哲學史上，主張自然主義思想者，在中國則首推提倡「返回自然」與「返璞歸真」的老子（王鳳喈，民 75）；而在西方其導源者則非力主「打破形式」和「順乎自然」的盧梭（J.J. Rousseau）莫屬（徐宗林，民 72），由於兩人所處的空間中西迴異，所在的年代亦相差二千二百年左右，實引起我們探討的興趣。

　　盧梭生於西元一七一二年，其思想除受到中國老子思想及當時流行的「自然法」觀念的影響（謝康，民 53），更受到洛克的啟發（吳俊升，民 69），復加上對當時政治、宗教及社會各方面思想和行為陷於形式主義而與之反抗（台灣中華書局編輯部，民 64），遂發為憤世疾俗的學說，高唱「返回自然」；老子則生於我國春秋時代（大約是西元前六世紀），其思想乃孕育於「周室衰微，諸侯爭霸，社會紊亂，綱紀廢弛」，而「禮義不於治，繁文縟節適足以擾之」的時代，主要針對禮教的虛偽和人類文化的反動，因此主張返於自然。由於時間背景皆不相同，雖然二人同倡自然主

義，其間必有出入處，實在值得研究。而教育思想又往往導於哲學立場，值得認識與探討，故本研究擬就哲學立場和教育思想來進行比較研究。

一個偉大思想的醞釀，必有其背景始能產生，雖然不同背景所產生的思想不能全然應用於不同的國度裡，亦且不能應用於不同的時代背景中。誠如杜威說：「簡化的理論，用的總是絕對的名詞，好像這理論是古往今來，放諸四海而皆準的，而事實上，這理論卻一定受到當時的條件所影響，而有其明顯的限制。」（林以亮、婁貽哲合譯，民 68），但思想與真理的探討，其精義的粹取，必可作當今時弊的殷鑑。所以本研究乃希望藉著老子與盧梭的哲學立場、教育思想的比較，歸納其異同，評估其得失，以為當前幼兒教育的參考。

二、研究目的

根據上面的研究背景，本研究之目的，計有下列五項：

(一) 探討老子與盧梭之研究文獻，了解目前的研究成果，作為本研究立論之參考。

(二) 分析老子與盧梭的哲學立場，歸納解析他們的人性論與知識論層面，並進行比較。

(三) 闡述老子與盧梭的教育思想，就其教育目的、教育內容、教育方法層面，提出討論，並進行比較。

(四) 針對研究結果，加以歸納、融貫，及進行評析。

(五) 提出結論，期由深刻之歷史反省及觀點之延展，獲致對當前幼兒教育發展之啟示。

貳、研究方法與範圍

本研究採文獻探討，蒐集有關老子、盧梭的研究論文，予以分析、比較。研究的步驟，從老子和盧梭教育理論其礎著手，兼採理論分析與比較方法，探究其哲學立場、教育思想，歸納其異同，最後綜合比較與評析。

本研究的範圍與內容，先就老子與盧梭的思想背景探討二人哲學立場的異同，其間選擇從人性論與知識論兩方面加以比較分析；復剖析二人教育思想中的異同，從教育目的、教育內容、教育方法等層面予以比較，最後歸納與綜合二人哲學與教育思想的異同予以融貫，做成結論並評析之，以提供幼兒教育上的應用與參考。

參、老子和盧梭「哲學立場」的分析及比較

一、人性論的層面

（一）老子的人性論

老子書中，未曾談及「性」字，但有實質的人性論。老子認為人性本善，且心性功能知覺靈敏，具有超越的自覺自明能力，因此足以突破現象生活的障蔽，而直接與自然本體精神統合，實現同天的理想人生觀。至於修養心性，老子有列見解：

1、無知無欲：老子說：「常使民無知無欲」。（三章）他認為無知則無欲。又云：「禍莫於不知足，咎莫大於欲得」（四十六章），因而主張「我無欲而民自朴」（五十七章）。老子亦勸人：「見速抱樸，少私寡欲」（十九章）以免純真樸實的本性受到外界物欲的污染而迷失。他說：「五色令人目盲，五音令人耳聾……難得之貨，

令人行妨。」（十二章）即在說明「欲」為亂之原，惡之所由生，故主張寡欲、禁欲。

2、齊同善惡：老子主張善惡無別，善與惡相對的。他說：「天下皆知美之為美，斯惡已。皆知善之為善，斯不善已。」（三章）「善之與惡，相去若何？」（二十章）此皆說明，有美就有不美，有善就有不善。

3、致虛守靜：老子說：「致虛極，守靜篤。萬物並作，吾以觀復後。」（十六章）「致虛」則外物不侵，守靜則專默精誠；致虛守靜，才能克私欲，回明性，才能觀察萬物演化歸根，才能悟道。

4、貴柔不爭：吳康（民68）認為老子人生觀有二要義，一曰柔，二曰不爭，觀物之情，審其利害，知柔弱所以取勝，故斂然退守，不為物先，則柔弱所以不爭之器也。老子說「聖人者有力，自勝者強」（二十三章）其指「有力」乃外在的表現；「自勝」是內心的修養。又云：「柔弱勝剛強」（三十六章）「堅強者死之徒，柔弱者生之徒」（七十六章）「天下之至柔，馳騁天下之至堅」（四十三章），「天下莫柔弱於水……弱之勝強，柔之克剛，天下莫不知，莫能行。」（七十八章）以上引文皆在說明柔弱之力。

老子不僅貴柔弱，並且倡言不爭。他說：「上善若水，水善利萬物而不爭，處眾人之惡，故幾於道。……夫唯不爭，故無尤。」（八章）因為不爭，才能無尤，所以處世虛是不爭。又云：「不自見故明，不自是故彰，不自伐故有功，不自矜故長，夫唯不爭，故天下莫能與之爭。」（二十二章）由於不爭，則不矜不伐，不敢為天下先。老子的不爭，並無消極隱退，自趨滅亡的意思。張光甫（民64）認為有二義：一是指不與人爭同欲的對象，二是指重活動本身，而不是癥結本身，亦不是爭結果。夫唯有「不爭之

德」（犧牲小我）才能「天下莫能與之爭」（完成大我）。所謂
「聖人之道，為而不爭」正說明「不爭」與「有為」的關係。

5、謙沖自牧：老子主張「生而不有，為而不恃，功成而弗居」（二
章）「長而不宰」（十章）「聖人後其身而身先，外其身而身存」
（七章）皆言謙沖自牧，目的在返璞歸真。如此亦能「不為大，
故能其大」，「既已為人己愈有，既已與人己愈多」，謙沖自牧
是處群態度，議事為人的一種美德。

6、理想人格的完成－赤子，嬰兒：赤子是最純真的狀態是人格的最
高境界。其曰：「專氣致柔，能嬰兒乎？」（十章），「常德不
離，復歸於嬰兒」（二十八章），「含德之厚，比於赤子。」（五
十五章）。（王財貴，民85）

　　總之，老子的人性論，認為人性乃天然自善，但因常受外界
物欲的蒙蔽，所以勸人：「無知無欲」、「見素抱樸」、「少私
寡欲」、「致虛守靜」、「貴柔不爭」、「謙沖自牧」，而後回
復本然。（戴健業，民84；周紹賢，民60；韋政通，民75；余
培林，民70）

（二）盧梭的人性論

　　盧梭論人性乃從自然觀立說，他提出「返回自然」（Back to Nature），
其「自然」（nature）在西方含「人性」（Human nature）的意義在內。因
此「自然」與「人性」同義。盧梭的人性論散見於「愛彌兒」一書，茲歸
納如下：

1、人性本善：盧梭在「愛彌兒」一書開章明義即說：「天造之物，
一切皆善，一經人手，則變為惡」。又謂：「凡由自然而來者必
真，不徒為真，而且為善」。可見自然的一切均善，至於小孩或
學童，則因剛來自於造物主手中，所以皆善無惡。「人心中都有

當或不當的先天能力」，並且「在人心底處，有當與德的先天原則」，這種「人性本善」的論調在當時與基督教「原罪」論相反，因此被教會視為異端邪說。（魏肇基譯，民66）

　　既然「人性本善」，則惡何所生？盧梭認為惡來自社會。那如何為善去惡呢？盧梭認為透過消極的教育保護內在本有之善，防止外侵之惡，所以「教育的活動既不包括道德教育也不包括教真實的知識，而在指導內心避免罪惡，使心靈遠離錯誤。」盧梭又云：「自然的原先活動，都是正確，人心之始並不敗壞歪曲。」自然既賦予人性為善，則順著人性發展即可，所以盧梭主張「乃若其情，則可以為善。」易言之，人性的發展應該由內裏加以促動，而非用外力加以塑造而發展。

2、重視非理性：盧梭認為感覺的發展、情慾的成長都先於理性而發生，諸如：妒嫉、自私、好奇、感情、良心，意志等非理性都是個人生長的一部份，而人非理性部份與理性同樣重要，甚至有過之而無不及。

3、人性兼合理、欲：盧梭認為人性底蘊包含理和欲。「理」是協助自我提昇，追求真理，堅定意志，自我主宰去克服「欲」的引誘；「欲」則促使個人追求感覺上的滿足，排拒「理」的指導。人性中雖有理、欲的出現，但是實質上皆係來自人的本性發展的結果，是人在社會、文化環境中成長出來的，如此，道德行為始乃產生。雖然如此，人的根源本性，依舊是純樸的，無所紛擾的。

4、承認個性差異的存在：盧梭說：「人心各有他的特別的個性，然後實施教育必須順從個性。」所以盧梭不否認個性的存在。

5、人的成長復演社會文化發展的歷程：盧梭認為個體的發展，在兒童期可以比擬半文明人期，個人的行為已非單純的自然本性為之

決定了，個體已逐次了解社會法律規範的重要；成人期則類似文明人期，本然的習性已由人為的社會與道德的習性所取代。

6、理想人格－自然人：盧梭所理想的自然人，亦即愛彌兒的典型，完全是一個純真的自我，具有真知，能忍耐肯工作，有決心，有毅力，充滿信心與熱忱的人。（**魏肇基譯，民66；黃遙煌，民62**）

（三）老子與盧梭人性論的異同

1、共通處：

由以上分析，老子與盧梭的人性論可得共通處如下：

（1）兩者皆從自然主義的觀點，倡言人性本善。

（2）人性的發展應該順應自然，由內裏加以促動，而非用外力加以推動而發展。

（3）人性之向惡，係由外在的環境和人為的社會制度所造成，因此皆主張廢除禮教的虛偽和社會文化。

（4）兩者皆不否認個性差異的存在。

（5）兩者皆承認人性中具有超越自覺自明的能力，可以突破現象生活的障礙。

（6）兩者皆不諱言人性有欲，唯應寡欲，節欲。

2、相異處：

此外，老子與盧梭的人性論亦有相異之處：

（1）盧梭特別強調人性中非理性的部份如妒嫉、自私、好奇、感情、良心、意志……等，認為與理性同樣重要，甚至有過之而無不及；老子則重視理性部份。

（2）盧梭認為人性兼含理、欲。但認為理、欲是在社會文化環境中成長出來，而老子認為理是先天的，欲是後天的。

二、知識論的層面

（一）老子的知識論

　　老子的知識，就知能言，重理智悟力，不信任感官之知，故以「直觀」為本；就知識對象言，否認客體實在的存在，特重直觀悟解；就求知的歷程乃經有知而達忘其所知或無所不知的無知境界，茲從道德經歸納其見解如下：（張光甫，民 71；韋政通，民 75）

1、求內明而棄外智：老子認為要認識「道」並效法道的自然無為，必須經由自身生活體悟或踐履，始能完成，經由感官經驗所獲的知識或由聖智者所創的知識都靠不住，因為憑感覺經驗，只能說明「現象」而不能直觀體道。所以老子教人求內明而棄外智，故曰：「歸根曰『靜』，是謂『復命』。復命曰『常』，知『常』曰『明』。」（十六章）

2、重視理性之知，拋棄經驗之知：老子主張人應「棄外智，求內明」，即在重視內在的直觀反省，以虛靜的心境去觀照外物，把握外物運行的通則，如此可以「不出戶，知天下：天窺牖，見天道」（四十七章），充分顯示重視理性之知。老子認為沈溺外在經驗的追逐，私欲妄見愈多，而愈遠常道，故曰：「其出彌遠，其知彌少」（四十七章）此言即拋棄經驗之知。

3、求知首重認識並把握永恒不變的普通原則：老子認為天地萬物變化的通則就是「常」。曰：「知和日常，知常曰明」（五十五章），人在求知過程只要把握不變的原則，就可以執簡御繁，使人心智清明而不惑於事物的紛繁詭異。老子教人「復守其母」、「復命」、「歸根」意即要人把握不變的原則。

4、求知的態度是「無知」：老子認為要獲得新知，先要以虛心的態度承認自己的無知。曰：「知不知，上；不知知，病。聖人不病，

以其病病，是以不病。」（七十一章），唯有如此，才不持成見，不自以為是，才能獲保心智清明的效果。故曰：「不自見，故明；不自是，故彰；不自伐，故有功；不自矜，故長。」（二十二章）。

5、主張真知、專知：老子重視真知，反對偽知。曰：「知者不言，言者不知，塞其兌，閉其門……是謂玄同」（五十六章）即指真知者不多言，而喜多言者，不一定具有真知。衡之老子之意，老子並非反知，其反對者只是一知半解，自以為是的偽知者而已。就專知言，老子曰：「信言不美，美言不信；善者不辯，辯者不善；知者不博，博者不知。」（八十一章）可見老子認為知者是具有專知識者，貴在求專，不再求博。

6、主張棄智、絕學：老子的棄智、絕學，表現上否定學與知的功能，事實上此種主張有其含義。老子所學是「學不學，復眾人之可以不殆。」（六十四章）；對知的要求則是「始制有名，名亦既有；夫亦將知止，知止可以不殆。」（三十二章）為此，老子的絕學與棄智應從境界上觀照其真義。老子稱頌理想人格當如無知無識的嬰兒，赤子、愚人。推究其意乃稱讚聖人保有赤子之心，但終非嬰兒；有知之人雖以頑鄙之愚人，但絕非真愚。有知之人的愚拙乃是惑於萬物的紛擾中，經歷困知勉行，化繁為簡，豁然貫通的一種心靈境界和一種審慎評斷知識的態度。（張光甫，民71；秦紫葵，民62；韋政通，民75）

（二）盧梭的知識論

盧梭是經驗的認識者，特別強調經驗在認識歷程中的重要性。茲述其要點如下：（徐宗林，民77；魏肇基譯，民66）

1、重視感覺的運用：盧梭認為感覺活動能提供認識事物的經驗，感官是獲取知識的通路。

2、強調觀察的價值：盧梭認為兒童對周遭環境的有意觀察，可以培養兒童的好奇心，是求取知識的動機，有助於新知的發現與獲得。

3、知識的形成，必須個體完成的參與認識活動並且要自我發現：盧梭說：「不要將知識教導給他，而要讓他自己去發現知識。」因此個人必須全心的投入，不要依賴他人的教導。

4、疑難問題要自己解決而非他人代勞：有關疑難的問題，必須自己觀察、思考、了解、分析、綜合各項有關資料，尋求完滿的解答。

5、認識的活動，須個體運用理智，不能借助權威。

6、自我的認知活動，必須強調認知經驗成為自我的一部份。

7、自然是知識的泉源：盧梭強調知識的來源是自然不是歷史，也不是社會。兒童從自然環境中，獲得認識的資料，形成認識的能力。

8、在衡量知識論的標準上，以是否有助於生存作為知識取捨的尺度。

（三）老子與盧梭知識論的異同

老子與盧梭的知識論，從其哲學背景觀察以應有相通之處，但仔細分析却亦有相異之處如下：

1、就知能言：老子重理智悟力以直覺觀為本；盧梭重感官運用，注重觀察與做中學。

2、就知識對象言：老子否認客體實存的存在，特重悟解；盧梭認為自然是知識的泉源，不是歷史，也不是社會。

3、就求知方法言：老子主張「求內明，去外智」、「無知」、「棄智絕學」；盧梭主張親自參與，自我發現，反對他人的教導，不能借助權威。

4、就求知歷程言：老子經歷「無知→有知→無知」的歷程去追求同天理想；盧梭似僅是「無知→有知」的歷程。換言之，老子的境界已超越經驗層次，而進入理性之知；而盧梭停留在經驗層次。

5、老子重視理性之知而拋棄經驗之知；盧梭則重視經驗之知，實用性之知。換言之，老子認為人文的知識重於實用性的知識，而盧梭則重視實用性的知識勝過人文性的知識。

肆、老子和盧梭「教育思想」的分析及比較

根據上述人性論與知識論的哲學立場，可推知兩者教育思想，以下擬就教育目的，教育內容，教育方法三層面分別敘述。

一、教育目的層面

（一）老子的教育目的論

老子的中心思想是「道」，因此是其教育目的在於「弘道明德」，以培養「真人」。茲依其理念，敘述如下：

1、促進自我實現：老子認為天地萬物各具自性，能適應自性發展，即可成就本身之「德」。故主張「不尚賢」、「自知」、「自勝」。在教育上，應該重視個別差異性和獨特性的發展，反對外在齊一的標準及干涉束縛的手段，尊重個人價值，導其生長，以促進自我實現。

2、理想人格的完成—赤子、嬰兒、聖人。

（1）赤子之心的培養：老子勉人「常德不離」、「含德之厚」都應返回嬰兒天真無邪的境界，故老子以嬰兒、赤子或愚人作為人生的模範。其真義在喚醒成人的執迷，從無窮的欲望中得到解放，而不為物役，不為情染，不為智蔽，增加心靈自由，復歸嬰兒，常保赤子之心。

（2）聖人人格的完成：老子認聖是道的化身，只有聖人才會法道的
「常無為而無不為」。其曰：「是以聖人處無為之事，行不言
之教。萬物作焉而不辭，生而不有，為而不恃，功成弗居。」
（二章）又曰：「聖人不積，既以為人己愈有，既以與人己愈
多。」（八十一章）老子心目中的聖人是「生而不有，為而不
恃」，不積的精神乃是偉大的道德行為。且聖人不斷的「為人」、
「與人」、「利萬物」，已將生活藝術化，於是乎落實在教
育的施為乃是聖人人格的完成。（張光甫，民 64；王鳳喈，
民 75）

（二）盧梭的教育目的論

盧梭的教育學說，一言以蔽之，就是「返回自然」，而其教育目的，
乃是一個理想的人—「自然人」的培育，而非一位公民的養成。所謂自然
人，完全是一個純的自我。馬斯特解釋自然人：「不是原始人，也不只是
共同社會人抽象化，不是與自己相牴觸，他的心智能力是均衡的。」（徐
宗林，民 72）

盧梭所理想的自然人，亦即愛彌兒的典型，他的體格健碩，熟悉生
存之道，內心真誠、純潔、無邪、胸懷磊落，無爭而快樂。（魏肇基譯，
民 66）

因是之故，盧梭的教育目的，除個人身體的自然成長外，尚要將個人
的本性，作一個自由的發展（向著自然而非社會的指標去發展），不加任
何外來的干預抑制。

綜之，盧梭本著「人性善」的觀點，主張「返回自然」，故教育的目
的在順應兒童的個性發展，以培育自然人。

（三）老子與盧梭教育目的論之異同

老子與盧梭的教育目的論，不離「自然」思想，經分析可以發現相同，相異點如下：

1、相同點：兩人皆主張教育的目的在發展個性，實現自我，以及理想人格的完成，老子所謂的真人，盧梭所謂的自然人，其義相同。

2、相異點：老子心目中理想人格，不僅在赤子之心的培養，更進一步完成聖人人格，不僅是道德行為的表現，更是生活藝術創造化的層面。而盧梭理想人格的完成似乎在老子的赤子境界，未達聖人境界。換言之，盧梭僅注意個性的自我實現及保有嬰兒的真我，是屬道德層面，認為「做為一個人」（Manhood）才是教育的主要課題。

二、教育內容層面

（一）老子的教育內容論

世人常誤認老子是反知主義者，因此無教育可施，更談不上教育的內容。事實上，老子重視「真知」與「專知」（已如上述分析）；故從「道德經」深究，老子所倡導之教育內容如下：

1、自然：老子說：「人法地，地法天，天法道，道法自然」，因此他的教育內容是道，也就是「自然」。「自然」有「道」的特性—自然無為；也能將「道」具體表現，所以「自然」是一部最好的書，每一頁都是活生生的教材。人類生存自然之中，可以獲得寶貴的教訓—自然無為、虛靜、柔下、不爭、知常，因而明白真知的義蘊，並領悟人生的真諦。

2、德：老子說：「道生之，德畜之……是以萬物莫不尊道而貴德，道之尊，德之貴，夫莫之命而常自然。」（五十一章），依此，德為物之所得，故德出於道。又曰：「善建者不拔，善抱者不脫……。修之於身，其德乃真。……吾何以知天下？以此。」（五十四章）老子所德者、修者，是修其所建所抱之道，以成其不拔不脫之德，故「德」乃重要的教育內容。（張光甫，民64；王鳳喈，民75；陳青之，民57）

（二）盧梭的教育內容論

盧梭教育思想從自然主義的觀點立論，故對自然極為崇拜，其對愛彌兒的教育內容，也是自然。茲述要點如下：

1、**自然是知識的泉源，教材的內容**：盧梭強調知識的來源是自然，而非歷史亦非社會。兒童從自然環境中，獲得認識的資料，形成認識的能力。盧梭說：「不要給你的學生任何口語上的功課，除了從經驗中來的知識，不應有其他知識。」所以愛彌兒初期的教育就是非文字的教育，完全是諸事的經驗及感官之訓練，然其教材，則都來自於自然。故盧梭說：「讓感官作為我們的嚮導，讓自然界作為唯一的課本，讓事實作為僅有的教師。」

2、**實物是最佳材料**：盧梭認為自然教育必須與大自然接觸，大自然界滿佈具體實物。所以盧梭高喊：「只要有自然，不要書本。」，「絕不以符號文字代替實物本身，否則會引走兒童的注意而忘了實物的意義。」因此，以實物教學就避免文字的障礙，獲得真正的、實用的經驗。（黃遙煌，民62）

3、**重視實際生存經驗的材料**：盧梭期望愛彌兒有的教育是以個人生命之維繫，生活之維持為教育鵠的，換言之，讓愛彌兒知道生存

以保住生命。所以盧梭唯一推舉的書本是「魯演遜漂流記」,即在讓愛彌兒學習魯濱遜在環境中尋求生存之道。

4、重視實用性的材料:盧梭說:「一切學習出發點為實用,學習的材料,就是愛彌兒周遭的物質環境及事物。然後再學習社會有關知識,以使自己立足社會,維繫自己的生存與生活。」故注重實用性教材。

5、重視活動性教材:盧梭重視勞作活動和體育活動,因此勞作和體育是重要的教育內容。認為智育的發展有賴勞作,透過勞作可以學得一技之長,在社會中「獨立」和「生存」,再則「必須靈活的運用四肢感官等智慧工具,才能夠思想。」此種提倡身體鍛鍊,正是重視體育的思維。(魏肇基譯,民 66;朱敬先,民 88;林玉體,民 73)

由以上可知,盧梭教育內容論,經驗重於課本,注重勞作、體育、自然及實物觀察等實用性、經驗性、活動性的教材。

(三)老子與盧梭教育內容論異同

老子與盧梭的教育內容都以「自然」為主,但兩者有相異之處,分述如下:

1、老子的自然教育內容,以偏向成人本位,而盧梭則強調兒童中心的課程內容。

2、老子的教育內容—自然與德以偏重修身養性的教材;盧梭則偏重實用的、活動的、經驗的教材。

三、教育方法層面

（一）老子的教育方法論

老子尚自然而絕人事，所以在教育的施為上主張「禁欲」「絕學」及「不言之教」，在教育方法上可得以下十點：

1、口授、傳述：老子認為人要達到「不出戶，知天下；不窺牖，見天道」的能力，必須利用前人的經驗和學識，透過教師口授以及書本傳述。故曰：「人之所教，我亦教之。」（四十二章），而且「聖人常善教人，故無棄人。」（二十七章）

2、注重自動：老子提供「不言之教」，藉以訓練人們的獨立思維能力，以達自化、自正、自富、自樸的鵠的，頗符合自動原則。

3、集中注意：老子說：「載營魄抱一，能無離乎」（十章）又說「少則得，多則惑，是以聖人抱一為天下式」（二十二章）乃在強調學習者精神集中，則不易外所移，而有益於學習效果。

4、類化原則：老子說：「執古之道，以御今之有」（十四章）所指「古之道」是舊經驗；「今之有」是新教材。新教材和舊經驗相類化，才有助於學習。

5、循序以進：老子說：「曲則全，枉則直，窪則盈，敝則新」（二十二章）意即研究學問，必須從局部求了解，方能推知全部，才能體察事物的真象。

6、持之有恒：老子認為人之為學，若能鍥而不捨，久而久之，必能心領神會。所以說：「知常曰明」。

7、注重判斷：老子說：「窈兮冥兮，其中有精，其精甚真，其中有信，自古及今，其名不去，以閱眾甫」（二十一章）其中「求其精，驗其真，行之有信，乃明道的工夫」。

8、客觀虛靜：老子認為學道要致虛守靜，客觀明鏡萬物。故曰：「致虛極，守靜篤，萬物並作，吾以復觀。」（十六章）

9、柔弱、不爭、寡欲：老子認為人生修為要守弱貴柔以長保生命；以「不爭」奉獻自己，服務社會；以寡欲、欲雙管齊下，才能知止不殆，成就聖人的人格。

10、主辯證法：老子認為「正」與「反」是立場的作祟，才有主觀的正反面。但正未必是對，反未必是不對，如果以客觀的態度去研究，往往由反辯證新原理。故說：「反者，道之動。天下萬物生於有，有生於無。」

11、個性差異原則：老子認為天地萬物各具自性，能適應自性的發展，以成就本身之德。其曰：「夫物或行隨，或歔或吹，或強或羸，或載或隳。」（二十九章），由於物性不同，人性各殊，唯順其自性，萬物始能遂其所生。（張光甫，民64；王鳳喈，民75；陳青之，民57）

（二）盧梭的教育方法論

盧梭的自然主義教育觀在教育的施為上主張消極教育、循序教育、感官訓練、自然教室、個別教學、實物教學、發現教學，自然懲罰等，在教育方法上可得下列八點：

1、個性差異原則：盧梭認為每個兒童生而特異的性情，「人心各有他特別的個性，我們必須看清楚這個個性，然後依其個性施以教育。」

2、自動發現原則：盧梭主張讓兒童自己去發現知識，不要依賴他人的教導，因此個人必須全心投入，完全參與。

3、動機原則：盧梭認為學習的主要動機，就是孩子當時的興趣；好奇心是求取知識的動機，所以興趣和好奇心，有助於新知的發現與獲得。

4、做中學：盧梭重視感官訓練，獲經驗和知識，因此必須自己去觀察、思考、了解、分析、綜合，在活動中獲得經驗，解決問題。

5、重視勞動：盧梭提倡身體鍛鍊及手工教育，即在透過勞動，以靈活運用四肢感官等智慧工具來增進思想。（魏肇基譯，民66）

6、個別化原則：盧梭在愛彌兒一書中所揭示的教育方法是個別的教師，教導單一的個體，啟發兒童的好奇，懷疑，自動的天性。

7、重視自然懲罰：盧梭認為在行為發生與行為結果的出現上，個人自然地受到苦樂的啟示，因此自然就是一位道德活動的執行者。

8、注重輔導啟發，反對注入：盧梭說：「教師不應當給兒童以教訓，而應當讓他自己找出來」。「教育應是消極的，順應自然的，不應該干涉的，人為的。」

9、打破形式的教育方式：主張教育有其獨立的社會功能，不再附屬於教會、社會與國家。（盧美貴，民88；朱敬先，民88）

（三）老子與盧梭教育方法論的異同

1、相同處：

（1）兩者皆重視自動學習：老子提倡不言之教，盧梭力主自動發現知識。

（2）兩者皆強調適應個別差異教學的需要：兩者皆承認個別差異的存在，教學應依其個性，因材施教。

（3）兩者皆強調啟發輔導：老子力主不言之教，強調個體自主性與內化性，重在啟發；盧梭排斥人為干涉，主張由內自外引發的過程。

2、相異處：

(1) 老子維持口授、傳述的教學，盧梭則反對口述教學，力倡經驗
學習。

(2) 老子從理性及內修的角度，所以教育方法注重判斷循序以進，
客觀虛靜，主辯證，貴柔、不爭、寡欲；盧梭從經驗角度，主
張做中學、動機原則及自然懲罰，重視勞動。

(3) 盧梭主張個別化教學，老子則無此主張。

伍、結論—綜合、評析及對幼教的啓示

一、老子與盧梭哲學與教育思想的綜合比較

茲就前述老子與盧梭的哲學立場與教育思想比較所得，加以綜合歸納
如下：

（一）就哲學立場層面而言

1、相通處：

(1) 就人性論析之：老子與盧梭都主張人性本善；人性的發展應由
內而外，順應自然發展；承認個性差異的存在；排斥人為的社
會制度，力主寡欲、節欲；最高尚的人格是真人（自然人）。

(2) 就知識論析之：兩者皆認為自然是知識的來源；老子主張的「求
內、內明、去外智」和盧梭自我發現略有相通。

2、相異處：

(1) 就人性論析之：盧梭特別強調人性中非理性部份。對理、欲的
看法，盧梭認為是社會文環境中的產物；老子則認為理是先天
的，欲是後天的。

（2）就知識論析之：老子重視悟力，以直觀為本；盧梭重感官運用，重觀察和做中學；老子否認客體實的存在，老子重視理性之知，認為人文知識重於實用知識，盧梭重視經驗之知，偏重於知識的實用性。

（二）就教育思想層面而言

1、相通處：

（1）就教育目的論析之：兩人皆主張教育的目的在發展個性，實現自我以及理想人格的完成，老子所謂「真人」與盧梭的「自然人」其理相通。

（2）就教育內容論析之：兩者皆主張教育內容應以自然為主。

（3）就教育方法論析之：兩者都重視自動學習，強調個性適應因材施教的重要，同時主張啟發輔導的必要。

2、相異處：

（1）就教育目的論析之：老子教育目的論中，理想人格的完成，不僅在赤子之心的培養，更是聖人人格的完成，實兼涉道德層面和哲學層面的要求，而盧梭僅注意個性的自我實現，認為「做一個人」才是教育的主要課題，實偏向道德層面的要求。

（2）就教育內容論析之：老子的教育內容似偏向修身道德教材，盧梭則偏重實用性、活動性、經濟性的教材。

（3）就教育方法論析之：老子從理性及內修的角度，主張判斷，循序以進，客觀虛靜主辯證、貴柔、不爭、寡欲，並且維持口授傳述；盧梭則從經驗角度，主張做中學、引發動機、實物教學、感官訓練、自然懲罰、重視勞動。此外盧梭主張個別化教學，老子則無此主張。

二、老子與盧梭思想的評析與啟示

（一）老子思想的評析與啟示

老子的思想是以無為為體的自然主義，整個哲學思想全在於「道」，哲學精神在於「自然」，其人生哲學、知識論、教育論都歸於此，而最終的理想就是返回自然、返樸歸真，這種思想固有價值，亦有可議之處，茲綜述如下：

1、老子返回自然的主張，教人追求一種單純簡樸的生活，有助於人保存赤子之心，去追求智慧的人生以及培養豐富的創造力。（韋政通，民 75）

2、老子主張返回樸實、像嬰兒一樣真誠的原則，都是產生藝術、推動藝術創造發展的巨大力量。（尉天驄，民 59）

3、老子認定社會一切罪惡皆是文明的產物，倡導返回自然的生活，則有害於人類社會之進化，與社會演進律相違背，而不適用於今日科學文明人智競進的時代。（吳康，民 68），畢竟，幼兒自小仍有必要傳承一些有價值的文化。

4、老子以「無為而無不為」為藝術化的生活和最圓滿的人生，不過他的心理條件是無知無欲，既為人所不能，亦非幼教的完整目標；他的社會條件是小國寡民，更是現代社會所沒有，所以終是不能實現的理想。（王鳳鳴，民 75）

5、老子之學說，多偏激，故能衝擊思想界，而開後世思想家之先導。然其學說與進化之理想背馳，故不能久行於普通健全之社會，其盛行之者，惟在社會不安定之時代，如魏晉以降六朝之間是矣。（秦紫葵，民 62）

（二）盧梭教育思想的評析與啟示

盧梭是一位自然主義教育思想家的始祖。其教育思想，一言以蔽之，「尊天黜人，返回自然」。

1、可取之處：

（1）教育設施以幼兒為中心

盧梭：「對於兒童，當以兒童的樣子看待」。承認幼兒的地位，不可視其為成人的縮影。主張幼兒本身重於教師、學校及教材，把教育的重心由原來重視教育課程，移到重視幼兒的興趣，此為幼兒本位教育思想之所本，對矯正傳統教育的缺點，貢獻甚大。

（2）注重研究幼兒

盧梭：「教育兒童，必要熟知兒童的性質，然後才可動手」。此引起幼兒及心理研究運動。

（3）主張依照幼兒個性因材施教

盧梭：「人心各有特別的個性，我們必須看清其個性，才能施以教育」。又謂：「人的才能不同，甲或拙於乙的工作，乙或拙甲的工作……」。故主張依照天性，循一定的程序，任其自然發展而躐等，為重視個別差異原則之所本。

（4）教育方法注重輔導啟發而反對注入

啟發固有能力，而不是以外塑的方法授兒童以能力。盧梭：「教師不應當給兒童以教訓，而應當讓他自己找出來」。「教育該是消極的、順應自然的、不應該是干涉的、人為的。」

（5）強調幼兒的身體活動，亦注重幼兒身心的平衡發展

盧梭：「自然的用意，要先使身體強健，然後再使腦子清楚。」

（6）注重研究自然

　　盧梭：「主張引導兒童多對自然界詳細研究，實地觀察。」此觀點引起了科學運動。

（7）注重勞作教育

　　盧梭：「社會上最不好的現象，莫如自命為心的人，常常看輕勞力」。此觀點引起了後世自小勞作教育運動的重視。

（8）打破形式的教育方式

　　主張教育有其獨立的社會功能，不再附屬於教會、社會與國家。

（9）啟發汎愛教育

　　巴西道（J.B.Basedow）讀愛彌兒，創「汎愛學校」，採盧氏「順應自然」主張，重視幼兒之本能及興趣，以幼兒之道待幼兒，以實現盧氏主張。對德國普及教育之思想，甚有影響。

2、可議之處：

（1）盧梭順應自然的學說，對於教育方法上貢獻很大，但以「返於自然」為教育目的，忽視社會價值、忽視人類文化的遺產，則亦招致不少流弊。（朱敬先，民88）

（2）杜威批評盧梭重視兒童身心本性作為教育的基本條件是值得推崇的，但他把條件本身視為發展的目的，那就值得爭議了。（Dewey,1956）

（3）盧梭愛彌兒一書，雖為古今教育鉅著，然對於女子的教育，主張東方式的高壓奴從主義，顯與其自由的、個人的、自然主義的教育主張，自相矛盾。

（4）盧梭認為一切學習皆須由直接經驗而獲得，否定了人類的抽象思考能力。（朱敬先，民88）

參考書目

1. 王財貴（民 85）老子、莊子選。台南：和裕出版社。

2. 王鳳喈（民 75）中國教育史。台北：正中書局。

3. 台灣中華書局編輯部（民 64）西洋教育史。台北：中華書局。

4. 朱敬先（民 88）幼兒教育。台北：五南圖書出版社。

5. 余培林（民 70）道家的宗師老子。中華文化復興月刊，14 卷 5 期，p.54-55。

6. 吳康（民 68）老莊哲學。台北：商務書局。

7. 吳俊升（民 69）教育哲學大綱。台北：商務書局。

8. 林以亮、婁貽哲合譯（民 68）自由與文化。台北：學生書局。

9. 林玉體（民 73）西洋教育史。台北：文景出版社。

10. 周紹賢（民 60）老子哲學精義。政大學報，24 期，p.111-112。

11. 徐宗林（民 72）西洋教育思想史。台北：文景出版社。

12. 徐宗林（民 77）現代教育思潮。台北：五南圖書出版社。

13. 韋政通（民 75）中國思想史。台北：水牛出版社。

14. 秦紫葵（民 62）老子的政教思想。嘉義師專學報，4 期，p.127-128。

15. 黃遙煌（民 62）盧梭教育思想。師大教育研究所集刊，第七集。

16. 張光甫（民 64）老子教育思想之研究。高雄師院學報，4 期，p.218-220。

17. 張光甫（民 71）知識的有與無。哲學與文化月刊，4 卷 9 期，p.70-74。

18. 尉天驄（民 59）從美學的觀點看老子思想。政大學報，21 期，p.273-275。

19. 陳青之（民 57）中國教育史。台北：商務書局。

20. 謝康（民 53）教育學要義。香港：至善出版社。

21. 盧美貴（民 88）幼兒教育概論。台北：五南圖書出版社。

22. 魏肇基譯（民 66）愛彌兒（J.J. Rousseau 原著）。台北：商務書局。

23. 戴健業（民 84）老子的人生哲學。台北：揚智出版社。

24. Dewey,J.（1956）The child and the curriculum. Chicago: The University of Chicago Press

伊塔德特殊教育思想之研究

周俊良

（樹德科技大學師資培育中心助理教授）

壹、前言

本研究前言部分將闡明研究議題的重要性與研究的動機和目的，並論及設計本研究的範圍與限制，以彰研究之輪廓。

一、問題敘述

理論是實務的導引，思想是實踐的後盾，欲對教育改革刻苦盡心而成效卓著的人，需以教育思想、理論為根基，否則不切實際的改變，將是膚淺的假象；目前，教育現場過於重視方法，而不講究思想的引導角色，以為有了純熟的教學方法，教育技術層面的問題即可克服；惟，方法千篇一律，時時反覆，師生將感厭煩而生膩，終有黔驢技窮、盡途末路之時；因此，義大利著名的兒童教育家蒙特梭利（Maria Montessori, 1870-1952）在她的「教學法（The Montessori Method）」一書中強調，不應只將重心放在方法技巧的追求，而要擷取前人思想的精華，重視教育哲學觀念的獲取才是（引自林玉体，2001）。所以，教育哲學思想，猶如黑夜的一盞明燈，指引教育工作者前進的方向。正當社會變遷、價值觀扭曲，以及教育方法發展至一定程度後所遇的瓶頸，開始產生教育的迷思；此時，檢視教育哲

學家的思想，將給於教育工作者源源不絕的活水，以延續教育生命，啟示未來的教育發展。

有史以來，從 1344 年第一位狼童（wolf child）被發現至 1961 年期間，總共 53 位個案有紀錄可循，發現時最小的狼童年紀 2 歲，最年長的 23 歲（Malson, 1972）；其中，最具特殊教育盛名的個案，即是伊塔德（Jean Marc Gaspard Itard, 1775-1838）所教育的維特（Victor）。這些狼童之所以引人側目，就在於其不具文明人的行為舉止，以及未受教化的身心特性。

義大利著名的兒童教育家 Montessori 博士，其教育思想，影響全世界的幼兒及特殊教育至深且廣；Montessori 的教育思想主要的濫觴，始自其對特殊兒童教育之經驗與感受，Montessori 創辦「兒童之家（Children's Home）」，收容文化不利（culturally disadvantaged）和智能障礙（mental retardation）的兒童，以實驗她的教育理念，獲致驚世的成效（林玉体，2001）。而影響 Montessori 教育思想最深刻的，為其老師塞根（Edouard Seguin, 1812-1880）對於智能障礙學生實施特殊教育的見解（Talbot, 1964）；然而，被譽為有史以來「第一位智障者教育家」及「早期療育之父」的 Seguin，卻花了 10 年的時間，將其恩師 Itard 的想法調整與實踐於學校教學實務當中（周俊良等，2006，頁 8）；爰此，可見 Itard 對 Seguin 和 Montessori 之特教與幼教思想一脈的影響至深且鉅。從 Seguin 及 Montessori 的教育著作裡，處處可見 Itard 思想之痕跡，檢視 Montessori 對 Itard 的教育著作所下的評論，不難發現 Itard 著作中思想的教育價值（Malson, 1972, p. 86）：

> Itard 的教育著作，是教育努力和經驗最有趣而詳盡的描繪；至今，每一位讀到它們的人都必須承認，它們是實際在實驗心理學上最早的嘗試。

Itard 的《The Wild Boy of Aveyron》作品，內含教育經驗的省思與實驗心理學的原理，為一結合感官知覺、智力學習、社會情緒……等領域的教育經典，一開特殊教育歷史的起點（Murray, 1988）。因此，以醫學為基礎，起迪教育思想的法籍醫師也是教育家的 Itard，其揉合醫學與實驗心理學於特殊教育之哲學思想，值得從事特殊教育工作者深入探究。

二、研究目的

本研究主要探尋 Itard 的教育思想，希冀能從其原著當中發掘沈寂已久的特殊教育思想，以及透過後世對於 Itard 特殊教育思想的研究，結構性的推演歸納足以發人深省之學說意涵，以供特教甚或幼教同道參考。

三、研究方法

本研究採用以下的方法，以析論 Itard 的特殊教育思想：

（一）文獻調查法（Literature Survey Approach）

本研究廣泛的採徵與 Itard 教育思想相關的文獻，其中包括 Itard 的原著、學生與後學者的研究，中、英譯本皆有。研究者分析原著文獻，結構性的歸納、推演、解釋 Itard 原典中的教育思想；同時，研究也廣泛參酌後學者，從不同立場與角度討論 Itard 教育作法的相關論著，以相互印證研究結果，提昇客觀性。

（二）歷史研究法（Historical Research Approach）

尋本溯源、返古鑄新，鑒往而知來，運用科學最基本的歷史研究法精神，探究特殊教育思想的起源、變遷、演進，以宏觀因果分析法

（macro-casual analysis）比較歷史的相關判準，製表羅列異同，找尋共同而排除相異的因素，以確定因果推論，茲識別前後之旨趣懸殊（蔡篤堅，2004）。本研究中所引用的資料多為歷史性的文獻，資料中的論著皆與 Itard 的教育思想相關。

（三）語意分析法（Semantic Analysis Approach）

原典與相關文獻解釋的部分，採用語意分析法，論斷作者的思維價值，不曲解、不穿鑿附會，以臻條理清晰，呈現最接近原意的事實結果。

四、研究範圍與限制

本研究分析第一手資料，以 1932 年 Itard 法文原著《Savage of Aveyron》的 Humphrey 和 Humphrey（1962）英譯版《The Wild Boy of Aveyron》與陳貝希（1995）中譯自 Humphrey 和 Humphrey（1962）英文版的《叢林之子》為主，輔以另一本 Malson(1972)的英譯版《The Wild Boy of Aveyron》為析究的標的文獻（target document）。惟，標的文獻中的主要人物，來自 Itard 對於一位在森林當中成長，未受教化的少年野人 Victor 之「非學校型態」的個別教學實驗；個案人數只有一位，時、空背景不同，其教育方法雖足堪後世幼教與特教教師參考，但不能全盤引用而不加以修改與調整。

貳、Itard 與 Victor 的生平行誼

Itard 曾意有所指的認為，Victor 的存在是「當意外因素破壞了『自然』原有的安排時，『自然』的豐富創造力足以衍生新的教育方法」（Itard, 1932, p.31；陳貝希譯，1995，頁 56）。所以，師生一場 5 年的光陰，Itard 著重

日常生活之功能性技能，利用創意教學教養少年，而 Victor 也給予 Itard 教育障礙者充足的啟示（黃世鈺，1997）。

一、Itard 生平史略

Itard（圖一）於 1838 年，出生在法國舊 Provence 省的小鎮 Oraison，因為爆發了法國大革命（French Revolution），改變其從商的生涯規劃，轉而成為懸壺濟世的醫師，是為現代耳鼻喉科學的創始人（Kanner, 1964；何華國，2006）。當年才 25 歲即擔任聾啞醫院的主治醫師，抱持自信與獨特的熱忱，接納叢林來的野孩子，藉助「醫學教學法（medical pedagogy）」，相信只要能應用適當的感官教育，便能提昇男孩的心智能力（黃世鈺，1997）；所以，Itard 的實驗教育是感官教育的本始來源，他視野男孩為擁有未被開封的潛能（Ball, 1971; Murray, 1988）。Itard 的教育計畫雖然有了一些成果，但有些時候，也不得不將期望向下修正，甚至放棄沒有成效的目標與作法。因此，Sarason 及 Doris（1979）曾經對 Itard 下了這樣的評述（引自 Murray, 1988, p. 96）：

> ……一位參與者和 Victor 日常生活的導師。他沒有提出忠告，而是執行。他瞭解 Victor，假若有的話，就如同現今少數的臨床醫師，瞭解他們的病人。Itard 建構 Victor 的社會情境脈絡。如果一種方法或技巧不能運作，他會嘗試另一種。Itard 的樂觀根基於一個對試驗、堅持、耐心與愛心看似自然的觀點。假如說 Itard 是失敗的，那勢必是一個壯麗的失敗。

Itard 的原著《Savage of Aveyron》，被 Ball（1971）喻為「天才的作品（a work of genius）」，它是特教史上第一份廣泛詳實描述智能障礙者的訓練記錄（Kirk & Johnson, 1951）；其中，內含兩篇報告，Itard 敘述著

對於來自法國 Aveyron 的狼人少年「阿貝倫的野孩子」所施予教育的過程
與結果。因此，Itard 開啟了智能障礙者的「教育時代（era of education）」，
也為智障教育注入一股強大的動力，他不但具有思想家豐富創意的特質與
教育家誨人不倦的執著，以及宗教家悲天憫人的同情心，更是一位偉大的
人道主義關懷者，也因此贏得了「歐洲人的聲譽（European reputation）」
頭銜（Kauffman & Payne, 1975）。

二、Victor 行止描繪

Victor（圖二）於 1798 年在靠近法國 Aveyron 省的森林中被發現，被
Bonaterre 教授推斷為年齡約 11 或 12 歲的少年，隔年被送至巴黎接受當時
精神科權威 Phillipe Pinel 醫師的診斷與醫治；但是，經過 Pinel 的研究之
後，認為 Victor 的智能障礙程度嚴重，是一位無藥可救的白痴（idiot）（何
華國，2006）。根據 Pinel 的診斷，「阿貝倫的野孩子」在身心狀況各方
面的表現為（Hunter, 1993, p.144）：

（一）語言能力與聽覺（speech and hearing）

他不會說話，但卻非耳聾，只有第一次他會因為一旁的哭聲或高度的
噪音驚擾而轉頭；若，同樣而重複的聲響一再出現，他就無動於衷了。然
當與他的生理需求有關的細微聲音，如核桃輕聲裂開的響聲，即足以使其
轉身。惟，其對音樂無任何的反應。

（二）視覺與觸覺（vision and touch）

除非是對他存活有關的東西或可資助作為其逃離室內環境的事物，否
則他的眼睛一概不會注視任何物體。在所處的環境中，他眼神模糊、徬徨
來回，並無法從其顯示任何直接的意向，除了瞬間不經意發生而使其驚奇

的事物之外。他觸覺的運用能力是薄弱的，無法判斷在其指間轉動的物體形狀。拾起食物時，他的動作同樣是笨拙的，而手指卻是張開的。當他把手放在物體上時，他會左顧右盼、眼神游移不定，並無特定焦點方向；就某種程度而言，他的視覺與觸覺是分離的。

（三）嗅覺（sense of smell）

他利用嗅覺來判斷食物是否要放進嘴裡還是丟棄。如果他不是污穢的令人作嘔，甚至是排便在床上，吾人會認為他的嗅覺是敏銳的。

（四）情緒（emotions）

他的情緒感覺極度的受限，幾乎無法超越吃到喜愛的食物就感喜悅或當這些食物被剝奪時就顯憤怒的範圍。他會在大白天、沒有任何明顯的情狀下，突然間的誇張大笑不止。

（五）模仿與動作（imitation and gesture）

他以有限而機械的方式模仿別人的動作。假若有人強奪他的馬鈴薯，他會以牙還牙的將其奪回；但是，如果此人站上椅子，放這個馬鈴薯在他搆不著的地方，他就不會取鄰近的椅子站上去，而假如有人給個樣站上椅子讓他模仿，他卻會跟著做。他不會學著在門把鎖內轉動鑰匙，即使他有很頻繁的機會觀看到這個動作；於是，若他和別人一同被鎖在房內，他也不會嘗試去旋轉鎖把鑰匙打開門，他只會引導某人到門旁協助開門離去。

爾後，Itard 受到 Bonaterre 教授的鼓勵，並為了證明 Pinel 醫師對於 Victor 無可救藥的研究結果是誤謬的而接納他（Boyd, 1914; Fynne, 1924）。經過長達 5 年 Itard 對「阿貝倫的野孩子」實行的正常化教育，男孩最終無法脫離野蠻，回歸正常；最後，在非教育照顧下，直至 1828 年死亡，存活了將近 40 載（Kanner, 1964; Malson, 1972; Kolstone, 1972）。

Itard 起初接觸此叢林少年時發現，Victor 猶如怪人一般，其智力低於 1 歲的幼兒，沒有反社會行為，注意力有缺陷，感覺非常遲鈍，沒有東西能造成他感覺上持久的印象，皮膚對於寒冷與酷熱皆無反應，而其更因「長時間住在森林裡，遠離人類社會，所以他的聽覺只對與生理需求有關的聲音有反應」，是所有感官當中最為遲鈍的，觸覺也只侷限於緊握物體的機械式功能（Itard, 1932, p.38；陳貝希譯，1995，頁 52）；整體而言，他只具備在原始森林獨特的生存技能，至於要適應人類的社會環境確有實足的困難；雖然，有 Itard 的刻苦教導，但終究生處於社會的邊緣，無法完全受教而脫胎換骨地變成一位「正常的人」（Ball, 1971；陳貝希譯，1995）。

參、Itard 的教育思想與方法

以下分析 Itard 的著作及後代學者的研究文獻，彙整出其在特殊教育上的思想與作法。本節分為特殊教育觀、教育目標與重點、行為治療教育法、感官知覺訓練、溝通治療、社會情緒教育，以及智力功能發展論述如後：

一、特殊教育觀

Itard 特殊教育思想觀念的建構，由其在實務的繁複經驗裡萃取演繹而出，不帶虛華的非哲學思辨，純粹是現場實證的結果。其由實務導出的特殊教育觀：

（一）後天環境決定論

George Humphery（1962）在其所翻譯《The Wild Boy of Aveyron》一書的引言中提到，整個智能障礙的教育史，反映了遺傳決定論與環境決定論的不同觀點。而 Itard 正處於哲學先天論者（nativists）與環境決定論者

（sensationalists）爭辯的世紀，其以醫學為基礎，肯定教育的地位，強調個體與環境互動的重要性，主張「什麼樣的環境，便會塑造什麼樣的人」（Kolstone, 1972；陳貝希譯，1995，頁 20）。Itard 認為 Victor 的行為特徵是社會與教育的忽視，或者是心智退化不用所造成（Murray, 1988）；他考量少年原有的習性與好惡，希望能提供 Victor 一個營造溫暖柔和，能兼顧新、舊經驗特別設計的環境，以智慧、耐心而不對立的方式來教育，期能「讓男孩接觸一個特別設計，使他感覺愉快的社會環境，類似他以前過的那種生活，以吸引他的興趣」，作為他教育計畫的第一個目標—環境設計（Itard, 1932, p.11；陳貝希譯，1995，頁 34）。

無可諱言，以認知能力來說，遺傳佔了一個決定性的因素，而環境是以「相對地位」成功的影響智能的發展；先天智力較低的兒童，若能輔以豐富的環境互動刺激，智能將可獲得良好的提昇；所以，Bourneville 才會認定，「這男孩除了必須努力對抗損害心智能力發展的腦傷之外，還需挑戰在森林中所養成的習性」，Victor 後天野外環境所形成的「習性（habits）」，是阻滯其心智能力發展的原兇（引自 Malson, 1972, p.79）。Montessori（1967）在《The Absorbent Mind（吸收性心智）》一書中以 Itard 教育 Victor 之例，提到：「如果我們在一個荒蕪人煙的偏僻地方，把孩子養大，除了必要的營養，什麼也不提供，那麼他的身體發育將會是正常的，但心智發展卻將嚴重受損」，同樣支持 Itard 的看法，強調教育的提供與環境中豐富刺激對心智發展的重要性（魏寶貝譯，2000，頁 135）。

（二）優勢教學、適性學習

Itard 常以優勢教學與適性學習的觀念，不去強調學生不能之處，而從 Victor 具有優勢（strength）的能力，因勢利導來研擬教育計畫。Itard 曾說：「對一個活動力如此大的人來說，他需要活動，而這種有益健康的運動（鋸

木頭）又能給他樂趣，其結果也符合它的需求。如此這般給他一個融合樂趣及效益的最佳活動」（Itard, 1932, p.92；陳貝希譯，1995，頁 119）。

（三）緩和衝動的性教育

Itard 非常的注意青春期的身體發育所產生對異性的興趣變化，認為「性（sex）」除了可以「促進所有生物繁殖的情愛」，還「會激勵維持並擴大……精神生活」層面（Itard, 1932, p.99；陳貝希譯，1995，頁 122）。Itard 認為 Victor「受的教育未曾教他分辨男人和女人的不同，他也瞥見此種不同，但仍有本能的（性）衝動，卻不知如何應用在他目前的狀況」，「而這種持續不斷、激烈而不確定的慾望，會帶來習慣性的不安及受苦，其結果會阻礙對男孩教育的進展」；因此，讓 Itard 更確信：「真正的教育，應該是緩和而非消滅這種衝動」（Itard, 1932, pp.98-99；陳貝希譯，1995，頁 125）。所以，Itard 鼓勵以抒解的方式來緩和性的衝動與其所帶來的焦慮、憤怒之不悅情緒，此足以為特殊教育教師提供心智障礙學生性教育時的參考。

（四）系統化的教學程序

Itard 系統化的教學，猶如醫生對待病人的方式，先藉由觀察瞭解症狀，然後選擇治療的方式，再詳細觀察記錄病人對治療的反應，據此再選擇更進一步的治療方法（Hunter, 1993）；如同「評量─教學─再評量─再教學」的系統化診斷（diagnosis）─處遇（treatment）進程一般。

二、教育目標與重點

Itard 將教育 Victor 的個別目標細目化成幾個次級目標，設定次級目標後，利用訓練練習以達到次級目標；隨後，再設定新的次級目標，同樣利

用訓練練習完成新的次級目標，並鏈結新、舊次級目標與共同的（general）目標，自始自終緩慢發展 Victor 的能力，符合工作分析（task analysis）的教學原理。Itard 為 Victor 所設定的五項具體教育目標及其教育重點，如表一所示（Ball, 1971; Malson, 1972; Kolstone, 1972; Murray, 1988；何華國，2006；陳貝希譯，1995）：

表一：Itard 的教育目標與重點表

目標	名稱	重點	說明
一	設計環境	誘導對社會生活的興趣	提供 Victor 愉悅而像似從前所過生活一般的社會環境，以吸引他的興趣。
二	刺激感官	喚起感官的敏感性	運用最有力道的刺激作用與強烈的情感因素，以喚醒 Victor 的感官神經知覺功能。
三	增加接觸面，擴展思想領域	擴充知識範疇	為擴展 Victor 的思想範疇，而給予新的生活功能層面之需求，以及增加社會面的接觸。
四	語言學習	培養說話能力	透過匱乏需求法則，誘使 Victor 模仿練習，以引導其使用語言。
五	思考能力訓練	簡單心智能力的運用	促進 Victor 練習最簡易的心智運思於生理需求的事物上一段時間後，再誘導他應用這些心智運思過程，以達成教學的目標。

　　比較表一與現行特殊教育的課程結構，Itard 為 Victor 所設定的五項具體教育目標及教育重點的範圍，以社會情緒、感官知覺、生活教育、語言溝通，以及認知領域為梗概，深遠的影響後世的特殊教育課程設計；尤其，在刺激感官、喚起感官的敏銳性方面，Montessori 受其思想的涵化，爰以感官教學集成為她教育的中心思想（李德高，1997）。

三、行為治療教育法

　　Itard 所使用之技術性的教育方法，以從事實務工作者而言，可稱為一種行為治療（behavior therapy），即使現代的治療方法，仍可見到 Itard 的影子（Murray, 1988；Hunter, 1993）。其具體的方法歸結羅列於後：

（一）隨機教學

Itard 的教學觀念當中，認為利用隨機教學（incidental teaching），會更有效果，機會存在於生活當中，情境脈絡的自然刺激有力個體的反應，人為力量無法普遍的編造「時機」用以教學，機會可遇不可求，其隨機教學的作法對 Victor 的教育處處可見，尤重生活教育的領域。

（二）行為逐步養成

Itard 非常清楚的知道，對於學習困擾甚或智障的孩子而言，學習必須是計畫性的逐步漸進。為了減低 Victor 對於原來野外成長環境的思念導致煩躁不安、野性大發，更加無法融入到新情境脈絡當中的憂慮，Itard 於是「擬好計畫，並按部就班以達成目標，亦即逐漸減少戶外散步、控制吃的次數及分量、縮短睡眠時間，讓他有更多學習的時間而從中獲益」（Itard, 1932, p.14；陳貝希譯，1995，頁 37）。

至於握筆寫字的教學，也屬漸進式的步驟，Itard 曾描述：

> 我讓維特跟著我練習各種動作，例如舉起手臂、把腳往前伸、坐下又站起等。接著打開手，合起來，用手指頭重複許多動作，先是簡單的，再來是幾個連續動作。下一步則是把一根一端消尖的長木棍放在他手中讓他握著，就像我一樣，彷彿拿著一枝筆管似的，我讓他指頭稍用力以便能平穩地握筆，同時讓他模仿用這枝假筆來寫字。（Itard, 1932, p.83；陳貝希譯，1995，頁 109）

（三）概念教學

兒童能以一個概括的名稱，代表一件具有共同屬性的事物之全體時，就可稱其已形成該事物的概念（張春興、林清山，1988）。而類化能力對於幼兒或心智障礙兒童的概念形成而言，是非常重要的，「正如剛會說『爸

爸』這個字的孩子一樣,雖不知其含意,但他會隨時隨地對任何一位男士都喊『爸爸』」;所以,Itard 重視類化能力的培養,他認為:「只有在透過許多的解釋,甚至是運用抽象的概念後,才會正確的使用這個字」(Itard, 1932, p.37;陳貝希譯,1995,頁 61);意即,概念需透過刺激類化的作用過程形成,重視在各種不同情境的練習,以幫助類化及概念的獲得。

(四)制約學習

Ball(1971)認為 Itard 所使用的教學原理,以操作制約(operant conditioning)及巴夫洛夫(Ivan Petrovich Pavlov, 1849-1936)的定向反應(orientation reaction)為基礎。Itard 曾描述:「下午四點左右,到他房裡,我戴著帽子,拿著他的襯衫等等。對他來說,這些動作不久就變成準備出門的訊號。他會馬上穿好衣服,高興地跟著我出門」,屬制約學習,將出門的行為與戴著帽子、拿著他的襯衫……的動作重複出現,產生刺激反應的聯結作用(Itard, 1932, p.35;陳貝希譯,1995,頁 47)。而 Itard 也清楚知道,練習次數愈多,其間的連結關係就愈牢固,測驗答題錯誤的次數相對減低。

(五)配對學習

事實上,配對學習也是制約學習理論在教學上的一種應用,而 Itard 也運用其於教導 Victor 之上:

1、圖形與實物的配對學習

Itard 最初所使用的方法為圖形與實物的配對練習,剛開始,「在黑板上畫出輪廓最易辨認的的東西,像鑰匙、剪刀及鐵鏈。我重複畫著,直到男孩注意到我在做的事時,我便把實物放在每樣圖形上;而當我確信他已感覺出其間的關聯時,我要求他按照我所指的圖形把實物拿給我」(Itard,

1932, p.38-39；陳貝希譯，1995，頁 62-63）；但是，學習效果不佳，之後 Itard 修正演示步驟，提供視覺線索為：改「用釘子把每樣實物掛在其圖形下面，就這樣擱著一段時間，之後我將實物交給維特，他會立刻按照順序將東西掛回去」，而為去除因記憶的關係導致正確操作的假象，「於是增加圖形及調換位置的次數」，終獲成功的達到圖形與實物的配對學習目標（Itard, 1932, p.39-40；陳貝希譯，1995，頁 64）。

2、文字與圖形或文字的配對學習

圖形與實物的配對學習目標雖然達成；惟，「從物品的圖形到文字，中間的關聯實在太遙遠」，文字與圖形或文字與實物的配對過於抽象，Itard 的挑戰並沒有成功（Itard, 1932, p.41；陳貝希譯，1995，頁 65）。

3、顏色與形狀的配對學習

由於 Victor 能使用比較法而非記憶的方式，Itard 敘述「在一塊兩呎見方大的木板上，我貼了三張不同顏色、不同形狀的紙片，一個是紅色的圓形、一個是藍色的三角形，還有一個是黑色的正方形。我用硬紙板，把中間挖空，做成三個顏色與形狀與前述三張紙片分別相對應的嵌板，一一釘在木板上已貼好的三張紙片上。就這樣放幾天之後，我把硬紙板取下交給為特，他立刻把他們一一歸回原位」（Itard, 1932, pp.41-42；陳貝希譯，1995，頁 65），因為專注力已獲良好的提昇，即使後來做了變化與增添形狀和顏色進去，也都難不倒 Victor（何華國，2006）。

（六）應用行為分析

1、增強與處罰原理應用

Itard 常用增強與處罰技術，來改善 Victor 不適切的行為，或以此作為教養的方法。例如，為提昇 Victor 的食慾，其「盡可能用一般孩子們垂涎的好吃東西來喚起男孩的口慾，將之視為補償、處罰、鼓勵及教育的一種

方式」（Itard, 1932, p.22；陳貝希譯，1995，頁 46）。另外，Itard 也常用懲罰性的嫌惡刺激，如體罰來對付 Victor，導致消極的後果，如反應時間增長、畏懼退縮，以及害怕遭受懲罰，而拒絕學習；例如，有一次從事母音分辨訓練時，Itard 因 Victor 反應錯誤而打了他的手；之後，Victor 害怕反應出錯而再次受罰，以致不反應或反應遲鈍，最後迫使 Itard 放棄此部份的相關訓練（Kolstoe, 1972；何華國，2006）。

2、匱乏需求的滿足

行為問題的產生，Itard 認為常是因為身心匱乏需求不能得到滿足或反應延宕的緣故，只要身心得到滿足，異常行為自然消失，適當習慣自然養成；以 Victor 偷竊行為而言：「我時常帶他進城吃飯，桌上都是他喜愛的菜。……。無疑地，他認為那一頓飯太棒了，所以在回來時，他沒有把從廚房偷來的一盤扁豆帶走。我很欣慰有此成果，因我帶給他一種吃的樂趣，只要持之以恆，使其成為生活的必需品就行了」（Itard, 1932, p.22；陳貝希譯，1995，頁 46）。

3、即刻反應

增強的時間如果延宕或非立即的反應，在個體身心準備好反應時，卻得不到回饋，將導致沮喪；例如，「如果兩次出遊的時間，隔得太久的話，他會悲傷、煩躁、反覆無常」（Itard, 1932, p.23；陳貝希譯，1995，頁 47）。

（七）完形教學法

完形心理學的主要觀念提到，部份的總合不等於整體。而 Itard 觀察 Victor 得知，其對於單一代表整體的名詞較難將其組合的部分拆解後，瞭解各部分的名稱；換言之，其只知整體，不知部分（Kolstoe, 1972；何華國，2006）。Itard 為了讓他有此概念，遂「將一本裝訂好的書撕下封面及數頁，當我把這些撕下的部分逐一交給 Victor 時，我同時在黑板上寫出它

的名稱，之後我要他再分別拿給我，並告訴我他們個別的名稱。當這些名稱完全印入他腦中後，我將這部份分別歸位，並再次要他告訴我名稱，他說得完全正確。然後我指著整本書問他名稱時，他指著『書』這個字」（Itard, 1932, p.80；陳貝希譯，1995，頁 106）。

四、感官知覺訓練

　　Itard 特重感官知覺訓練，強調其與智力間的關連，認為「人的感官是否敏銳與文明教化成正比，『阿貝倫的野孩子』之所以感覺遲鈍，正印證了這種說法」（Itard, 1932, p.14；陳貝希譯，1995，頁 38）；惟，嗅覺與消化功能關係密切，而文明教化對於嗅覺能力的提昇並未能從 Victor 的身上看出；所以，未將嗅覺訓練列入 Victor 的教育計畫內。

（一）觸覺訓練

1、溫度覺

（1）熱效應法

　　Itard 刺激感官的方法當中，以「熱效應（the effect of heat）」法，最能達成目標。利用皮膚對熱的知覺，以長時間浸泡熱水澡，並不時的以熱水淋頭，用以刺激感覺神經（陳貝希譯，1995，頁 39）。

（2）效果

　　經過一段時日後，發現 Victor 對於體表的溫度有了知覺，對「冷」已漸有感知，並開始體認穿衣保暖的功用；同時，為了避免尿床濕冷的感受，間接培養了清潔衛生的習慣。

2、手指知覺

Itard 利用 Victor 洗澡時，「在他頭上某個高度放一個玻璃杯，讓杯中的水慢慢地滴在他指尖上」（Itard, 1932, p.18；陳貝希譯，1995，頁 41），以刺激其不犀利的觸覺。

（二）味覺訓練

Itard 利用嫌惡刺激與適性的策略，改善 Victor 的味覺與食慾。開始時利用烈酒與加了極重口味的調味料食物，但是起不了任何的作用。慢慢的將原本 Victor 喜歡的食物變一些花樣，讓他能更愉快的享用，所得的結果是，他逐漸能分辨未曾吃過或不合口味的食物，味覺也有了感知，可以區別酸與甜。

（三）視覺訓練

視覺與聽覺因為器官的構造複雜，訓練步驟相似，但進步緩慢，比起觸覺與味覺來說，訓練的時間較多。Itard 利用房間的鏡子，將照入屋內的陽光反射到天花板上而不停的調動的方式，以刺激 Victor 的視覺。

（四）聽覺訓練

Itard 認為，聽覺對於人類智力的發展貢獻最大（Fynne, 1924, p.110）。Victor 對所有的聲音及噪音反應不敏銳；如，對人的嗓音與刺耳槍聲未見有明顯的反應。但是，對本身感興趣的東西所發出的聲音，如撥堅果核的聲音與輕輕的開門聲，卻反應靈敏，應聲搜尋發音處。因此，藉由其具偏好而感興趣的聲音，以訓練聽覺與說話能力，是進行的方向。

1、隔離訓練

為了讓 Victor 能專心運用聽覺，Itard 以厚布條蒙住眼睛，並在其耳邊製造各種不同的、最大的噪音，每當敲擊出一個聲音，就請學生依樣畫葫蘆。

2、辨音訓練

Itard 以為「為了能說話，光是聽到聲音還不夠，還要能辨別音節，這是耳朵同時具有的兩種不同的功能，必須彼此配合運作。……。所以我們稱『說話』是另一種型態的『音樂』，某些人的耳朵雖然構造正常，就是無法完全感應」（Itard, 1932, p.27；陳貝希譯，1995，頁 53）。運用行為塑造（shaping）的程序，師生面對面，Victor 眼睛一樣蒙著布條，兩手緊握，藉由不同樂器發出近口頭的聲音，每當發出一個聲音時，讓 Victor 伸出一根指頭辨別聲音（Lamberts & Miller, 1979）。

3、效果

Itard 所設定的目標，不僅促進 Victor 能分辨聲音，還能覺查語調的抑揚頓挫，進而瞭解說話的音調；換言之，即強調逐步從粗大到精細的聽力區辨能力訓練（Kolstone, 1972；何華國，2006）；最後，Victor 也因為接受聽覺訓練，而克服了某種程度的聽力障礙。但是，Victor 的聲音知覺訓練結果一直是悲觀的；原因可能是，Itard 並未知覺到，眾多而分離的聲音元素比較辨別，對 Victor 的分析力來說，算得上是過份的要求，而「說話—聲音（speech-sound）」的獲取，也應該要提供有意義的詞句之對比與參照的教材才合理（Lamberts & Miller, 1979）。

（五）注意力訓練

Itard 以為注意力缺陷的兒童，肇因其感官的刺激不夠，藉由感覺神經功能的提昇，將可改善注意力不能集中的問題（Ball, 1971）；惟，需留意

「練習的多樣化及複雜性」，以免干擾注意力（Itard, 1932, p.42；陳貝希譯，1995，頁66）。

1、遊戲式訓練法

為了提昇 Victor 的注意力，幫助他在學習上的成效，Itard 使用隨機教學的方式，其遊戲規則如下（陳貝希譯，1995）：

(1) 將許多杯口朝下的小杯子，隨意放在桌前

(2) 其中一個杯子藏有一顆栗子

(3) 將未藏栗子的杯子一個個掀起，確定杯中無物，依原順序放回

(4) 示意尋找藏有栗子的杯子

(5) 逐漸增加複雜度，把藏有栗子的杯子與其他調換位子，再示意找尋藏有栗子的杯子

2、效果

經由遊戲式的訓練方式，發現學習者的注意力良好，能記憶、辨認並判斷特定的目標。

五、溝通治療

Itard 認為，語言能力訓練要比生活教育花更多的時間及精神，模仿與練習是語言學習的不二法門，但是環境氛圍影響說話的意願；而所謂「離得了鄉，離不了腔」的觀念，也深植在 Itard 的說話教學討論當中（陳貝希譯，1995）。Itard 為 Victor 設定溝通目標首先聚焦在口語文字（spoken words）的運用，後來證實失敗，才轉移到書寫文字（written words）的溝通（Hunter, 1993）；因此，最後 Victor「一旦他會自己寫而不是照抄這些字之後，終於能利用寫（雖然他的字始終不成形、寫不好）來表達他的需

求，使需求得到滿足，同時也能看懂別人所寫的東西了」（Itard, 1932, p.84；
陳貝希譯，1995，頁 110），可資證明。

1、聲帶訓練法

Itard 認為說話訓練最好能在不知不覺當中促使學習者使用聲帶，「咳
嗽、打噴嚏、嚎啕大哭，甚至於流眼淚」，都有助於聲帶的訓練，而「眼
淚不僅是一種情緒激動的表現，也是刺激呼吸、聲帶及發音器官發展最強
的推動力」；所以，Itard 是利用「自然」的最佳安排，創造新的教育方法
（Itard, 1932, p.30；陳貝希譯，1995，頁 56）。

2、誘發引導法

Itard 以為，隨著需求的增加，將導致人類智能的發展。其引導 Victor
使用語言的方法，即是透過其有興趣的事物為誘因，「經由誘使他因迫切
的需要而練習模仿」；例如，以第一個能聽到的語音「O」為發音的開端，
輔以帶有「O」音的增強物「牛奶」，製造匱乏需求的環境誘發「牛奶」
一詞，待「牛奶」清晰的發聲，即給予「牛奶」當作增強物（Itard, 1932,
pp.31-32；陳貝希譯，1995，頁 56、57）。

3、動作溝通法（Lamberts & Miller, 1979）

Itard 並未清楚的紀錄他使用動作（gesture）來訓練 Victor 與人溝通，
惟他認定動作的發生是一個溝通能力的里程碑。而 Victor 亦曾顯現肢體語
言（gestural language）溝通的痕跡：

> 他會回屋裡拉著某個人到花園，把手推車的把手交給他，然後爬
> 進車裡。若此人仍不知要做什麼，男孩會起身將把手轉幾下，再
> 坐回車裡。經過這些步驟，仍達不成心願的話，那就不是因為他
> 表達得不夠清楚了。（Itard, 1932, p.35；陳貝希譯，1995，頁 59）

4、模仿訓練（imitation training）

Victor 試過誘導（elicitation）或情境訓練（aural training）的方法皆無明顯的進步，Itard 遂透過在不同情境實施的類化模仿（generalized imitation）與直接模仿（direct imitation）的方式促進 Victor 的溝通行為（Ball, 1970; Lamberts & Miller, 1979）。

> 我讓 Victor 跟著我練習各種動作，例如舉起手臂、把腳往前伸、坐下又站起等。接著打開手，合起來，用手指頭重複許多動作，先是簡單的，再來是幾個連續動作。（Itard, 1932, p.83；陳貝希譯，1995，頁 109）

> 當動作模仿已經建立起來之後，Itard 繼續推行模仿訓練到嘴、舌運動，以增加自發的聲音頻率。他有一段如下的描述說明模仿法如何進行溝通訓練：

我和學生面對面坐著，像扮鬼臉似地盡可能活動眼睛、前額、嘴部以及下巴的肌肉，一點點地逐漸到活動嘴唇的肌肉。之後是練習舌頭的動作，仍用同樣的練習法，但做了更多的修正，且時間更久。（Itard, 1932, p.86；陳貝希譯，1995，頁 112）

六、社會情緒教育

社會情緒教育也是 Itard 教育 Victor 的重點，其範圍相當廣泛，除了一般的情緒教育項目之外，還延伸至生命教育領域。

（一）境教法

藉由境教涵醞功能的彰顯，Victor 在行為表現、生活態度與興趣好惡皆有改變，較接近教化的文明人，以往他仍自我中心，表達情感直截了當，

而以境教作為社會情緒的訓練教導方法，因而觸發從沒有哭、樂、厭惡的情緒表現，至感受照顧者對其關愛、厭惡無趣的課程及能抒發的悲傷情緒，甚至是生死離別的哀慟，也獲得良好的喚發。

（二）驚嚇治療法

驚嚇法為 Itard 藉由 Victor 懼怕某些事物的心理，改變其因厭惡工作，所導致的易怒、粗暴、像癲癇患者痙攣而失去知覺之發狂行為的策略。Itard 為實施驚嚇法，「選擇一種男孩從未經歷過的危險狀況……，趁他尚未失去知覺時，用力打開窗戶（男孩房間在四樓，底下是鋪滿碎石的庭院），用力抓著他腰，把他抓向窗外，頭朝下，幾秒鐘後再把他抓回，只見他臉色慘白、冷汗直冒、眼中帶淚、全身發抖」，「這招非常管用，雖然未能完全消除他對工作的嫌惡，但至少降低了他那種厭惡感」（Itard, 1932, p.44；陳貝希譯，1995，頁 68、69）。

七、智力功能發展

Itard 認為 Victor「的低能是由於缺乏與他人的交往所致」（Itard, 1932, p.vi；陳貝希譯，1995，頁 6）；質言之，「只要能應用適當的社會及生理教育，訓練男孩的心智，便能讓他變成一個正常的人了」（Itard, 1932, p.vi；陳貝希譯，1995，頁 6; Humphery, 1962），說明智力功能不彰，主要是環境剝奪（environmental deprivation）的自然結果（Ball, 1971）。點出了人類的教育必須是在人為的環境中與人互動，接受刺激以增長智能。Itard 認為：「如果人類在孩童時期的智慧與其他動物一樣的話，則他的智力也將受限於僅滿足其生理的需求。智力的運用完全存乎個人，教育必須是能掌握這種智力的活動，並應用到與基本需求無關的心事物上。這便是

知識、智力發展以及天才創造力的來源」（Itard, 1932, p.37；陳貝希譯，1995，頁62）。

（一）識字教學

具有邏輯的思考，必須借助文字的運用。Itard為了提供Victor識字的機會，設計效果良好的字母教學方法，「把二十四個字母分別印在二吋見方大硬紙板上，同時我在一塊一呎半見方的原木板上，切割出同樣大小的空格，以便將二十四塊紙板放進去。不用貼的方法，是為了能隨意調換紙板的位置。我還準備了同樣的數目、同樣尺寸的金屬字母，這些是讓學生用來和印刷字母作比較，並能正確地把他們歸位」（Itard, 1932, p.46；陳貝希譯，1995，頁70）。最後，Victor不但能分辨所有的字母，還能正確的將其歸位、拼字，也進一步的改善視覺，這是 Itard 將野人變成文明人最甜美的成功所在。

（二）問題解決

Itard發現Victor在字母學習活動上（如前述的字母教學方法），「把所有的金屬字母從厚木板上一一取下，按順序疊放在手上排好，所以最後取下的字母是在最上面的那個，然後從木板的最後一個空格開始，自左至右，把字母分別放回去。……他手上那疊字母經常會因不穩而散落，他必須重新按順序整理好。所以他把二十四個字母分城四堆，每堆六個，每次拿一堆，……」；以Itard的觀察，Victor的問題解決，「整個過程是他自己發明的，可以說這是他智力和辨識組合能力的一種表現」（Itard, 1932, p.46-47；陳貝希譯，1995，頁70-71）。

肆、結論與評析

綜合上述的分析，羅列研究發現，並針對 Itard 醫學教學法在特殊學生教育的思維與方法予以客觀的評價，而其帶給後世特殊教育的啟示，也將一併呈現於后：

一、研究發現

從以上的分析整理，臚列 Itard 的教育思想大要：

（一）主張後天環境影響的決定因素

Itard 的教育對象 Victor，是一位來自環境不利的特殊少年，可以說是從零開始的教育，猶如嬰幼兒般的啟蒙涵化，但卻更為艱辛（何華國，2006）；原因在於，社會及教育的忽視，非人文環境造就的惡劣習性，佔據 Victor 心智功能發展的契機，人際間的互動缺陷，促使 Victor 智能的發展舉步維艱（Kanner, 1964）。所以，唯有環境改變，Victor 也才能隨之變化。

（二）多數方法符合近代科學的教育原理

Itard 最特出的成績，在於短時間內，能使 Victor 的行為舉止、情緒反應、認知功能，看起來幾乎像個正常人。從實驗的觀點，其使用的方法，多數有效且符合近代科學的教育原理；例如，隨機教學的觀念、行為塑造的原理運用、工作分析、刺激類化的概念形成、制約學習的聯結應用、視覺線索的圖物配對學習、完形教學法、遊戲式訓練，以及感官知覺訓練的各項策略運用……等教學技術的研發運用，為後代的特殊教育方法，奠定良好的基礎。

（三）著重觀察紀錄與系統化教學

Itard 一份實驗了五年有成的教育計畫，不但是特殊教育的學理淵源，更影響全球的幼教理念，其中呈現了一代偉大教育家的情懷與哲學觀；另外，也忠實的紀錄計畫執行、勇於修飾方法的過程，建立起高度系統化逐步漸進的教學步驟。

（四）特重感官知覺訓練

除了嗅覺之外，各種感官知覺皆為 Victor 訓練計畫的內容，Itard 重視感官知覺影響智能發展的因素，尤以聽覺為甚，其他舉凡視覺、觸覺、味覺、注意力……等，全為重要的訓練大項。

（五）對於若干行為的矯正方法原始而激烈

Itard 有些教育方法的用意與功能適切，符合現代的教學原理，但是某些作法原始而激烈，如腰部搔癢、啜喝烈酒、驚嚇法、體罰……等，後人使用前必須斟酌，恐有適得其反的效果。

二、批判與啓示

Shattuck（1980）提及，Itard 曾在 1828 年所發表的一篇有關瘖啞的論文中隱喻，他相信能適當的訓練野男孩可能是錯誤的（引自何華國，2006，頁 24）。事實上，Itard 的成敗，應視其對 Victor 潛能的釋放程度而定；如果說 Itard 是失敗的，並非是因為 Victor 個體本身的關係，而是 Itard 教育介入的品質，以及其提供之照顧及耐心的問題所影響（Murray, 1988）。

惟整體而言，Itard 對於 Victor 個別化的教育實驗肯定是成功的。特殊教育主要的目的在於障礙的減輕；至少 Itard 證明了，即使障礙程度重如 Victor 者，在施予適性的特殊教育訓練之後，亦能在某種程度上看到效果

出現；Victor 介入前後的改變有目共睹，施教的成功與否，應該是在時空的物換星移下，針對 Victor 本身檢視、評比療育前與療育後的改善情形才公平；而 Itard 以一位受醫學訓練背景的醫師拋磚引玉，吸引很多教育有心之士的關注和興趣，而其對各種原始方法的研創與隨後而至的試驗改良，已填滿兩者前後之間的鴻溝，促使草創粗糙的方法昇華，進而建構起特殊教育的教學態樣及模式（Kanner, 1964）。職是之故，不能以重障的Victor 之教育成敗論英雄，Itard 之思想行誼，實足為後世特殊教育工作者之典範。

參考文獻

Ball, T. S. (1970). Training generalized imitation: Variations on an historical theme. *American Journal of Mental Deficiency, 75*(2), p. 135-141.

Ball, T. S. (1971). Itard, Seguin, and Kephart. Columbus, Ohio: Charles E. Merrill.

Boyd, W. (1914). From Locke to Montessori. New York, NY: Henry Holt & Company.

Fynne, R. J. (1924). Montessori and her inspirers. Toronto, NY: Longmans, Green & Co..

Gaynor, J. F. (1973). The failure of J. M. G. Itard. *The Journal of Special Education, 7*(4), p. 439-445.

Hunter, I. M. L. (1993). Heritage from the wild boy of Aveyron. *Early Child Development and Care*, 95, p. 143-152.

Itard, J. M. G. (1932). The wild boy of Aveyron. Translated by George & Muriel Humphrey (1962). Englewood Cliffs, New Jersey: PRENTICE-HALL, Inc.

Kanner, L. (1964). A history of the care and study of the mentally retarded. Springfield, Illinois: Charles C. Thomas.

Kauffman, J. M., & Payne, J. S. (1975). Mental retardation—Introduction and personal perspectives. Columbus, Ohio: Bell & Howell Company.

Kirk, S. A., & Johnson, G. O. (1951). Educating the retarded child. Cambridge, Massachusetts: Houghton Mifflin Company.

Kolstone, O. P. (1972). Mental retardation—An educational viewpoint. New York: Holt, Rinehart and Winstone, Inc.

Lamberts, F., & Miller, T. L. (1979). Itard and language pedagogy: A commentary for teachers of children with special language needs. *Language, Speech, and Hearing Services in Schools*, October, p. 203-211.

Malson, L. (1972). Wolf children and the problem of human nature (pp. 1-88). New York, NY: New Left Books.

Montessori, M. (1967). The absorbent mind. New York, NY: Dell Publishing Co., Inc.

Murray, P. (1988). The study of the history of disability services: Examining the past to improve present and the future. *Australia and New Zealand Journal of Developmental Disabilities, 14*(2), p. 93-102.

Talbot, M. E. (1964). Edouard Seguin: A study of an educational approach to the treatment of mentally defective children. New York: Bureau of Publications, Teachers College, Columbia University.

中文文獻：

李德高（1997）：蒙特梭利教材教法。台北縣：啟英文化。

何華國（2006）：特殊幼兒早期療育。台北市：五南。

林玉体（2001）：幼兒教育思想。台北市：五南。

周俊良、范智敏、陳冠蘭、李昆霖（2006）：幼兒特殊教育導論。台北市：偉華。

張春興、林清山（1988）：教育心理學。台北市：東華。

陳貝希譯（1995）：叢林之子。台北市：及幼文化。

黃世鈺（1994）：「阿威隆實驗」（Aveyron Experiment）對於早期療育研究的啟示。國教天地，103，頁 62-68。

黃世鈺（1997）：特殊幼兒教育理論與實務。台北市：五南。

蔡篤堅（2004）：歷史社會學的後現代轉向：敘事認同分析簡介。輯於謝臥龍、駱慧文著之質性研究（頁 237-270）。台北市：心理。

魏寶貝譯（2000）：吸收性心智。台北市：及幼文化。

圖一：Jean-Marc-Gaspard Itard（1775-1838）像

資料來源：Fynne, R. J. (1924). Montessori and her inspirers. NY: Logmans, Green, & Co.

圖二：Victor 像

資料來源：Kanner, L. (1964). A history of the care and study of the mentally retarded. Springfield, Illinois: Charles C. Thomas. pp. 15.

陳鶴琴的特殊幼兒教育觀述評

黃文樹
（樹德科技大學師資培育中心教授）

黃慧莉
（樹德科技大學師資培育中心專案研究助理）

一、前言

　　陳鶴琴（1892-1982）是中國近現代幼兒教育史上一位傑出的教育實踐家兼思想家。1919 年，他自美學成歸國，將杜威（J.Dewey，1859-1952）的實驗主義（Experimentalism）教育哲學及進步主義（Progressivism）教育模式引進華土，起靱了他在幼教領域的殊多建設與貢獻。

　　1923 年，陳鶴琴創辦「南京鼓樓幼稚園」，全面展開包括特殊幼兒在內的教育與實驗工作；1928 年，負責起草《幼稚園課程暫行標準》，奠定了直到今天台灣幼稚教育課程發展的藍本。1937 年，抗戰軍興，陳氏投入「貧童教育」，先後開辦「報童學校」、「兒童保育院」；三年後他又在江西創立中國第一所公立幼教師資培育機構——「實驗幼稚師範學校」，並以此做為其「活教育」思想的實驗基地。1945 年，另於上海成立幼稚師範學校及特殊兒童輔導院。中共建國後，陳鶴琴更受到重用，出掌南京師範學院，並榮任政協委員。但好景不長，陳氏未久即遭批鬥；所幸終獲平反，繼續為幼教發聲，享譽杏壇。

　　由於陳氏在幼教實務與理論上，皆有豐碩的成果，故贏得教育史家的正面肯定。諸如：「中國的福祿貝爾」（戴紅，2002：27）；「中國特殊兒童教育史一位功績顯著的教育實踐家和教育理論家」（王強虹，1998：37）；「一切幼教工作者敬佩的典範」（何曉夏，1990：304）；「中國本土性幼稚園課程研究的開路先鋒與教育測驗的先驅」（翁麗芳，1998：158）；「愛國知識分子的光輝」（張瑞璠，2000：454）；「他的活教育思想是中國現代教育思想的重要財富」（朱永新，1993：580）；「批判的吸收歐美新教育反傳統意義上的實驗精神，創造適合中國國情的教育理論與方法」（黃書光，1998：166）；「他在半個世紀前對幼兒園課程的思考和實踐在今天依然能引起共鳴」（鄭曉楓，2006：36）。這些評價，勾勒出陳鶴琴在幼教史上的不朽地位。

　　截至目前，學界對於陳鶴琴的研究，已有不算少的文獻。其中，黃書光著《陳鶴琴與現代中國教育》、唐淑編《童心拓荒——現代兒童教育家陳鶴琴》、南京師範大學、江蘇省陳鶴琴教育思想研究會編《陳鶴琴教育思想研究文集》、洪福財著《陳鶴琴的活教育思想——兼論其幼教啟示》等，都可說是這方面的佳構。惟針對陳氏在特殊幼兒教育之主張的專題探討，仍極為罕見，不免有憾。其實，陳鶴琴的特幼教育觀是其教育思想體系中重要的組成部分，值得挖掘。職是之故，本文將在既有的研究基礎之上，梳理、分析、闡述陳鶴琴的特幼教育觀，並酌予評論，以彌補過去研究之不足。

二、特殊幼兒教育主張

　　陳鶴琴在〈對於兒童年實施後的宏願〉、〈中國兒童教育之路〉、〈啞巴會說話〉、《低能兒童之研究》、《兒童心理之研究》、〈特殊兒童教育在美國〉、〈關於類似白痴、天才兒童〉、〈幼稚教育之新趨勢〉、〈兒

童心理及教育兒童之方法〉，以及《幼稚教育》等論著中，暢論了許多關於特殊幼兒教育的主張。這些主張涵蓋特幼教育的必要性、意涵、國家定位、實施方法、課程內容、教學方法、科學研究以及師資培育等課題，觀點新穎，彌足珍貴。本文概括為下列九項：1.關注特殊幼兒的特殊性，2.揭櫫特殊幼兒教育義涵，3.呼籲國家辦理特幼教育，4.標舉特教目標的本土化，5.主張分類實施特幼教育，6.強調特幼教材的個別化，7.指出特幼教法的多樣態，8.借鑑科研探索特幼心理，9.重視特幼師資專業培養。茲分別說明之。

（一）關注特殊幼兒的特殊性

2002 年 7 月，《少年兒童研究》期刊記者孫宏艷專訪了陳鶴琴的女兒陳秀雲，文中提到陳鶴琴從小教育子女「自私自利可恥，服務他人為樂」，此處轉引一實例如下：「（陳鶴琴）不僅僅用行動（指他幫助一陌生人力車夫療傷），還鼓勵我們（陳秀雲等兄弟姊妹）同難童交朋友。他常常帶我們去難民收容所。在父親安排下，我們三姊妹來到一個受傷嬰兒收容站。當時我們三姊妹分別是 14 歲、12 歲、10 歲。而那些嬰兒全是零個月到一歲多大，他們的四肢或身上被炸彈炸傷（對日抗戰期間），有的傷口已經化了膿，屋子裏到處瀰漫的是糞尿、血腥、藥水的氣味。但父親要求我們幫助護理人員給嬰兒餵奶、換藥、洗澡、洗尿布。這些工作很髒很累，但經過一個多月的勞動，我們也體會到了幫助別人的快樂。當我看到那些小朋友沒有玩具玩的時候，我就用自己的零用錢買了一大盒小皮球送給小朋友。父親知道以後，特別高興。」（孫宏艷，2002：18）。由這一故事可知，陳鶴琴確是一位「有赤子之心的長者」。

不僅在心性上體現出充沛的王陽明（1472-1528）所倡之「良知良能」，陳鶴琴留美深造期間，也特別選修了「特殊兒童心理與治療」、「教育心理學」、「教育哲學」等課程，扎下厚實的特殊教育理念。他在〈兒童心

理及教育兒童之方法〉一文，引言先批判傳統視「兒童與成人是一樣的」之「誤謬觀念」，指出：「假使我們要收教育的良果，對於兒童的觀念，不得不改變的；施行教育的方法，不得不研究的。」（陳鶴琴，1985 上卷：1）。

基於對於弱勢的特殊兒童之關懷，陳鶴琴戮力於撰文宣傳特殊教育的必要性，以及特殊兒童的特殊性。他說：「要重視特殘兒童」（同上書下卷：396），還要研究「特殊兒童教育應當怎樣著手？應當怎樣推廣？」諸問題（同上：397）。依陳鶴琴的觀點，一些特殊兒童，包括盲、聾、啞等殘疾兒童和社會貧童、難童，還有一些棄兒，他們比一般孩子的處境困難，有的得不到家庭的培育，有的家庭沒有能力教養他們。對於這些孩子，就更加需要有社會幼兒教育機構收養和教育（何曉夏，1990：272）。

陳鶴琴強調，特殊兒童種類繁多，每一種特殊兒童，「本身都有特殊的屬性」（陳鶴琴，1987 第一卷：703）。他以「低能兒童」為例，指出在身體、感覺、運動、智力、情緒及社會性等方面都有某些特徵與眾不同。如在身體方面，低能兒童中的唐氏症、小頭症、腦水腫等患者，其身體的全部或局部都與常態兒童有顯著差異（同上：704）。再如感覺方面，低能兒童如視覺、聽覺、味覺、嗅覺、膚覺及其他感覺等，也都出現不及正常人水準的缺陷（同上：711-712）。凡此差異，在陳氏《低能兒童之研究》一書皆有詳實的討論。該書除引言與結語外，先後探討低能兒童之意義、分類、特性、原因、診斷及教育，結構完整，章目井然，論理有條有據，博觀悟達，對於低能兒童的特殊性作了全面的、系統化的梳理。

論者指出，陳鶴琴十分重視特殊教育，他所謂的特殊教育不僅是指那些盲、聾、啞、殘、低能等生理有殘疾的兒童，還包括問題兒童、天才兒童。1947 年，他在上海籌建一個特殊兒童綜合性教育機構——特殊兒童輔導院時，便計畫招收天才、低能、問題、傷殘、聾啞等五種特殊兒童。至於盲童，因為上海已有盲校，就不重複招生了。陳氏認為過去的兒童教育不是沒有把特殊兒童與普通兒童分開施教，便是把特殊兒童丟在一邊不聞

不問，這種缺失應予檢討改進。他特別批駁那種以為生理或心理有缺陷的兒童無需教育的錯誤觀點，同時澄清為這些兒童開辦「輔導院」不是「救濟」而是「教育」（劉琪，1989：776）。

（二）揭櫫特殊幼兒教育義涵

何謂「特殊幼兒教育」？在二十世紀初葉的中國教育界，「簡直是一點也沒有注意到」（陳鶴琴，1985下卷：395）。陳鶴琴認為，「特殊幼兒教育」即是針對「聾、啞、盲、手腳殘廢、白痴、瘋狂的孩子」等，所實施的「適合其特殊需要之教育」（陳鶴琴，1987第四卷：417）。

陳鶴琴堅信特殊兒童是可以教育的（同上書第一卷：757），他說：「（特殊兒童）雖然不能如常態兒童一樣的接受普通學校教育，但他們都可以在優良的指導之下，發展成一個有用的人。」（同上：757-758）陳氏舉證指出，1798年發現了「亞維隆野童」（Wild boy of Areyron），他被帶到巴黎時，被認定是屬於低能的、缺乏人類經驗的野童，後來在伊太特（Itard）醫師的教育之下，「雖沒有變成文明的尋常的人，但他的進步還是可觀的」（同上：760）。

陳氏徵引畢萊西（Pressey）下列有關低能兒童教育的論點，以為佐證：「低能可以通過正確的訓練得到改進。低能兒童經過訓練可以學會生活和小心地管好自己。這就是說，如果一個低能兒在身體上和情緒上都在較為健康的環境中成長，如果他被送去進行僅僅限於他能力所能及的正式學習和訓練；如果他在離開學校後能受到適合於他能力的職業訓練和獲得工作；如果社團、教會或其他什麼團體能使他獲得健康的娛樂和社會接觸，事實已表明，他就通常能成為一個自立的、有道德的和快樂的社會成員。」（同上：760-761）在他看來，特殊兒童的教育是可能的；當特殊教育機構的建立、教材、教法、教師及社會相關措施等方面有了必要且適當之因應與調整，則這樣的教育願景是樂觀易成的。

　　歸納而言,陳鶴琴心目中的特殊兒童教育之性質,可縷析為下列二項:

　　其一,特幼教育應出於真愛,不可偏私。他在〈做父母的要以身作則〉一文舉了一個親見耳聞的實例:有一個農夫,因為大兒子資質聰明,會讀書,所以喜歡他;小兒子資質魯鈍,不會讀書,就不喜歡他。大兒子恃寵,小兒子失寵,所以兄弟間常常有吵嘴打架的情事。有時候明明大兒子過分,而他的父母竟說他好;小兒子明明吃哥哥虧,而父母竟說他不好,有時候還要打他罵他。小兒子既然受了這種不平的待遇,愈加怨父母而恨哥哥了。近來我聽說這個小孩子已經脫離家庭,不知跑到那裡去了(陳鶴琴,1985 上卷:691)。陳氏藉此例論道:「推原父母偏愛偏憎子女的緣故,概由於容貌與資質的關係。大抵容貌妍者,父母愛之;容貌媸者,父母惡之;資質靈敏者,父母寵之;資質愚魯者,父母憎之。因愛憎的緣故就生出不平的待遇來了。須知子女既同自己出,待遇自應當公平,賢俊者固可賞愛,頑魯者亦當矜憐,斷不能以面貌的妍媸,資質的敏鈍,就分出愛憎來,就做出不平的對待。我們常常看見做父母的偏愛子女,適足以害子女。所以做父母的,真正愛子女,不應當偏愛子女,不應當偏憎子女,須以公平正直的手段善待子女。」(同上:691-692)依他的觀點,教育小孩,應本諸內衷的愛心,不因外表的優劣、智力的高低而有所差別。對於愚魯者尤須給予特別的關愛才是。

　　其二,特幼教育應有獨立機構,有別於普通教育。他認為,專門針對特殊兒童辦理「特種學校」或「特別班」,「幾已成為定制,誰也無法予以懷疑」。蓋特殊兒童的身心發展,「實無法避免本身的局限性,他們不能與常態兒童在同等情形之下,共同進行學習。」假使特殊兒童與一般兒童在同一學校受同樣的教育,無論是在時間上或是在經濟上,都是浪費的。換言之,特殊兒童不宜與常態兒童共同學習,當他們有了自己特殊的學校之後,一方面可以解除常態兒童所給予的刺激,以防止他們自卑心理的形成,同時教師在教育與指導方面,也可以專門注意他們所發生的問

題，不必受常態兒童的種種牽累。因此，陳鶴琴一再主張，「建立特殊教育的獨立機構或特別班，自屬必要。」（陳鶴琴，1987第一卷：761-762）。

（三）呼籲國家辦理特幼教育

中國過去的學校制度向來是沒有幼稚園這個學前教育機構。清末《奏定學堂章程》規定了「蒙養院」，「專為保育教導三歲以上至七歲之兒童」，但始終無力落實。辛亥革命後的「壬子癸丑學制」，始有「幼稚園」之名，但學制系統表並未予列入。直到 1922 年，「新學制」公佈，幼稚園才算正式劃進學校系統。在幼稚園「妾身未明」的教育傳統之下，幼兒教育一直沒有得到應有的重視。

為此深抱不平的陳鶴琴，大聲呼籲要求政府宣布幼稚教育在學制上的正式地位。他舉了四條堂正理由來說明其迫切性，他說：「第一，幼稚教育是一切教育的基礎，所以世界各先進國家都注重幼稚教育。第二，幼稚期是人生可塑性最大的時期，所以幼稚時期也是奠定人生健全發展的時期，故需有適當的環境與優良的養育，以促使民族的新生。第三，中國要求進步，半封建半殖民地的狀況必須要擺脫，進步的、合理的社會條件必須要充分發展，因此迫切要求幼稚教育以集體力量，來減輕工作婦女對養育子女的負擔。第四，目前中國社會的一般貧困，需要幼稚教育，使貧童、難童及特殊兒童能得到社會的養護。」（陳鶴琴，1985下卷：124）。這四項理由，第一項稽之世界潮流，第二項本諸教育學理，第三項發乎愛國熱忱，第四項心繫弱勢兒童。持論精湛，博觀悟達，誠為那個時代可貴的呼聲。尤以第四項理由，真正是「教育愛」精神的發揮，令人敬佩。

追溯中國教育史，最早辦理特殊教育工作者，是英國長老會牧師莫偉良（P.M.Moore）於 1870 年在北京所創立的「瞽目書院」，對象限於盲童，教以讀書、算數、音樂等科。該校至 1885 年，改名為「啟明瞽目院」，並擴充教學設施與設備，規模逐漸可觀（郭為藩、陳榮華等，1981：329）。

其後，1887 年，美國梅耐德夫人（A.T.Mills），在山東登州首創聾啞教育機構，名為「啟瘖學校」，專收聾啞兒童施教；此校於 1900 年遷移到煙台，易名為「煙台啟瘖學校」，旋又改稱「梅氏紀念學校」。這些早期的特殊教育，均賴來自外國的教會組織及慈善家所興辦。由國人創設的特殊教育機構要延後到 1916 年南通張季直籌辦的盲啞學校才出現。至於國家辦理的特教機構更遲，1927 年南京市立盲聾學校成立，才正式誕生（同上：330）。

　　1935 年，陳鶴琴發表〈對於兒童年實施後的宏願〉，提出了關於兒童教育的九大願景。其一是「願全國兒童從今天起，不論貧富，不論智愚，一律享受相當教育，達到身心兩方面最充分的可能發展。」其二是「願全國盲啞及其他殘廢兒童，都能夠享受到特殊教育，盡量地發展他天賦的才能，成為社會上有用的分子，同時使他們本身能享受到人類應有的幸福。」（陳鶴琴，1985 下卷：861）。這二項願望表達出陳氏關切、愛護特殊幼兒的心志，他希望建立一個所有兒童（包括普通兒童和特殊兒童）均得到充分發展其潛能的「相當教育」，以期人人享受到「應有的幸福」。這其實已有今日「教育機會均等」理念的實質意涵。

　　為了發展中國的特殊兒童教育，陳鶴琴主張「特殊教育必須全部由國家主辦」（陳鶴琴，1987 第四卷：419）。其根本理由是，特殊兒童在整體人口中佔有一定的比例，他們是否得到適當的教育，實際上攸關整個社會的發展。根據陳鶴琴的估計，當時中國的低能兒童「可能會有 225 萬之眾」，「與挪威全國人口比較，相差無幾」（同上書第一卷：757）。他指出：「如此龐大數目的人口，任其自生自滅，一方面會增加社會救濟的負擔，另一方面社會又失去了這樣眾多人口所可能貢獻的力量，出入之間，損失極重。在講求社會效能的今天，對於這許多無辜的心理缺陷者的教育工作，我們自不能熟視無睹。」（同上）這段話，是深中肯綮的。

不僅如此，陳鶴琴還提醒執政者說：「要知道特殊兒童沒有享受教育的機會，就等於使國家多了大量廢人，這對國家是何等大的損失？反過來說，如果給他們以特殊教育，他們就可以好好地發展，而增加了極大的力量。」（陳鶴琴，1985下卷：397）。這些觀點，顯示陳氏係從特殊兒童自身的個人發展，以及社會需求和國家立場等三方面來檢視特殊兒童教育的重要性與價值性。這對於喚起普羅大眾和政府當局注意特殊兒童的存在與特殊教育的政策，都有積極的催化作用。

（四）標舉特教目標的本土化

二十世紀二、三十年代，各種外國教育思潮紛紛傳入中國，一時之間，幼教界所謂教會式、日本式、美國式、福祿貝爾式、蒙特梭利式等「外國化」取向的幼稚園，如雨後春筍般的林立。陳鶴琴對此現象質疑道：「倘是一些主張都沒有，仍舊像中國初辦教育時候，今日抄襲日本，明日抄襲美國，抄來抄去，到底弄不出什麼好的教育來。……現在中國所有的幼稚園，差不多都是美國式的。幼稚生聽的故事是美國的故事。看的圖畫是美國的圖畫，……玩的玩具，用的教材，也有許多是從美國來的。就連教法，也不能逃出美國化的範圍。……要曉得我們的孩子並不是美國的小孩子；我們的歷史、我國的環境均與美國不同；我們的國情與美國的國情又不是一律。所以他們視為好的東西，在我們用起來未必都是優良的。」（同上：8）基於此一立場，他從教育目標下手，戮力於本土化的復歸。

教育活動的方向，的確需要一個契理契機的目標作為鵠的，才不致盲目實施。「活教育」是陳鶴琴吸取西方先進教育理念的營養，結合中國國情的一另闢蹊徑的探索。「活教育」的目的是「做人，做中國人，做現代中國人」（同上：638）。1927年，陳氏發表〈我們的主張〉，提出建立中國幼稚教育的十五條主張，勾劃了中國化幼稚園的雛形，其首條即是「幼

稚園要適應國情」（同上：8）。他以此為指導綱領，建構了一系列本土化的細緻、可操作的幼教目標，充分體現其「本土化」特色。

陳鶴琴指出，雖然低能兒童在心理上及生理上都有某種缺陷，無法與正常兒童一樣接受普通教育而要為他們設計特殊教育，但是，特殊兒童教育的目標確與普通兒童教育的目標「決無絲毫差異」，「仍然是做人，做中國人」（陳鶴琴，1987第一卷：764）。依他的觀點，「今日中國還處於半封建、半殖民地之狀態中，民族危機深重」，所以一切教育（含特殊教育）之宗旨應在「肅清封建殘餘，爭取民族獨立」，也就是要爭取做一個「解放的中國人」（同上：763）。既如此，那麼以為特殊兒童教育目標應與常態兒童的教育目標不同之看法，「是一種偏見」。在陳氏看來，特殊兒童「同是這個時代中的人，同是這個社會中的人，他們同樣的無法避免時代與社會所給予的制約作用。」（同上：764）儘管特殊兒童教育的過程，具有顯著的特殊性，而目標則仍然是做人，「做中國人」。

「做中國人」的教育目的論，旨在體現愛國熱情，注重中華民族的精神陶冶。陳鶴琴說：「在世界上還存在各個國家時，做一個中國人必須熱愛自己的國家，這個擁有長期光榮歷史的國家，並盡力來提高中國在世界各國中的地位。他也必須熱愛生長在同一塊國土有著同樣命運的同胞們，他們為同一個目標，即為自己國家的興旺發達而努力。」（陳鶴琴，1987第六卷：300）。在他看來，「作一個中國人與做一個別的國家的人不同。因為中國的社會性質與別的國家的社會性質不同。……中國社會發展自有特質，因而中國人的生活內容及其意向便必然受此一特質所規定。」（同上書第五卷：63）。「中外之辨」成為陳氏教育觀的內涵之一。

陳鶴琴主張幼兒教育要從國情出發。他說：「幼稚園的設施，總應當處處以適應本國國情為主體，……（教材教法）總以不違反國情為唯一的條件。」（同上書第二卷：111）。陳氏之所以如此主張，是因為他向來有如下認識：「兒童是振興中華的希望。兒童教育是整個教育的基礎，關

係到我們偉大祖國的命運。」（陳鶴琴，1985 上卷：587）。也因此，他雖老驥伏櫪，也要志在振興中華。

為了落實「教育學生成為中國人」的目標，陳鶴琴不僅在演講與著作中加以強調，而且採取了相應的機制，以資貫徹。比如，1938 年前後，他在親自編寫兩冊新文字課本後，又編寫了成套的新文字讀物，讀物中所選的中國歷史名人全是民族英雄，包括岳飛、花木蘭、文天祥、鄭成功、班超等。這說明他特別注重兒童民族英雄人格的培養（王炳照、秦學智，2006：23）。

（五）主張分類實施特幼教育

如上述陳鶴琴所言，「特殊兒童教育就是對特殊的兒童施以有效的適當教育」，他認為特殊兒童教育要根據他們的類別「分途施教」。陳氏約略將其分做六大類：1.視覺缺陷的兒童──有：(1)全盲；(2)近視、遠視、散光。2.聽覺缺陷的兒童──有(1)聾啞；(2)重聽。3.語言缺陷的兒童──有：(1)口吃；(2)口齒不清。4.肢體殘缺的兒童──有：(1)殘廢（四肢殘缺）；(2)大腦傷殘（Cerebral Palsy）。5.問題兒童。6.低能的兒童──有：(1)智力薄弱；(2)智力低劣（陳鶴琴，1987 第四卷：423）。

對於第一類兒童，需辦理「盲童學校」，「他們的教室有充足的光線，所用的課本，是特別印的，字體特別大。黑板是用白漆漆的。粉筆是彩色的。一切的設備都是為保護視力而做的。」（同上：424）對於第二類兒童，要辦理「聾啞學校」。對於第三類兒童，要辦理「語言矯正班」，「用適當的糾正方法來彌補缺陷，使他們能恢復正常。」對於第四類兒童，要辦理「傷殘兒學校」，施以「長期的訓練和治療」，讓「不會走路的會走路，不會坐的會坐，不會取東西的會取東西，不會講話的慢慢兒也會講話。」（同上：424-425）對於第五類兒童，要辦理「感化學校」，施以感化教

育。對於第六類兒童，要辦理「特別班」，「施以職業訓練，使他們獲得有用的技能，以便獨立謀生，成為社會上有用的公民。」（同上：425）

1947年，陳鶴琴為了實現特殊幼兒教育的宏願，他籌創了上海特殊兒童輔導院，並親自擔任院長。依其計畫，輔導院將特殊兒童教育分類施教，即盲生、聾啞生、傷殘生、低能生和問題兒童等五種，全部寄宿，各有教育重點。例如對於傷殘兒童，一則診治他們的身體傷殘，二則加強他們的基本職業技能訓練，以培養其長大後「自食其力」的一技之長，使成為「殘而不廢」的人。另如對於問題兒童則聚焦於「教育改造」，引導其向上向善。可以說，陳氏的教育構想是相當完整而務實，惜因種種阻力衡檔於前，包括經費未有著落，政府當局奧援乏力，社會物價波動等，原先的規劃只好七折八扣地縮小，第一年僅開辦問題兒童班，翌年增設聾啞班和傷殘班。直到1949年後，陳鶴琴的特殊兒童輔導院的全部理想才告實現。今天，他胼手胝足、篳路藍縷創立的這個輔導院，已改名為「上海市聾啞青年技術學校」，成為中國唯一的聾啞人中等專業學校，使不少聾啞兒童、青少年成長為對社會有用的人才。直到現在，「這個學校的學生還用兩個手指比成鶴嘴的樣子，表示自己的學校是陳鶴琴創建的。」（王強虹，1998：38）

此外，為了落實特幼教育，陳鶴琴認為「特殊兒童教育機構在國內的散布應當是網狀的」（陳鶴琴，1987第四卷：420）。他作了下面分析：首先，「特殊兒童的散布並不是平均的，這個地方多些，那個地方少些，這個農村少些，這個農村多些，都沒一定。如果像國民學校那樣，各地普設，這是經濟及人力上都不容許的；就是國民學校附設特教班，也必不能辦得完善。」其次，「要辦特殊兒童教育，必須有最低限度的特殊設備及教具，並且，還要有受過特殊訓練的師資。而一個特教班的教師是否能應付各式各樣的特殊兒童？這又是不可能的。能夠教聾盲兒童的未必能教白痴。能夠教神經病兒童的未必能夠教頑劣兒童。」所以每一種特殊兒童必

須有他的特殊學校。他進一步指出：「這種學校設立的地點以都市或適中的地點為最相宜，因為都市是網狀的線的交錯點，在它附近範圍之內的縣、市、鄉、鎮，都可以把特殊兒童送到特殊兒童學校裡去，這樣才可以把人才集中，效率擴大，而在經濟方面卻節省得多。」（同上：420-421）

由上可見，陳氏強調特殊幼兒教育要集中進行分類教育，根據實際教育需求，考慮社會經濟條件，提供特殊兒童以最充分、最適當之成長與發展的機會。

（六）強調特幼教材的個別化

1979 年，「老驥伏櫪，志在千里」（陳鶴琴，1985 上卷：587）的陳鶴琴，發表〈發展幼兒教育的幾點建議〉，提出「兒童化」的幼教原則。他說：「對兒童的培養與成人不同，不能給他們成人化的東西，要適應他們的生理、心理特點，要做到兒童化。兒童化很重要的一點就是要合乎兒童的特點。」（同上書下卷：215）。幼兒教育務需「兒童化」、「適應他們的生理、心理特點」，體現出陳氏「兒童本位」的教育思想，落實在教材上，即須做到「個別適應原理」──「個別化」。他強調「教育應適應個別差異，應當依照個人的智力、體力、能力而發展。……像文納特卡制、道爾頓制、蒙特梭利教育方法都是注重個別學習的。」（同上：685）他批評全班式齊一的教學，「沒有主動，沒有特殊的進展，大家被『班級』所限制了。」（同上）

陳鶴琴認為，「無疑的，特殊教育的教材，與普通教育的教材有所不同。」（陳鶴琴，1987 第一卷：764）。就智能不足兒童之教育而言，可以按照低能的等級為他們規劃各自的課程內容。但他反對用僵化的、呆板的學科設置來割裂低能兒童的知識結構，主張採用單元活動，「使教學、做人、生活打成一片，……至於教材內容，更應採取大自然、大社會的直接知識。」（同上：766）在此，我們看到陳鶴琴延襲、應用杜威的「教

育即生活」、「做中學」，以及杜氏傳人、陳氏恩師克伯屈（Kilpatrick，1871-1965）的「設計教學法」等核心理念之影子。依他的觀點，大自然的基本常識、日常的生活習慣、社會的行為規範和簡單的職業技能等，應當是低能兒童最需要學習的內容。

同時，陳鶴琴還指出教材的難易程度，要注意到每個受教者身心發展狀況的差異性。他說：「叫小孩子做事，不宜太易，也不宜太難，須在他的能力以內而仍非用力不可的。」（陳鶴琴，1985 上卷：737）也就是強調「量力適度」。他曾高度評價美國特教學者安特生（Anderson）對於低能教育內容的觀點，稱是「非常的詳細」，「值得效法」。陳鶴琴列出安氏的課程設計大綱，對照比較不同低能等級的教材差異，例如同樣為「技藝訓練」，在「下無能」組（相當於四歲智力年齡），是「運用大肌肉的粗易的工作，標明一種製造的慾望。」而該教材在「上無能」組（相當於六歲智力年齡），是「編籃子、做刷子、製粗布、紡紗、做藤椅等。」至於該教材在「下下愚」組（相當於九歲智力年齡），則是「較複雜的編籃子、做刷子、製粗布及紡紗等。」（陳鶴琴，1987 第一卷：764-765）。這樣的安排，都是基於「量力適度」。

基本上，陳鶴琴的幼教課程理論中，特殊兒童教育的教學內容仍是以大自然、大社會為中心，根據各類兒童的不同特性，從「五指活動」形成的課程網脈上取材（同上：766）。眾所周知，五指活動是陳氏倡導「活教育」的課程結構，他主張幼兒園的課程應是整個的、連貫的，是活的——即有機的聯繫，可以靈活伸縮，如同生長在兒童手掌上的「五指」。五指活動包括健康、社會、科學、藝術及語言五大領域，在兒童生活中統整成一個教育的連結網。陳鶴琴強調，因為特殊兒童各方面能力有限，故教材選擇時應以「簡易具體」、「實際切用」、「適合個性」、「生動有趣」為原則（同上）。

（七）指出特幼教法的多樣態

1925 年，陳鶴琴發表《兒童心理之研究》，其中闢有一大章（即第二十二章）專述耳聾和口吃二類特殊兒童。他介紹了歐美教育學者對於耳聾兒童和口吃兒童心理的最新研究，也說明了先進國家特殊教育的歷史和教育方法。他在該書力倡對聾兒實施「口語教學法」，將口授與手授二種教法進行比較分析，發現了口語法的優越性。同時，他也多次提到先進國家的「啞巴會說話」等「奇蹟」，「激動與興奮之情溢滿了字裏行間」（呂智紅，2001：239）。

回顧清末，康有為（1858-1927）、梁啟超（1873-1929）、張之洞（1837-1909）諸賢，一致呼籲「近法日本，遠仿西洋」的主張。1902 年，清廷委派吳汝綸一行赴日本考察教育制度，對東瀛的基礎教育與女子教育等，留下深刻印象（陳漢才，1996：277）。不久，曹廣權接踵其後，參訪了當地「福祿貝爾幼稚園」，使他「大開眼界」。曹氏回國時，把日本得到的「福氏恩物」帶回來。曹氏一方面在自家中開辦家族幼兒園，實踐福氏教育模式，並公開在《教育雜誌》（1908 年第二卷第六期）撰文探討福祿貝爾的幼教思想、遊戲的意義和恩物的用途。曹氏寫道：「弗勒別爾（即福祿貝爾）創立保育事項，區之曰遊嬉、唱歌、談話、手技四者，各有精義。語其大要，即以幼兒身體知識平均長育為主，必按合兒童年齡心性及家庭社會情形，由保育員酌定一貫通主旨，聯絡而善用之，始能合其本意。若四者各不相謀，或畸輕畸重，或任便為之浸無用意，或強行成法不解便通，則非徒無益，反是有害。」（同上：277-278）這是中國教育界對「幼稚園之父」福祿貝爾教育思想的最早介紹。

1919 年，中國掀起「五四運動」，包括教育改革在內的革新求變思潮風起雲擁。1922 年，教育部因應時局，召開學制會議，通過「學制改革系統案」，由過去的仿日制，改為仿美制，這就是「新學制」，又稱「六三

三學制」、「壬戌學制」。在學前教育方面，此學制規定小學校下設「幼稚園」，收受六歲以下兒童。可以說，自清末到 1920 年代是中國幼教之「機械模仿時期」（先模仿日本，再模仿美國）。這時期的幼教機構（包括蒙養園、幼稚園）可概分為兩大類：一類是單純模仿外國的，一類是吸收理論對應中國兒童的。前者又包括教會辦的幼稚園和日本式的幼稚園，後者則為普通的幼稚園（翁麗芳，1998：142）。

教會辦的幼稚園，其教學設備與教學模式，依張雪門在參觀三十校幼稚園的感想一文所述，約略如後：「美麗的教室，小巧的桌椅，精緻的（福祿貝爾）恩物，在一時自由活動以後，工作以前，孩子們一定要閉一忽兒眼睛，他們的小嘴一定還要唱一隻禱告的詩曲。」（張雪門，1929：129）

日本式幼稚園可追溯到 1904 年創辦的湖北幼稚園（翁麗芳，1998：140）。翌年開辦的天津私立嚴氏蒙養院之教育模式則直接模仿自日本幼稚園，斥資購買幼稚園教材教具，延聘日本幼教師資任教。據載，該校「教具有成盒的積木，有七巧板，大小銅圈可分成圓形、半圓形、有不同長短的竹棍等等，都可以培養兒童認識一些幾何形體，以上幾種玩具均稱『恩物』與福祿貝爾所稱相同。」（同上：196-197）這類日式幼稚園，甚至有不管清政府「蒙養院」法規而直接以「幼稚園」命名的，如 1907 年創設的北京私立曹氏家庭幼稚園的教育內容，購置、應用福祿貝爾的恩物及操作性教具等，作為施教之中心（同上：51）。當時中國仿日的幼稚園，呈現出一種「恩物主義」教學形態（同上：197）。

日本式幼稚園的教育模式，則可見其教師中心、強調秩序的導向，有如下面的描述：「日本式的幼稚園又可以叫做小學式的幼稚園，因為它很像是小學校。……他們將遊戲、談話、手工、唱歌、識字、算術、圖畫、排版、檢查身體、習字、積木分作一個時間一個時間的功課，明明白白地規定在逐天的功課表裡，不會混雜的而且不許混雜的，保姆（老師）高高地坐在上面，孩子一排一排地坐在下面。」（張雪門，1929：130）

　　值得注意的是，當時中國幼教工作並未十分瞭解福祿貝爾等西洋幼教思想家的理論精華，其施教方式有些地方亟待商榷。諸如老師們發下恩物教具，大夥依著指示操作這些西洋玩具，仍然沒有脫掉形式主義、教師中心的窠臼，依然漠視學童自由想像與創造的學習活動。無怪乎目睹此一缺失實況的陳鶴琴，即針對當時幼稚園誤用福氏教法的弊病提出嚴厲批判，他發表於 1927 年〈幼稚教育的新趨勢〉一文評驚道：「一般幼稚園教師竟忘了福氏提倡幼稚園的用意（讓幼童自由活動），把福氏的教法弄得非常呆板，把活潑的幼稚園變成無生氣的小囹圄。」（陳鶴琴，1985 下卷：21）當時幼稚園積木教學的常態是：學童的一舉一動差不多都要受教師的指揮，做什麼手工、積木，概依教師的命令機械式進行。陳氏作了下面這段「寫真」的觀察紀錄：「玩積木的時候，各小孩拿一盒小積木放在桌上，教師說『一』，大家把手放在盒子上；說『二』，大家把積木倒出來；教師又說：『搭牌樓』，大家都搭牌樓；教師說：『搭樓房』，大家都搭樓房。搭了一歇，教師說：『時候到了，大家把積木放好。』大家就把積木放好。」（同上：21-22）在他看來，像這樣呆板的教法，會把小孩子教成「木偶人」。陳氏的駁議應是中肯之論。

　　重視「因材施教」原理，是陳鶴琴在特幼教學的一個極重要的主張。他以音樂教學為例說：「以著重個性發展的教育觀點來看，對於許多環境不同、素質不同的兒童，用同一方式，強制他們去學習關於音樂的特殊技術，這是很不合理的。」（同上：400）。

　　關於「活教育的教學原則」，乃是陳鶴琴長期的兒童心理研究和教學實踐中醞釀形成的。他共列舉了「十七條原則」，分別是：1.凡是兒童自己能夠做的，應當讓他自己做；2.凡是兒童自己能夠想的，應當讓他自己想；3.你要兒童怎樣做，就應當教兒童怎樣學；4.鼓勵兒童去發現他自己的世界；5.積極的鼓勵勝於消極的制裁；6.大自然大社會是我們的活教材；7.比較教學法；8.用比賽的方法來增進學習的效率；9.積極的暗示法勝於消

極的命令；10.替代教學法；11.注意環境，利用環境；12.分組學習，共同研究；13.教學遊戲化；14.教學故事化；15.教師教教師；16.兒童教兒童；17.精密觀察（同上：652-700）。他在這裏提出了自學法、鼓勵法、大自然大社會教學法、比較法、比賽法、身教暗示法、替代法、境教法、分組法、遊戲法、故事法、同儕互教法，以及觀察法等多元的新式教學法。這些教學法均植基於兒童心理學與教學心理學之上，實施於幼兒教育，相當具有實用價值。

（八）借鑑科研探索特幼心理

科學啟蒙運動興起以降，學術界對人的心理之認識與了解，在方法上已逐漸超越傳統以思辨、內省為主要方法的心靈哲學之範疇，而改採取科學的嚴謹方法進行系統觀察、實驗、測量、統計分析等「實證」方法與歷程，以獲得具體、可驗證的資料。陳鶴琴留學美國期間大量接觸到歐美學界在這方面的最新研究資訊，並加以吸收、消化，作為自己探索特殊幼兒心理之依據。他這種建構於科學基礎研究之上以掌握特殊幼兒心理狀況的做法，在當時科研明顯落後西方的中國教育界而言，無疑是「獨步歷史」的「先行者」。

陳鶴琴在〈兒童心理及教育兒童之方法〉一文，強調「我們應研究兒童的心理，施行教育當根據他們的心理才好。」（陳鶴琴，1985 上卷：8）。他另在《家庭教育》〈重版序〉指出：「兒童教育是一門科學，只有了解兒童得心理，才能教好兒童。」（同上：587）。同書首章亦聲稱：「教育必須根據兒童的心理始能行之得當。若不明兒童的心理而妄施以教育，那教育必定沒有成效可言的。」（同上：595）。此外，他也於〈幼稚教育之新趨勢〉作了一致的闡發：「兒童心理學是幼稚教育的基礎」；「與幼稚教育直接有關係的，就是幼稚心理的研究。若不知兒童的心理而施行教育，那這種教育必定沒有良好結果的。」（同上書下卷：25）。從這些

論述可見，借鑑科學的兒童心理學，探索、論述特殊兒童心理，以作為特幼教育實施之依據，是陳鶴琴特幼教育觀的一核心思想。

鑒於當時國內對特殊兒童的心理特徵鮮少研究之情況，陳鶴琴查閱並編譯了國外學者在這方面的研究成果。例如針對低能兒童心理，他在義大利女醫學博士、特殊幼兒教育專家蒙特梭利（Montessori，1870-1952）的影響下，進行了相關研究。陳氏首先界說「低能兒童」的定義：「低能是一種由遺傳原因或生命早期而引起的心理缺陷的人，智商在 70 以下，心理年齡不能超過 12 歲，其對自身及周圍的事務，無法以尋常的審慎來處理。因此，他只能生活在優越的環境之中，且不能跟常態的友伴在同等條件之下競爭。通常所說的白痴、無能、下愚都歸屬於低能之中。」（陳鶴琴，1987 第一卷：761）。這則定義，充分運用了西方最新的教育科學研究發現，賦予「低能兒童」一個完整、深入、具體之定義，大大裨益於吾人對低能兒童的客觀認識。

1926 年，陳鶴琴在《幼稚教育》中，作了如下表示：「（蒙特梭利）專心於低能兒童的教育，深信醫藥可以醫精神病，教育尤其可以做先天有缺陷的兒童的藥石，這是她成為大教育家的最重要之點。」（同上書第二卷：86）。他又補述：「她每日從早上 8 時起到晚上 7 時都是教低能兒童的，燈下整理記錄、研究問題，想新方法，這樣的苦心毅力，實在可以做我們研究教育的好榜樣。」（同上）論者指出，「正是蒙特梭利的這種忘我奉獻的精神堅定了陳鶴琴研究特殊兒童並為他們創建特殊學校的信念。」（王強虹，1988：40-41）。

呂智紅在〈陳鶴琴特殊教育思想述評〉一文指出，「借鑑多種學科的研究成果研究特殊兒童心理」是陳氏一大功績。他說：「特殊兒童的心理和普通兒童差異較大，因此，陳鶴琴花大量的時間研究特殊兒童的心理學，為特殊教育的實施提供科學依據。他借助神經心理學的方法，對低能兒童的大腦結構、神經細胞的形狀等進行比較研究；借鑑遺傳學的研究成

果探明家族史對特殊兒童的影響，尋找特殊兒童產生的原因；還運用臨床醫學知識對不同疾病引發的特殊兒童總結特點，進行鑑別。博采眾長的研究方法使陳鶴琴的特殊教育思想走在了時代的前列。」（吳智紅，2001：240-241）。此一觀察，應是信而有徵的。

（九）重視特幼師資專業培養

1928 年，陳鶴琴與陶行知（1891-1946）聯名於「全國教育會議」提出「注重幼稚教育」案，在大會上照案通過；這是中國近代史上首次在中央級會議上提案討論幼兒教育並獲通過的大事。此「注重幼稚教育」案包含七個建議事項，其中第三（「令各省、各縣、各市實驗小學先行設立幼稚園案」）、第五（「各省師範學校急須設幼稚科案」）兩項為陳鶴琴所擬，呼籲當局重視幼兒教育以及幼教師資培育（翁麗芳，1998：161）。這是陳氏接續前一年發表「我們的主張」之後，從政治面為幼教吶喊的具體作為。

1940 年，中國對日抗戰方興未艾，到處兵燹，陳鶴琴到江西泰和創辦了中國第一所公立的「實驗幼稚師範學校」，艱苦創業，逐漸形成一個從中級到高級的完整的幼稚師範教育體系，在中國幼教史上有著「里程碑」意義。據考察，該校籌建之地原為一塊荒山，陳鶴琴以當行陶行知創辦曉莊鄉村師校時那種「指青天為屋頂，指黃土為地板」的氣魄，去克服種種困難。開學是以全校師生集體勞動開始的，一百多個學生分成 10 個「幼獅」（幼師諧音）小組，在陳鶴琴的帶領下披荊斬棘，一座座之用竹作墻、採草蓋頂的平房在松林中相繼出現，將闃無人烟的荒山變成了培養幼教園丁的學宮（劉琪，1987：768-769）。

「實驗幼稚師範學校」的校歌，由陳鶴琴親撰，引錄於下：「幼師！幼師！美麗的幼師！松林中響的是波濤來去。山谷間流的是泉水清漪。放鶴亭、鳴琴館是我們的新伴侶。更有那古塔斜陽、武山晚翠，陶冶我們的

真性靈，培養我們的熱情緒。幼師，幼師，美麗的幼師！」「幼師！幼師！前進的幼師！做中教，做中學，隨作隨習。活教材，活學生，活的教師。大自然，大社會是我們的工作室。還要有手腦並用，文武合一。建設我們的新國家，教導我們的小天使。幼師，幼師，前進的幼師！」（陳鶴琴，1987 第五卷：4）。這是一首充滿教育熱情的校歌，不但描繪出該校的自然景觀、人文采風，同時標明了學校的教育哲學取徑，即包括「做中教」、「做中學」、「隨做隨習」、「活教材」、「大自然、大社會是工作室」等理念，而且強調「手腦並用、文武合一」的要求。尤令人印象深刻的是，這首校歌，「美麗」而又「有力」，前半段先來個「優美和諧」的「九字訣」：「幼師！幼師！美麗的幼師！」引人入勝，後半段再來個「戰鬥不懈」的「九字訣」：「幼師！幼師！前進的幼師！」構成了一幅「力與美」兼備的戰時師範教育特有的學風。

「實驗幼稚師範學校」在 1943 年改為「國立幼稚師範學院」。戰後，陳鶴琴爭取政府同意，將該校遷移到上海，繼續為幼教師資培育奉獻心力。此外，陳氏還在上海創辦特殊兒童輔導院和玩具工廠，編寫了《活教育——理論與實施》、〈活教育的教學原則〉等論著，成為幼稚教育師範生研習的津梁。推動幼稚師範教育工作，可以說是陳鶴琴一貫的主張，他在〈戰後中國的幼稚教育〉一文，呼籲「要大量地造就幼稚師資」；要普遍設立幼稚師範：「各省宜先設幼稚師範至少一所，來負責訓練全省的幼教師資。再進一步說，我們如要各省都設立幼稚師範，那麼這些省幼稚師範的師資又從什麼地方來呢？所以，我們還應當有一所專門造就幼稚師範師資的學校，最好是設立一個幼稚教育學院來做訓練、研究與實驗的工作。」（陳鶴琴，1985 下卷：125）。這裏可以看出，陳氏的構想有二層，一層是幼稚師範學校，專門培育幼師；另一層是幼稚教育學院，性質屬研究所，專門培育幼稚師範學校的高級師資。這兩層都指向「專業師資養成」，突出了幼教「專業」之特性。

在長期主持幼稚師範教育的生涯中，陳鶴琴將《低能兒童之研究》作為在「國立幼稚師範專修科」講授「兒童研究」的講稿中的一個重要教材，這就使得幼稚師範的畢業生不但掌握了普通兒童的教育理論，還瞭解了特殊兒童的心理和教育，在知識結構方面，幼師生對幼兒教育基本理論的掌握更加全面（呂智紅，2001：239）。

教師是教學活動的主導，陳鶴琴既重視普通幼教師範教育，他同時非常關切特殊幼兒教師的培養和訓練。他在〈中國兒童教育之路〉一文中，探討到「如何發展特殊兒童教育」時，認為「必須立刻著手特教師資的培養。但是這一個事業在中國尚未開創，這一方面的專門人才簡直可說沒有。這只得借助他國的專家，來幫助我們訓練師資，各師範學院應增設特殊教育系，敦聘國外的特教專家來講學。另一方面，我們國家應遣學者到歐美各國去考察，以作我國發展特殊教育的借鏡。」（陳鶴琴，1987 第四卷：421）。這些構想，在當時是有突破性意義的，也是頗切實際的。

三、評論（代結論）

綜上可見，1919 年起，陳鶴琴即以「歸國學人」之姿，傾力耕耘特殊幼兒教育園地，不管在實務上或是理論上，都有具體顯著的功績。其犖犖大者，本文歸納得出前述九項：一者，在民初「普通教育」尚在「起步」的階段，陳氏即已關注特殊兒童的特殊性及其教育需要。這透顯出他關懷弱勢特殊幼兒的「教育愛心」。一般來說，只有當實施於佔絕大多數的常態兒童之普通教育，達到一定水準之後，才會注意到特殊兒童教育。因此，相對比較之下，陳鶴琴確有「先天下之憂而憂」的偉大情志。

二者，陳鶴琴率先在中國教育界揭櫫特殊教育的義涵，解說有關特殊兒童身心發展的屬性、造成各種身心障礙的因素，以及特殊教育的取徑與模式等，打開了人們對於「特殊兒童及其教育」的視野。三者，陳氏列述

深具「說服力」的多項理由，強烈呼籲政府辦理特殊幼兒教育，「發人所未發」、「道人所未道」，實為那個「大家對特殊兒童視若無睹」時代，震聾啟瞶的可敬「發聲」。

四者，陳鶴琴標舉特教目標的本土化，以「適應國情」的基調倡行特殊教育，旗幟鮮明，於學生民族精神之養成，自有其引導作用。五者，他為落實特教功能，主張分類施行特幼教育，同時提出「網狀設置特教學校」的構想，深具參考意義。六者，他強調特幼教材的個別化，規劃、設計適應特殊幼兒需求的教育內容；其「量力適度」的觀點，無疑是正確的。

七者，陳鶴琴指出特幼教法的多樣態，重視「因材施教」原理在特幼教法上的實踐；至於其「活教育的教學原則」十七條，均植基於當代教學心理學，務實而有效。八者，陳氏借鑑科學研究成果，深入、客觀探索特殊幼兒心理，作為特教工作者之教學依據，這對於提升特教品質「功不唐捐」。九者，他熱切地倡導特教師資的專業培養，在當時也是「獨步歷史」的。

歸結來說，陳鶴琴這些特幼教育觀，在當時是彌足珍貴的，到今天仍然閃爍著智慧光芒。要言之，陳氏在特殊幼兒教育方面的主張，實有其歷史價值性與突破性。誠如論者所言，陳鶴琴在特幼教育的貢獻有四：第一，指出了中國特殊教育的發展方向；第二，以幼兒教育思想豐富特殊教育理論；第三，借鑑多種學科的研究成果研究特殊兒童心理；第四，以關注特殊兒童的特殊性作為特殊教育思想的基礎（呂智紅，2001：239-241）。不過，任何一個思想體系或主張，都不可能是十全十美，放諸四海皆準的，陳氏的特幼教育觀同樣無法避免缺憾。以下謹提出四項商榷意見，略表評論，並作為結語。

其一，陳鶴琴的教育主張多源於或大部分來自歐美教育理論，缺乏「思想的原創性」。陳鶴琴在中國教育史上的角色向來被定位為「『活教育』的理論家與實踐家」。這一角色定位應是「名副其實」的，蓋自 1940 年

起，陳氏到江西泰和創辦「實驗幼稚師範學校」，即開始倡導「活教育」理論，並進行系列實踐；其後，隨著他的政治地位不斷提高，「活教育」的作用與影響也逐漸廣化深化，匯成了一股「活教育」的流潮。惟追索陳氏「活教育」的思想淵源與形成動因，又不得不說此一理論只是具有「時尚意味」的一種「舶來品」而已。

陳鶴琴曾坦誠指出「活教育」與歐美新教育的內在遞傳關連。他在《活教育》一書說：「『活教育』並不是一項新的發明。它的理論曾被世界上不同的教育權威創導過。當作者（陳氏）從 1914 年到 1919 年在美國接受教育時，最知名的教育家之一杜威博士所提倡的美國進步教育，對形成中國的活教育運動起了相當的影響。」（陳鶴琴，1987 第六卷：295）。「活教育」與杜威的實驗主義教育主張的遞嬗之跡已然顯露。下面陳氏在《活教育理論與實施》的一段話尤為可證：「我提倡的活教育是和杜威的學說配合的，因為活教育和杜威學說，其出發點相同，其所走的路子相同，其所用的方法也相同。」（陳鶴琴，1950：4）。這三個「相同」，可以說是「活教育」是杜威學說「翻版」的印記。

其二，陳鶴琴在特教目標上的觀點，強調做為「中國人」，民族情節過於濃烈，對於受教者國際觀或世界公民意識的培養無益。陳鶴琴向來是愛國主義者，據載：1937 年 11 月 12 日上海淪陷，國軍西撤，租界地區被稱為「孤島」的時間，陳氏的「愛國熱情表現得極為特出」。他參加了「孤島」愛國上層知名人士組成的「星二聚餐會」，人數有四五十人，實際是領導上海各界人民抗日救亡統戰性質的秘密組織，他是該組織的核心人物之一（谷斯范，1994：127）。

任何一個人對生於斯、長於斯的土地，必然有著無法割捨的摯情。攻治近現代教育史的王炳照、秦學智合撰的論文指出，「陳鶴琴身上流淌著中國傳統的血液，從小接受過中國傳統文化教育，……他的絕大多數人生歲月都是在神州大地上花費或奉獻的。因此，中國傳統文化因子在他身上

及其思想有著現實存在與刻骨銘心的影響。」（王炳照、秦學智，2006：22）。與此觀點類似，黃書光在《陳鶴琴與現代中國教育》一書中，對於陳鶴琴濃厚的本土情懷，也多所著墨。黃氏說：「（陳鶴琴）吸收了西方『新教育』和『進步教育』的合理內核，但把根牢牢地植入中國的土壤。」（黃書光，1998：255）；「陳鶴琴在探索新教育的過程中十分注重吸收民族的偉大精華，並通過編寫大量的中國教材、讀物來弘揚中華民族的偉大精神。」（同上：170）這些論斷應是符合事實的。

基本上，愛國主義或民族主義教育思想，在那個歷史非常時期（對日抗戰），有其必要性，但如果因此「迷失」或「違背」教育的本質與原理，乃是不足取的。陳鶴琴說：「國家到了危急存亡的時候，她的教育尤其是兒童教育，若不能積極的參加國家戰時的活動，這教育是無用，是破產，應該予以解散。」（陳鶴琴，1985 下卷：303）；平時課程不適用於非常時期，他要求「消滅我們後方的敵人——漢奸」作為主要課程之一（同上：304）。這將兒童視為國家對外戰爭的「工具」，教育淪為政治的附庸——「兒童教育應積極參加戰時活動」，「教育者不能為政治服務，就是無用的，必須解散」。平心而論，陳鶴琴這種傾向「法西斯式」之「軍國民主義教育」的觀點，是危險的，也是與「教人（自然人）成為人（文化人）」的教育本質有段距離。

其三，陳鶴琴對於特殊幼兒的用字遣詞，如「白痴」、「低能兒」等之稱謂，一則欠雅，二則存在貶意乃至歧視，令當事人不快。「無能」、「白痴」、「低能」、「先天傻子」等字眼，在陳氏著作中「俯拾即是」。諸如：「無能、白痴都是低能中智力較低者。」（陳鶴琴，1987 第一卷：688）；「下愚（即白痴）是具有那樣深重的缺陷的人」（同上：690）；「通常所說的白痴、無能、下愚都歸屬於低能之中。」（同上：692-693）凡此類似之提法，不勝枚舉。

　　亟待商榷的另一相關問題是，陳鶴琴在使用前舉這些有失「人文味」的字詞之餘，尚且附加了輕蔑的、排斥的負面評價。諸如他說：「低能不能與常態的人一樣來處理自己的日常生活，因此，在家庭中他往往是一個『討厭的牽累』。」（同上：756）語言文字反映一個人的價值觀，陳氏似乎對於特殊兒童還隱約存在一種無法「完全接納」的心理意識。這是他的教育觀中之一瑕疵。

　　其四，他主張特殊兒童絕對應當與普通兒童隔離分教，讓各類特殊兒童全部「寄宿」在相應的特教機構中接受不同的教育。這種觀點，有待研議。我們知道，「隔離制」，過份側重「因材施教」、「個別適應」的需要，但卻漠視了特殊兒童與一般兒童「交往互動」的「社會需求」，極可能造成他們長大成人後「回歸」社會時的「負面效應」，不容小覷。實際上，今日的特殊教育，已多採取「回歸主流」的方式辦理，其立意與精神亦在此。

　　上面這四項評論，都是陳鶴琴特幼教育思想的局限性。當然這些缺失，並不損及他在幼教史上的崇高價值和歷史地位。

　　無可否認的，陳鶴琴對於特幼教育的諸多相關論述及籌創上海特殊兒童輔導院等教育實踐，提供了後人辦理特殊幼兒教育制度的前提、定位、目標、方式、教材、教法、研究、師資等層面的寶貴經驗，極大地豐富了中國特殊幼兒教育理論。說他是二十世紀中國特幼教育的拓荒者與奠基者，應不為過。

參考資料

（一）專書部份

朱永新（1993），中華教育思想研究，南京：江蘇教育出版社。

何曉夏（1990），簡明中國學前教育史，北京：北京師範大學出版社。

南京師範大學、江蘇省陳鶴琴教育思想研究會編（1997），陳鶴琴教育想研究文集，北京：人民教育出版社。

洪福財（2004），陳鶴琴的活教育思想——兼論其幼教啟示，台北：群英出版社。

唐淑編（2001），童心拓荒——現代兒童教育家陳鶴琴，南京：南京大學出版社。

張雪門（1929），幼稚園的研究，北平：北新書局。

張瑞璠主編（2000），中國教育哲學史（第四卷），濟南：山東教育出版社。

郭為藩、陳榮華等（1981），特殊兒童心理與教育，台北：中國行為科學社。

陳漢才（1996），中國古代幼兒教育史，廣州：廣東高等教育出版社。

陳鶴琴（1985），陳鶴琴教育文集（上、下卷），北京：北京出版社。

陳鶴琴（1987），陳鶴琴全集（共六卷），南京：江蘇教育出版社。

陳鶴琴（1950），《活教育理論與實施》。上海：華華書店。

翁麗芳（1998），幼兒教育史，台北：心理出版社。

黃書光（1998），陳鶴琴與現代中國教育，上海：上海教育出版社。

劉琪（1989），幼稚園的研究，北平：北新書局。

（二）期刊論文部分

王強虹（1998），陳鶴琴的特殊兒童教育思想述評，西南師範大學學報（哲學社會科學版），1998 年第 6 期，頁 37-41。

王炳照、秦學智（2006），陳鶴琴學前教育思想的傳統文化淵源，學前教育研究，2006 年第 3 期，頁 22-25。

呂智紅（2001），陳鶴琴特殊教育思想述評，收於唐淑編，童心拓荒——現代兒童教育家陳鶴琴，頁 234-242。

谷斯范（1994），雨絲風片錄（十三），新文學史料，1994 年第 3 期，頁 127-146。

孫宏艷（2002），陳鶴琴的家庭教育——訪陳鶴琴的女兒陳秀雲，少年兒童研究，2002 年第 7 期，頁 16-21。

鄭曉楓（2006），對陳鶴琴幼兒教育思想的實踐與感悟，學前教育研究，2006 年第 3 期，頁 36-38。

戴紅（2002），陳鶴琴：盡心竭力為兒童，縱橫，2002 年第 7 期，頁 27-30。

第二篇：幼師培育理念思索

陶行知在師資培育的實踐與主張芻探

黃文樹

（樹德科技大學師資培育中心教授）

一、前言

　　1996 年，薛德震主編《民國學術經典文庫》（由北京東方出版社出版），從 1911 年辛亥革命起到 1949 年止中國學人發表的「重要學術著作」中，加以挑選、編校而成。該叢書凡三十一本，陶行知（1891-1946）的教育文集《中國教育改造》名列其中，與胡適（1891-1962）《中國哲學史大綱》、梁啟超（1873-1928）《中國近三百年學術史》、蔡元培（1867-1940）《中國倫理學史》、魯迅（1881-1936）《中國小說史略》等名著，同時獲選，這標誌了陶氏教育論著之崇高地位。

　　陶行知是「五四運動」後中國教育發展史上一位中堅分子，被譽為「新中國教師之父」（齋藤秋男，1951：1）、「偉大的人民教育家」（徐大文、劉大康，1985：7）、「中國師範教育改革的先導」（楊克貴，1988：20）、「真正做到了『捧著一顆心來，不帶半根草去』，不愧為『萬世師表』」（魏名國、周志俊，1987：13）、「是中國近現代教育改革家，也是教育思想家」（曹常仁，1997：1）。這些論定勾勒出陶行知的生命輪廓。

　　從上面這些概括性的生命輪廓約略可見，陶行知畢生的志業與貢獻，乃集中於師資培育的理論成就與實際建設。本文旨在掘發陶氏在師資培育

工作上的實踐與教育主張，並由觀點之延展，提出對於今後師資養成之啟示，期冀「以古鑑今」，「古為今用」。

二、民初的師資培育制度概略

探討陶行知在師資培育上的實踐與主張之前，有必要先行初步對他從事師培教育與學術活動的政策背景切入，以瞭解當時之制度與作法。

回溯 1912 年元旦，孫文（字中山，號逸仙，1866-1925）宣誓就職中華民國臨時大總統，旋任命蔡元培為首任教育總長。該年 9 月，中華民國第一個《學校系統令》公布，史稱「壬子學制」。從橫向考察，壬子學制將全國教育分為普通教育（含初等小學校四年、高等小學校三年、中等學校四年、大學預科一年及本科三或四年）、師範教育（含師範學校預科一年及本科四年、高等師範學校預科一年及本科三年）、實業教育（含甲乙兩種實業學校、專門學校預科一年及本科三或四年）。

壬子學制公布施行之際，教育部另頒《師範教育令》，主要內容有五：其一，師範學校以造就小學校教員為目的；女子師範學校以造就小學校教員及蒙養園（相當於今幼稚園）保姆（相當於今幼教師）為目的；高等師範學校以造就中學校、師範學校教員為目的；女子高等師範學校以造就女子中學校、女子師範學校為目的。其二，師範學校定為省立，高等師範學校定為國立。其三，師範學校經費由省經費支給；高等師範學校經費由國庫支給。其四，師範學校應設附屬小學，女子師範學校再加設附屬蒙養園；高等師範學校應設附屬中學，女子高等師範學校應設附屬女中。其五，師範學校得附設小學教員講習科，女子師範學校得附設保姆講習科；高等師範學校、女子高等師範學校，得附設選修科、專修科與研究科（李華興1997：106）。

　　按照上述教育令，同年 12 月教育部又公布《師範學校規程》，要點有下列六項：

1、培育師範生的旨趣：謹於攝生，勤於體育，以培養健全之精神與健全之體魄；寓於美感，勇於德行，以陶冶性情，鍛鍊意志；明建國之本源，踐國民之職分，以養成愛國家，遵法憲之教員；尊品德而重自治，愛人道而尚大公，以養成獨立、博愛之教員；為擔負國民教育趨重實際的職責，宜使學生明現今之大勢，察社會之情狀，實事求是，為生利之人而勿為分利之人；世界觀與人生觀為精神教育之本，宜使學生究心哲理而具高尚之志趣；注重教學法，務使學生於受業之際，悟施教之方；一切教材，都應切合學生將來之實用；為學之道，不宜專恃教授，應培養學生銳意研究，養成自動之能力。

2、師範學校預科入學資格為身體健康、品行端正之高等小學校畢業生（或 14 歲以上具同等學歷者）；預科畢業生得升入本科。

3、凡志願入師範學校者，須由縣行政長官保送，並由妥實之人作保，送校長考試收錄。考試科目，高等小學校畢業者為國文、算術，同等學歷者為國文、算術、歷史、地理、理科等。入學後試習四個月，再依品行學績決定去留。

4、師範學校凡公費生免納學費，並由學校供給膳宿費。各校可酌收自費生，其人數、費額，由省行政長官核定。

5、履行服務義務二至七年不等。

6、講習科為已在高等小學校或初等小學校任職之教員進修而設，女子師範學校所設保姆講習科，為欲任蒙養園保姆者設之（同上：106-107）。

　　從教育史盱衡，民初學制在整個學校制度與師範教育環節上有其開創性與進步意義。一者，融入民主精神，剔除了清末學部教育宗旨關於「忠

君」、「尊孔」等封建專制陋習；二者，破除傳統男尊女卑的社會弊病，不僅各級學校可以男女同校，尚可為女子獨立設校，提供兩性均等的教育機會；三者，注意結合實際，改進教材教法。不過，傳統教育的影響根深蒂固，城鄉教育發展懸殊，施教的配套措施（包括師資、教材、學校經費與設備）太差，因此，民初學制在全國付諸實踐時，暴露了不少缺失。其主要問題集中於二方面，一是各級教育的目標定位不明，以致教育宗旨與學校實務脫節，學校教育功能與社會需求無法接榫；二是科舉餘毒對新教育的侵蝕與扭曲，如鄙視職業教育及瞧不起國民基本教育等無處不在。

三、陶行知的學歷與思想淵源

1909 年，當時 19 歲的陶行知考進南京滙文書院（金陵大學預科）文科學習。翌年，他以成績優異直接升入金陵大學文學院。那段期間，他投注心力研究明代大儒兼教育家王陽明（1472-1528）的「良知學說」，認同其「知行合一」理論。本來，陶氏原名文濬，這年起，乃因仰慕王學而易名「知行」，後又因思想強調「行中求知」，故再改為「行知」（陶行知著、孔棣華編，1991：126），期以自勵勵人。

追索明代教育史可知，進士出身的王陽明，自三十四歲開始授徒講學，直到去世，先後從事教育和學術活動達二十三年之久。由於他身居高位，事功顯赫，所到之處，講學不輟，四方學子翕然相從。其學以良知良能為主，謂格物致知，當向內「自求本心」，不當向外索諸事物。他主張心是天地萬物之主，「心即理」，「心外無理」，「心外無物」；又以「知行合一」、「致良知」為鵠的，世稱「王學」、「陽明學」、「心學」、「良知學」、「姚江之學」等，風靡南北，成為自明至今譽聲宇內的大師（黃文樹 2003：27-28）。陶行知的教育思想在一定程度上繼承並發揚了

王陽明的教育觀。換言之,他接觸、浸淫良知學說,是形塑其「重實」、「尚行」的教育思想源頭之一。

1913 年,陶行知兼任金陵大學學生刊物《金陵光》的中文報編輯、主筆。二年內,他在該報共發表約 18 篇文章,內容涉及政治、社會、教育、醫學等領域,多切中時弊,令人警醒。其中,〈《金陵光》出版之宣言〉係該報發刊詞,陶氏再三激勵同學及時努力、發憤圖強、同心同德,期使中華民族大放光明於世界。如他在文中說:「吾輩青年為學,正如日暮浮舟險峽」,有待「金陵光」「作船工之塔燈,明其徑途,所以佐迷津者之造業焉!」「青華易過,韶光不再」,故同學宜「就早切磋,蔚為國器。」(陶行知著、《陶行知全集》編輯委員會編,1991a:163-164)。這些讜言正論,鏗鏘有力。

1914 年,陶行知以第一名畢業於金陵大學(仲蘭鄰、晉啟生 1982:115)。其畢業論文題目為〈共和精義〉,闡述了「共和與教育」的關連,提出教育興國的主張。他在該文說:

> 人民貧,非教育莫與富之;人民愚,非教育莫與智之;黨見(指當時國民黨政府的一黨之見),非教育不除;精忠,非教育不出。教育良,則偽領袖不期消而消,真領袖不期出而出。而多數之橫暴,亦消於無形。……同心同德,必養成於教育;真義微言,必昌大於教育。……教育苟良,則人民生計必能漸臻滿意。可見教育實建設共和最要之手段(陶行知著、《陶行知全集》編輯委員會編,1991a:221)。

這篇論文在畢業典禮上宣讀後,當即面贈江蘇省教育司長黃炎培(1878-1965),黃氏後來在「哭陶詩」中稱此文為「秀絕金陵第一聲」(同上:212)。

　　陶行知自金陵大學畢業後，即獲得保送赴美留學。1914 年秋天，他進入伊利諾大學攻讀市政學；翌年夏，取得伊大政治學碩士學位。三個月後，再入當時美國教育學術重鎮哥倫比亞大學師範學院深造，親炙實驗主義（Experimentalism）教育哲學家杜威（J. Dewey，1859-1952），從而對實用主義哲學、民主教育思想、生活課程、兒童中心（child-center）、「做中學」（learning by doing）等理念，以及進步主義教育運動（Progressive Education Movement）等有真切的體會。

　　教育的本質何在？杜威認為，教育在使人與環境的交互作用歷程中，能夠不斷的修改、擴展既有的知能、態度，以使適應新的環境、解決新的問題。因此，他主張「教育即生活經驗的繼續改造與重組」，亦即教育的功能，在使經驗的意義增加，使指揮後來經驗的能力強化（黃文樹，2006：8）。杜氏重要的教育觀點，包括：「教育即生長」（education as growth）、「教育即經驗的重組或改造」（education as reorganization or reconstruction of experience）、「教育即生活」、「教育本身就是目的，無外在目的」、「以兒童為中心」、「知識是解決問題的工具」、「學校即社會」、「做中學」等，這些理念，大多成為陶行知醞釀教育思想體系的津梁。

四、陶行知在師資培育的實踐

　　陶行知畢生心力多奉獻在師資培育及各類教育工作上，茲以各時期重點為基準，略分下列五個階段說明之。

（一）執教高等師範學校時期

　　1917 年，二十七歲的陶行知學成歸國，應聘擔任南京高等師範學校教授，先後開授「教育原理」、「教育行政」、「教育統計」等課程；教材內容主要是國外教育學術之研究成果與實務作法。該年，他在校務會議上

提出以「教學法」代替「教授法」的改革訴求，雖然未被採納，但其「教學做合一」理論已然萌發。

1918 年，陶氏同時兼任南京高等師範學校教務主任和教育專修科主任，被學校當局賦予重任。發表〈生利主義之職業教育〉，認為職業教育應以生利主義為旨趣（陶行知著、孔棣華編，1991：80-86）。翌年，撰文〈試驗主義與新教育〉，主張試驗教育能「塞陳舊之道」，「開常新之源」，「發古人所未發，明今人所未明」；期盼國人實踐以試驗精神為主流，試辦新的學校教育（同上：281-283）。同年，又刊出〈教學合一〉，此乃陶行知關於教學改革的初步思想（同上：195-197）。此外，名作〈第一流的教育家〉也付梓，呼籲教育工作者要勇於創造，展現開闢魄力（同上：166-167）。

1920 年，南京高等師範學校首次招收女生，並與北京大學相約，開放女禁；為此，大學校門為女性敞開。1921 年，南京高等師範學校改制為東南大學，陶行知任教授兼教育系主任。同年 9 月，美國教育史學者孟祿來華進行教育考察，由陶氏任嚮導與翻譯，先後到南京、上海、廣東、福建等地考察教育實況。年杪，「中華教育改進社」成立，蔡元培為董事長，陶行知為總幹事。經一番磋商，該社以「調查教育實況，研究教育學術，力謀教育改進」為宗旨。〈中華教育改進社改造全國鄉村教育宣言書〉，便是出自陶氏之筆鋒（陶行知，1996：82-83）。該「宣言書」指明：鄉村學校是改造鄉村的中心，鄉村教師是改造鄉村的靈魂；由鄉村實際生活產生鄉村學校，由鄉村學校產生鄉村師範；鄉村師範之主旨在造就有農夫身手、科學頭腦、改造社會精神的教師（同上：82）。這些師資培育觀點，在當時是具有突破性和關鍵性的意涵。

1922 年，「新學制」擬定、立法與頒布之際，陶行知在《新教育》上發表〈我們對於新學制草案應持之態度〉和〈新學制與師範教育〉等論文，指出政府興辦新式教育之「最初仿效泰西，繼而學日本，民國 4 年取法德

國，近年特生美國熱」，「都非健全的趨向」（同上：31）。隔年，陶行知獲聘出任南京安徽公學校長。他以「建立師生和諧關係」為治校之緊要原理，標舉「共同生活」之原則，即師生同生活、共甘苦，尊師愛生，以人教人；他「深信這種共學、共事、共修養的方法是真正的教育」（同上：34）。陶氏在〈南京安徽公學辦學旨趣〉，同時強調「師道」的重要，他勉勵學校同仁踐行三種精神：其一，研究學問，要有「科學的精神」；其二，改造環境，要有「美術的精神」；其三，處世應變，要有「大丈夫的精神」（同上：35-36）。從制高點、精神面來引領學校邁向進步，追求卓越。

（二）投身平民教育運動時期

1924 年起，陶行知孜孜矻矻地投身於平民教育運動，不僅大量發表推展平民教育的文章，尚且四處奔波、遊講，長途跋涉於安徽、江蘇、河北、河南、北京、上海等十多個省市，創辦平民學校或平民讀書處，一時使平民教育蔚為風潮。這年三月十五日，他在徐州旅次中寫下〈自勉並勉同志〉詩，前二句為：「人生天地間，各自有秉賦；為一大事來，做一大事去。」（陶行知著、孔棣華編，1991：294）。前句人人「各自有秉賦」，顯然是王陽明「良知學說」的翻版，即人皆具有「良知良能」；後句「為一大事來，做一大事去」則是陶氏自己生命志向的表述。

1925 年，陶行知發表〈評陳著之家庭教育〉，對陳鶴琴（1892-1982）的新著《家庭教育》讚譽備至，公開呼籲「願與天下父母共讀之」，可見其評價之高。陶氏指出：「此書為東南大學教育科叢書之一，係近今中國出版教育專書中最有價值之著作。……這些討論對於負家庭教育責任的，都有很具體的指導。」（陶行知，1996：42）他表示：

> 這本書是兒童幸福的泉源，也是父母幸福的泉源。著者以科學的
> 頭腦，母親的心腸做成此書。……我深信此書能解決父母許多疑
> 難問題，就說他是中國做父母的必讀之書也不為過(同上：45-46)。

我們知道，陳鶴琴是與陶行知同時代一位傑出的幼稚教育實踐家兼思想
家，他將杜威的實驗主義教育哲學及進步主義教育模式引進華土，起軔了
他在幼教領域的殊多建設與貢獻（黃文樹、黃慧莉，2006：220）。陶行
知與陳鶴琴交誼甚深，陶氏上述對陳氏專著的鼎力推介，足見他對於好友
的教育學佳構肯定與支持之一斑。

　　1926年，陶氏發表〈創設鄉村幼稚園宣言書〉，他說，近現代兒童教
育學證實：「凡人生所需之重要習慣、傾向、態度多半可以在六歲以前培
養成功。換句話說，六歲以前是人格陶冶最重要的時期。」（陶行知，1996：
69）。欲建構好最基礎的幼兒教育工作，務必普及中國的、省錢的、平民
的幼稚園（同上：70-71）。同年，他也先後發表〈天將明之師範學校〉、
〈師範教育下鄉運動〉、〈中國鄉村教育之根本改造〉等重要文章，一再
強調以鄉村學校做為改造鄉村生活中心之主張。陶氏的構思是：由鄉村實
際生活產生鄉村中心學校，由鄉村中心學校產生鄉村師範。為此，他甚至
立下宏願：「決心要籌募一百萬元基金，徵集一百萬位同志，提倡一百萬
所學校，改造一百萬個鄉村。」（同上：82）這種偉大的教育情懷，是史
上罕見的。

（三）創辦曉莊鄉村師範學校時期

　　1927年，陶行知與趙叔愚自覺下鄉，來到南京北郊的勞山腳下創辦中
國第一所試驗鄉村師範學校——曉莊鄉村師範學校。翌年，他發表〈藝友
制師範教育答客問〉、〈試驗鄉村師範學校答客問〉諸作。陶氏提出在師
範教育中用「藝友制」代替「徒弟制」，以揚長避短。他說：「凡用朋友

之道教人學做教師，便是藝友制師範教育。」（同上：133）這年，浙江省教育行政當局創辦湘湖師範學校，委派曉莊鄉村師範學校首屆學生操震球任校長，主持校務，陶行知應邀到該校指導。論者指出，「湘湖（師範學校）的教育方針、學制、課程同曉莊略同，將生活與教育打成一片。」（仲蘭鄰、晉啟生，1982：121）

　　1929 年，曉莊鄉村師範學校繼續發展，除小學師範與幼稚師範外，已有中心小學 5 所，中心幼稚園 5 所，民眾學校 3 所。同年，曉莊學生李友梅創辦新安小學，敦聘陶行知兼任校長；該校是產生並實踐旅行四萬五千里的「新安旅行團」的學校，寓教育於旅行中。1930 年，陶行知發表〈曉莊三歲敬告同志書〉，他說：「『捧著一顆心來，不帶半根草去』，曉莊是從這樣的愛心裏出來的。」（陶行知著、《陶行知全集》編輯委員會編，1991b：556）。不久，曉莊鄉村師範學校師生支持、參與南京市反日示威遊行，因此遭到當時主政的國民黨政府下令封閉、停辦；多位師生被補入獄，其中有 13 位學生在雨花台被處決。陶行知也遭到通緝，只得流亡東瀛。他曾寫下〈護校宣言〉，謂：「曉莊的門可封，他的嘴不可封，他的筆不可封，他的愛人類和中華民族的心不可封。」（同上：571）體現了大丈夫「不屈」、「無畏」的精神。

（四）倡行「小先生」制度時期

　　1931 年，陶行知秘密回到上海，擔任《申報》顧問，在該報「自由談」專欄中，化名寫下上百篇雜文，抨擊時弊。與此同時，他召集曉莊鄉村師範學校師生，在上海成立「自然學園」，提倡「科學下嫁運動」，主張把科學普及到工農大眾中去（陶行知著、孔棣華編，1911：7）。這年，他發表〈教學做合一下之教科書〉，批判國民黨的「黨義教科書」及其「黨化教育」，認為學校教科書須將現代社會的生活或該有的能力，整理成一個生活課程系統，編製為一套生活用書或教學做合一的指導書。他列舉了

七十條應該培養的生活能力，分成健康生活、勞動生活、科學生活、藝術生活、改造社會生活五大類；其目的在於指導兒童和青年過現代生活，培養現代生活必須有的能力（陶行知，1996：151-164）。這顯然是「統整課程兼生活課程」的教育主張。

1932 年，陶行知在上海發起「工學團」運動，做為普及教育的策略。工學團，以招收農工子弟及失去親人的兒童為主。他說：「工是做工，學是科學，團是集團。工以養生，學以明生，團以保生。」（同上：169）依其構想，工學團是小工廠、小學校、小社會「三位一體」的組織。1934年，他正式提出「小先生制」，以落實普及教育之目標。其方案是：總動員全國小學生做小先生，至於其具體辦法有四：一者，全國公私立小學校中之小學生據當時教育部之最新統計有一千一百餘萬人，每位小學生在校外找到兩位不能上學之小孩或成人做他的學生，向小學校長登記後即可稱為小先生，在校外學生之所在地，負起他的「即知即傳人」之使命；二者，依據凡有私塾統計之市縣推算，全國至少有一千萬私塾學生，私塾改造後，假使有二分之一的私塾學生都成了小先生，每人教導兩位，便可增加一千萬校外的學生；三者，店鋪裏之有知識的學徒估計至少有一千五百萬人，假使有一半做了小先生，每人在店鋪中教導兩個人，便可增加一千五百萬位店鋪學生；四者，依據「即知即傳人」之原則，小先生的學生立刻又可教導至少一人。前三項小先生的學生總數可以達到四千萬，假使這四千萬之一半立刻做了小先生，每人至少教導一人，又是增加了二千萬。故全國小先生普及教育總動員令一下，便有六千萬人可以向著現代化開步走（同上：167-168）。

（五）辦理重慶育才學校時期

1937 年到 1938 年，中國對日抗戰前夕及初期，陶行知由歐赴美再返香港，參與海外反侵略、抗戰救國的工作。1939 年，陶行知抵達重慶，籌

建育才學校，招收來自全國各省的難童及轉進後方人士的子女入學。他說：「育才學校的教育基礎為集體生活，在集體生活中，參加分子相師共學，力求進步，探討真理，服務社會。」（引自仲蘭鄰、晉啟生，1982：65）。1943 年，陶氏發表〈創造宣言〉，指出教育「創造的是真善美的活人」（陶行知，1996：187）。隔年，他又發表〈創造的兒童教育〉，主張教育應該要「解放和培養兒童的創造力」，一要「把兒童的頭腦從迷信、成見、曲解、幻想中解放出來」；二要讓兒童有「動手」操作、實驗的機會；三要「解放兒童的嘴」，鼓勵他們提問；四要「解放兒童的空間」，要徹底開放「鳥籠式學校」，讓學童面向大自然、大社會；五要「解放兒童的時間」，一般學校把兒童的時間排得太緊，考試過多，養成無意創造的傾向，亟待解除（陶行知著、孔棣華編，1991：255-257）。

1945 年 8 月，日本無條件投降。1946 年 4 月，陶行知離開重慶到上海。同年 7 月底，陶氏終因勞累過度，與世長辭。他逝世的噩耗傳出，哀思如潮（同上：14）。曉莊鄉村師範學校、工學團、育才學校等校師生沉痛追悼這位創校的舵手、永遠的導師。

五、陶行知在師資培育的主張

歸納來說，陶行知在師資培育的主張，犖犖大者有下列數項：

（一）揭櫫「教學做合一」的教學觀

1917 年，陶行知在師資的搖籃提出以「教學法」代替「教授法」的新穎觀點。他說：「我自回國之後，看見國內學校裏先生只管教，學生只管受教的情形，就認定有改革之必要。這種情形以大學為最壞。導師叫做教授，大家以稱教授為榮。他的方法叫做教授法。他好像是拿知識來賑濟人的。我當時主張以教學法來代替教授法，在南京高等師範學校校務會議席

上辯論二小時，不能通過，我也因此不接受教育專修科主任名義。」（陶行知，1996：108）。這段話說明了陶氏因發現當時高等師範學校流行的「教授法」之弊病，有意革新，代以「教學法」，但遭反對，憤而辭去主任頭銜的一段歷史。

二年後，《時報教育新思潮》主編蔣夢麟盛情邀稿，陶行知撰寫了〈教學合一〉一文，重申反對「沿襲陳法」。他指出：

> 現在的人叫在學校裏做先生的為教員，叫他所做的事體為教書，叫他所用的法子為教授法，好像先生是專門教學生些書本知識的人。他似乎除了教以外，便沒有別的本領，除書之外，也沒有別的功課。先生只管教，學生只管受教，好像是學的事體，都被教的事體打消掉了（同上：14）。

依陶氏的觀點，教與學脫節，「都是因為重教太過，所以不知不覺的就將它和學分離了。」然而，他強調「教學兩者，實在是不能分離的，實在是應當合一的」（同上）。

陶行知列舉「教學」要「合一」的三大理由如下：

第一，先生的責任不在教，而在教學，而在教學生學。大凡世界上的先生可分三種：第一種只會教書，只會拿一本書要兒童來讀它，記它，把那活潑的小孩子做個書架子，字紙簍。先生好像是書架子、字紙簍之製造家；學校好像是書架子、字紙簍的製造廠。第二種的先生不是教書，乃是教學生；他所注意的中心點，從書上移在學生身上來了。不像從前拿學生來配書本，現在他拿書本來配學生了。他不但是要拿書本來配學生，凡是學生需要的，他都拿來給他們。這種辦法，固然比第一種好得多，然而學生還是在被動的地位，因為先生不能一生一世跟著學生。熱心的先生，固想將他所有的傳給學生，然而世界上新理無窮，先生安能盡把天地間的奧秒為學生一齊發明？既然不能與學生一齊發明，那他所能給學生的，也是

有限的，其餘還是要學生自己去找出來的。況且事事要先生傳授，既有先生，何必又要學生呢？所以專拿現成的材料來教學生，終歸還是不妥當的。第三種先生最好，他不是教書，不是教學生，乃是教學生學。教學生學有什麼意思呢？就是把教和學聯絡起來：一方面要先生負指導的責任，一方面要學生負學習的責任。對於一個問題，不是要先生拿現成的解決方法來傳授學生，乃是要把這個解決方法如何找來的手續程序，安排停當，指導他使他以最短的時間，經過相類的經驗，發生相類的理想，自己將這個方法找出來，並且能夠利用這種經驗理想來找別的方法，解決別的問題。得了這種經驗理想，然後學生才能探知識的本源，求知識的歸宿，對於世間一切真理，不難取之無盡，用之無窮了。這就是孟子所說的「自得」，也就是現今教育家所主張的「自動」。所以要想學生自得自動，必先有教學生學的先生。

第二，教的法子必須根據學的法子。從前的先生，只管照自己的意思去教學生；凡是學生的才能興味，一概不顧，專門勉強拿學生來湊他的教法，配他的教材。一來先生收效很少，二來學生苦惱太多，這都是教學不合一的流弊。如果讓教的法子自然根據學的法子，那時先生就費力少而成功多，學生一方面也就能夠樂學了。所以怎樣學就須怎樣教；學得多教得多，學得少教得少；學得快教得快，學得慢教得慢。

第三，先生不但要拿他教的法子和學生學的法子聯絡，並須和他自己的學問聯絡起來。做先生的，應該一面教一面學，並不是販賣知識來，就可以終身賣不盡的。現在教育界的通病，就是各人拿從前所學的抄襲過來，傳給學生。看他書房裏書架上所擺設的，無非是從前讀過的幾本舊教科書；就是這幾本書，也還未必去溫習的，何況乎研究新的學問，求新的進步呢？先生既沒有進步，學生也就難有進步了。這也是教學分離的流弊。好的先生就不是這樣，他必定是一方面指導學生，一方面研究學問。因為時常研究學問，就能時常找到新理。這不但是教誨豐富，學生能多得

些益處，而且時常有新的教材發展，也是做先生的一件暢快的事。因為教育界無限枯寂的生活，都是因為當事的人，封於故步，不能自新所致。孔子說：「學而不厭，誨人不倦。」真是過來人閱歷之談。因為必定要學而不厭，然後才能誨人不倦；否則年年照樣畫葫蘆，自然是十分的枯燥。所以要想得教育英才的快樂，似乎要把教學合而為一（同上：14-16）。

上述第一種和第二種理由，重視教師「教」的行為和學生「學」的行為的聯絡；第三種理由則是關注教師的「教」應該和自身的「學」，也就是「研究」結合。在陶行知看來，有了這些「有機聯結」，則成功有效的教學活動就可以體現了。

經過數年的實踐經驗與理論思維，1927 年陶行知進一步提出「教學做合一」的教育原理，並將它作為他所創辦的曉莊試驗鄉村師範學校的「校訓」，宣示的意味相當濃烈。他在該校開學典禮的演講詞中正式作了下面明確的宣稱：「教學做合一是本校的校訓，我們學校的基礎就是立在這五個字上，再也沒有一件事比明瞭這五個字還重要了。」（同上：107）此即其名聞中外的「五字訣」。

事實上，1919 年，「五四運動」前後之際，陶行知的「教學做合一」原理已萌芽，同時已有踐行的雛型。前述他發表在《時報新育新思潮》期刊上的〈教學合一〉，主張教的方法要根據學的方法，當時蘇州師範學校便率先贊成採用「教學法」，而不用「教授法」；不久，「五四」事起，陶氏任教的南京高等師範學校也接受他把全部課程中的「教授法」一律改為「教學法」（同上：108）。1922 年，新學制頒布之年，陶氏「教學做合一」的理念已經形成。1926 年，他發表〈中國師範教育建設論〉，將「教學做合一」之教學觀作了論述。

教材與教法，無疑是教學活動的核心；教什麼？怎樣教？這是師資培育的基本課題。針對前者，陶行知在〈中國師範教育建設論〉中說：

教什麼？這是教材問題。施教的人不能無中生有，他必得要運用環境所已有的事物去引起學生之活動。所以遇了「教什麼？」這個問題，我們暫時可以下一句答語：有什麼，學什麼；學什麼，教什麼；教什麼，就拿什麼來訓練教師。但是世界上有的東西，無計其數；所有的未必是所需要的。因此，我們姑且又要加上一句答語：要什麼，學什麼；學什麼，教什麼；教什麼，就拿什麼來訓練教師（同上：75）。

至於後者，陶氏說：

怎樣教？教的法子要根據學的法子；學的法子要根據做的法子。教法、學法、做法是應當合一的。我們對於這個問題所建設的答語是：事怎樣做就怎麼學；怎樣學就怎樣教；怎樣教就怎樣訓練教師（同上）。

兩者合起來，即是「教學做合一」。

陶行知在曉莊鄉村師範學校綱領「教學做合一」的講話中，作了下面更具體的表達：

教學做是一件事，不是三件事。我們要在做上教，在做上學。在做上教的是先生；在做上學的是學生。從先生對學生的關係說：做便是教；從學生對先生的關係說：做便是學。先生拿做來教乃是真教；學生拿做來學，方是實學。不在做上用工夫，教固不成為教，學也不成為學。……因此教學做是合一的。因為一個活動對事說是做，對自己說是學，對人說是教（同上：108-109）。

他舉例道：

比如種田這事是要在田裡做的，便需在田裡學，在田裡教。游水也是如此。游水是在水裡做的事，便須在水裡學，在水裡教。

> 再進一步說，關於種稻的講解不是為講解而講解，乃是為種稻而講解；關於種稻的看書，不是為看書而看書，乃是為種稻而看書。想把種稻教得好，要講什麼話就講什麼話，要看什麼書就看什麼書。我們不能說種稻是做，看書是學，講解是教。為種稻而講解，講解也是做；為種稻而看書，看書也是做。這是種稻的教學做合一（同上：109）。

依陶氏觀點，一切的課程應都是教學做合一，才是真教學。

（二）標舉「第一流教育家」的志向觀

1919 年 4 月，陶行知在《世界教育新思潮》期刊（第 9 號）上發表〈第一流的教育家〉。他在文中起頭，先批判兩種類型的教育人員。第一種是「政客型」的教育工作者，「只會運動，把持、說官話」。句中「運動」意指奔走競逐、拉攏上級、謀取職位的官僚習氣。陶行知對這種人嗤之以鼻，不屑一顧。第二種是「書生型」的教育工作者，「只會盲行、盲動，悶起頭來，辦……辦……辦」，他認為這種人也不是頂好（陶行知，1996：18）。

緊接著，陶行知對所謂「第一流的教育家」給了答案，他說：「今日的教育家必定要在下列兩種要素當中得了一種，方才可以算為第一流的人物。」其一是「敢探未發明的新理」，其二是「敢入未開化的邊疆」（同上）。針對第一種要素，他多方取譬說：

> 我們在教育界做事的人，膽量太小，對於一切新理，小驚大怪。如同小孩子見生人，怕和他接近。又如同小孩子遇了黑房，怕走進去。究其結果，他的一舉一動，不是乞靈古人，就是仿效外國。也如同一個小孩子吃飯、穿衣，都要母親幫助，走幾步路，也要人扶著，真是可憐。我們在教育界任事的人，如果想自立，想進步，就須膽量放大，將試驗精神，向那未發明的新理貫射過去；

不怕辛苦，不怕疲倦，不怕障礙，不怕失敗，一心要把那教育的
奧妙新理，一個個的發現出來（同上）。

至於第二種要素，陶行知先檢討時弊，再對症下藥，他說：

試將各學校的同學錄拿來一看，畢業生多半是在本地服務，那在
外省服務的，已經不可多得，邊疆更不必說了。一般有志辦學的
人，也專門在有學校的地方湊熱鬧，那邊疆和內地的教育，都置
在度外。推其原故，只有一個病根，這病根就是怕。怕難、怕苦、
怕孤、怕死，就好好的埋沒了一生。我們還要進一步看，這些地
方的教育究竟是誰的責任？我們要曉得國家有一塊未開化的土
地，有一個未受教育的人民，都是由於我們沒有盡到責任。責任
明白了，就放大膽量，單身匹馬，大刀闊斧，做個邊疆教育的先
鋒，把那邊疆的門戶，一扇一扇的都給它打開（同上：19）。

文末，陶行知歸結道：

敢探未發明的新理，即是創造精神；敢入未開化的邊疆，即是開
闢精神。創造時，目光要深；開闢時，目光要遠。總起來說，創
造、開闢都要有膽量。在教育界有膽量創造的人即是創造的教育
家，有膽量開闢的人即是開闢的教育家，都是第一流的人物。大
丈夫不能捨身試驗室，亦當埋骨邊疆塵，豈宜隨便過去（同上）！

這種廣闊的胸懷和遠大的志向，在陶氏看來，應是準教師需要建立的生涯
發展信念與最崇高的理想。

（三）強調「追求真理做真人」的修養觀

1941 年初，陶行知寫下〈追求真理做真人——致陶曉光〉。書寫這封
信的緣由是：1940 年底，他的兒子陶曉光到成都一個無線電廠工作，廠方

催要陶曉光的資格證明書。陶曉光因為沒有正規的學歷文憑，只好寫信給馬侶賢（時任陶行知創辦的重慶育才學校副校長），要了一張曉莊鄉村師範學校的畢業證明。陶行知聞訊後，即電告曉光將證明書寄回，接著又寄了這封快信（陶行知著、孔棣華編，1991：210）。陶行知在該書信中，強調了「追求真理做真人」的真理觀。他語氣平和地道出「情理兼顧」且又透顯「正氣凜然」精神的一段話，摘述如後：

> 最近聽說馬肖生（侶賢）寄了一張證明書給你。他擅自作主，沒有經我看過，我不放心。故即於當晚電你將該件寄回，以便審核有無錯誤，深信你已經尊電照辦。現恐你急需文件證明，特由我親自寫了一張，附於信內寄你。……我們必須堅持「寧為真白丁，不作假秀才」之主張進行。……總之，「追求真理做真人」，不可絲毫妥協。……決不向虛偽的社會學習與妥協。你記得這七個字，終身受用無窮，望你必需努力朝這方面修養，方是真學問（同上：209）。

後半段體現出一位父親諄諄教誨兒子的一番苦心與期勉。

此外，在這之前，陶行知於〈創造的教育〉一文，也提出「有行動的勇敢，才有真知識的收穫」（同上：245）之類似觀點。追求真知、真理的途徑為何？他以杜威「問題解決法」的五個步驟為本，再予強調「行動」而成——即 1.感覺困難（發現問題）、2.行動、3.審查困難所在（瞭解問題所在）、4.設法去解決（提出假設）、5.嘗試、試驗（實驗證明）、6.得到結論。陶氏說：「因為惟其行動，到行不通的時候，方才覺得困難，困難而求解決，於是有新價值的產生。」（同上）

陶行知求真理由行動起軔的思想，在〈育才二周歲前夜〉一文也有所著墨。他認為探討真理之諮有「五步，即行動、觀察、看書、談論、思考」，他說：「人類與個人最初都由行動而獲得真理，故以行動始，以思

考終；再以有思考之行動始，以更高一層融會貫通之思考終，再由此而躍入真理之高峰。」（同上：263）陶氏此一見解，與《中庸》所說博學、審問、慎思、明辨、篤行有許多相似之處，不過次序則有大變動，即《中庸》以博學始，以篤行（類似陶氏之「行動」）終，而陶行知則將之作180度倒反過來。這種注重「行」的思想與他以「行知」為名的作法，是一貫的。

陶行知一生追求真理做真人，也教育人們去求真理做真人。他「深信教師必須學而不厭，才能誨人不倦。」（陶行知，1996：74）在主持重慶育才學校期間，他勉勵學校同仁要「千教萬教教人求真，千學萬學學做真人」（陶行知著、孔棣華編，1991：305）。這實際上也是他育人目標的高度概括。戴建新在〈貴在求真，貴做真人——談陶行知先生德育觀〉一文指出，「真」的觀念，可謂是陶氏師德觀的核心內容。他說：

> 「真」就事物而論，應當是指真理、科學、規律以及一切客觀存在著的事物；就人而言，應該包括意志、品質、觀念、理想、言談、舉止等各方面崇高而健全的意識行為，兩個部分合起來，「求真」、「做真人」，就是指做人、做學生，特別是做師範學生、做教師，應該做一個品格健全的人，完善的人，純真的人（戴建新，1992：87）。這一見解，應是中肯的。

據論者研究歸納，陶行知所倡導的「真人」，主要應具備下列五個條件：第一，追求真理，講真話，為真理而獻身；第二，做來自於人民而服務於人民的「人中人」，而不是做騎在人民頭上的官僚或精神貴族；第三，做有理想、有責任心、信仰心的人；第四，做立志改革、敢於開闢、試驗和創造的人；第五，做思想品德、文化科學、健康衛生、勞動美育和諧發展的人（陳洵，2000：42）。陶氏同時強調真人的養成既需在社會實踐和生活中塑造，且有賴於真教師的從旁指導。他從生活教育理論出發對真正

的好教師提出了獨特的見解，認為合格的教師應該具有虛心、寬容、與學生共甘苦、與民眾共學習、與小孩共學習等方面的素質和情操（同上）。

（四）重視務實多元的「生活」能力觀

1922 年，陶行知發表〈新學制與師範教育〉，對當時的師資培育制度提出針砭。他認為，「就培養師資而論，現在師範教育的功效也是遷就的，片面的。」（陶行知著、《陶行知全集》編輯委員會編，1991a：448）。陶氏舉例道：

> 初級師範大多數設在都市裏面，畢業生所受的教育既不能應濟鄉村的特別需要，而他們飽嘗都市幸福的滋味，熏染都市生活的習氣，非到必不得已時，決不願到鄉下去服務，於是鄉村學校的師資最感缺乏了（同上：448-449）。

文末，他強調師資培育工作，應「早些把教育界各種職務所需之學識、技能，詳細分析，再會合起來，看他們究竟要幾多時候可以學得會，學得好。」（同上：455）這其實已有「能力本位」的思想了。

師培生應培養何種能力或哪些能力，無疑是師資培育工作最須思考的導向性問題。對此，陶行知在 1926 年〈中國師範教育建設論〉文提出「生活力」的概念。他說：

> 師範學校對於師培生所要培植的是生活力。它的目的是要造就有生活力的學生，使得個個人的生活力更加潤澤豐富強健，更能抵禦病痛，勝過困難，解決問題，擔當責任（陶行知，1996：78）。

依其觀點，「有生活力的國民是要靠著有生活力的教師培養的」（同上：81）。

「生活力」概念的體現，可以在陶行知一手創辦、綜理的曉莊鄉村師範學校看到實踐情形。該校的「全部課程」就是「全部生活」，沒有所謂

「課外的生活」或「生活外的課」。約略分起來，共有五門：1.中心小學（以鄉村實際生活為中心的小學，也是師範學校學生實習的機構）生活教學做；2.中心小學行政教學做；3.師範學校第一院（進修部、在職專班）院務教學做；4.征服天然環境教學做；5.改造社會環境教學做（陶行知，1996：89-90）。這些領域課程，以現實生活所需知識與能力為課程規劃的主軸，並將學校行政事務、面對大自然與大社會應有的知能等融入到課程設計中。據此，該校學生幾乎種種事務都要去學習和實作，舉凡公文寫作與處理、會計與人事、一般行政庶務、種菜、炊事、擔水、挑糞等所有「實用的本領」都需要一一研習、歷練。在這所學校，「全校只用一個校工擔任挑水一類的事（該校位於小山上，山上缺水，經常需要到山下取用），其餘一切操作，都為正課，由學生躬親從事。」（同上：90）這些課程與前面政府辦理的師範學校之課程，迥然不同。

這般的課程模式，其實有陶行知的生活教育理論基礎。以師培生何以要學習燒飯種菜為例，他說：

> 鄉村裏當教師，不會烹飪，就要吃苦。我們曉得師範生初到鄉間去充當教師，有的時候，不免餓得肚皮叫，就是因為他們不會炊事。從前科舉時代，文人因過考需要，大多數都會烹飪。現在講究洋八股反把這些實用的本領揮之門外，簡直比科舉還壞。所以我們這裏的口號是：「不會種菜，不算學生」，「不會燒飯，不得畢業」（同上）。

這種強調「自立自理」能力之養成的規定，平心而論是相當務實的，用在今天，仍有其重大意義與價值。

師培生的課程，當然不限於生活實用方面的知識與能力，一般能力與教學知能自是其中不可或缺的環節。曉莊鄉村師範學校的第一院，凡是初級中等學校、高級中等學校、專門大學末了一年半的學生和在職教職員有

相等程度的都可以報考。但是他們必須有農事或土木工經驗方才有考取的把握；這是項重要的條件。陶行知說：「這兩個條件完全沒有的人，不必來考。凡是小名士、書呆子、文憑迷的都最好不來。」（同上：91）因此，該校進修部、在職專班的入學考試別具一格，考試科目內容凡五：1.農事或土木工操作一時；2.智慧測驗；3.常識測驗；4.作文一篇；5.三分鐘演說（同上）。這些考試科目，與前述政府辦理的師範學校的招考辦法，也相異其趣。可以說，他們要的是「允文允武」的真人才。

六、啟示

百年大計，教育為本；教育大計，教師為本。師資培育之良窳，攸關教師陣容之強弱；教師陣容之強弱，攸關百年大計之成敗。從上述陶行知在師資培育的建設與主張中，吾人可以推衍出以下啟示：

其一，熱愛教育的人格特質，是教師奉獻精神的支柱。

陶行知就讀金陵大學時期，即已嚮往王陽明的教育行誼與「知行合一」理論，奠定走向教育大道之基礎。留美期間，因熱愛教育更進入執全球教育學術之牛耳的哥倫比亞大學師範學院深造，親炙杜威等大師，承接了最先進的教育哲學寶藏，如虎添翼，為返國獻身師資培育大業準備了最好最新的裝備。

由上面陶行知在師資培育共五個階段的實踐可見，對學校事業之忠誠，對傳道工作之摯情，對教育推展之勇猛，沛然於陶氏之一身。其「捧著一顆心來，不帶半根草去」的情懷，足可比美裴斯塔洛齊（Pestalozzi，1746-1827）的「教育愛」典範。沒有這樣熱愛教育的人格特質，這些無私奉獻的精神，不可能如此強烈，更遑論其他具體成就了。

其二，為學求真、為人率真，誠為好教師的圭臬。

陶行知強調，為學應以開放的心靈追求新價值，質疑求真，明辨是非，注重實踐驗證精神，不盲從，不阿附，不隨波逐流，這種學習態度和精神，無疑是值得借鏡的。

另一方面，陶行知強調，為人務必率真誠摯，以「真」為「善」，反對虛偽造假。他呼籲教師在教育過程中，既教書又教人，因而一方面要敢於追求真理，探索真知，根除一知半解或不求甚解的現象；另一方面，要做到言行一致，表裏如一，嚴於律己，作身作則，以自身誠真的人格魅力影響和陶冶學生。這是為師之道，也是師者之圭臬。

其三，教學做合一的統整觀念，足資借鏡。

長期以來，我們的學生因應生活實際問題的能力明顯不足，並非他們拙於學科知識的吸收，而是缺乏對知識與生活問題之間關係的理解，即未能統整不同的學習經驗以解決現實問題。要根除這種弊病，陶行知所倡的「教學做合一」理論，毋寧是一帖良劑。

「教學做合一」的統整觀念，既契合中小學生的教學，也符應師培教育原理。實際上，陶行知的「教學做合一」，最初是應用在培養師資上面的。「教的方法根據學的方法，學的方法根據做的方法」，這種模式，把師培生置於中小學校之中，讓師培生在實際的教學現場「教學做」中增長才能，鍛鍊本領。顯然，「教學做合一」對師培教育有特殊的意涵，足資借鏡。

其四，具備應有的生活能力，還是今日教師不可或缺。

培養師培生的自立自理能力與生活本領，在過去農業社會固然需要，在進入二十一世紀的資訊社會依舊十分符契需求。誠如陶行知所批判的：

> 好些師範學校只是在那兒教洋八股，製造書呆子。這些書呆子分
> 布到小學裏去，又以幾何的加速率製造小書呆子。倘使再刮一陣

義務教育的大風，可以把書呆子的種子布滿全國，叫全國的國民
都變成書呆子（陶行知著、孔棣華編，1991：149）。

這應不是杞人憂天，而是一種先知先覺。師培教育當然不能再製造書呆子。

以學前教育與國民教育為例，生活教育都是這兩個階段教育的中心，「養成兒童良好的習慣」以及「充實兒童生活經驗」等，向為主要之教育目標，若教師自身都做不好，如何教導學童？陶氏所謂教師要有「農夫的身手」、「有生活力的教師，才能產生有生活力的學生」等，值得吾人省思。

綜上可知，陶行知是二十世紀前半期，中國傑出的教育家。他自美學成歸國，即展開一系列的師資培育志業，歷經：(一)執教高等師範學校時期、(二)投身平民教育運動時期、(三)創辦曉莊鄉村師範學校時期、(四)倡行「小先生」制度時期、(五)辦理重慶育才學校時期等五個階段。其在師資培育的主張，舉舉大者有四：一者，揭櫫「教學做合一」的教學觀；二者，標舉「第一流教育家」的志向觀；三者，強調「追求真理做真人」的修養觀；四者，重視務實多元的「生活」能力觀。陶氏這些力行實踐與教育觀點，給予吾人之啟示，至少有四：其一，熱愛教育的人格特質，是教師奉獻精神的支柱；其二，為學求真、為人率真，誠為好教師的圭臬；其三，教學做合一的統整觀念，足資借鏡；其四，具備應有的生活能力，還是今日教師不可或缺。

參考書目

仲蘭鄰、晉啟生（1982），〈陶行知年譜〉。《重慶師範學院學報》，1982 年
　　第 2 期。

李華興（1997），《民國教育史》。上海：上海教育出版社。

陶行知著、孔棣華編（1991），《陶行知教育名著選講》。佛岡：廣東高等
　　教育出版社。

陶行知著、《陶行知全集》編輯委員會編（1991a），《陶行知全集》第一卷。
　　成都：四川教育出版社。

陶行知著、《陶行知全集》編輯委員會編（1991b），《陶行知全集》第二卷。
　　成都：四川教育出版社。

陶行知（1996），《中國教育改造》。北京：東方出版社。

徐大文、劉大康（1985），《陶行知》。南通：江蘇古籍出版社。

曹常仁（1997），《陶行知師範教育思想之研究》。國立台灣師範大學教育
　　研究所博士論文。

陳洵（2000），〈論陶行知的師德觀及其對現代教師的啟示〉，《河南師範大
　　學學報》（哲學社會科學版），第 27 卷第 4 期。

黃文樹（2003），《陽明後學與明中晚期教育》。台北：師大書苑出版社。

黃文樹主編（2006），《教育史哲的舊牖與新窗》。高雄：復文圖書出版社。

黃文樹、黃慧莉（2006），〈陳鶴琴的特殊幼兒教育觀述評〉，《幼兒教育教
　　學卓越與研究前瞻學術研討會論文集》。嘉義：嘉義大學幼教系。

楊克貴（1988），〈陶行知的師範教育思想與當前師範教育的改革〉。《安徽
　　師大學報》（哲學社會科學版），1988 年第 2 期。

齋藤秋男（1951），《新中國教師之父：陶行知》。東京：刀江書院。

魏名國、周志俊（1987），〈論陶行知的師德〉。《安徽師大學報》（哲學社會科學版），1987 年第 2 期。

戴建新（1992），〈貴在求真，貴做真人——談陶行知先生德育觀〉。《河南大學學報》（社會科學版），第 32 卷第 3 期。

我國師資培育的過去、現在與未來

蔡銘津
（樹德科技大學師資培育中心教授）

一、台灣師資培育制度變遷簡史

　　中國人一向重視教育，歷數千年均如此，整個社會中崇尚尊師重道，不但奉孔子為「至聖先師」，中國戰國時代思想家荀子（B.C.315－B.C.238）更於兩千兩百多年前指出，由朝野尊師的程度可反映其國家的興衰（荀子，大略篇）。而且從宋明以降，到現在的海外華人仍奉「天地君親師」的牌位（何福田，2004）在家中，將教師德配天地，待如君親，其地位之崇高可知。

　　只是可惜有注重教育之事實，卻無有系統的培育師資制度，在「中國教育史」中，討論師資的問題者甚少，其真正的師範體制，較之歐西各國則落後許多。師範教育始自1897年（清光緒二十三年）盛宣懷（1844-1916）在上海設立「師範院」為中國新式師範教育開其端。而1902年（光緒二十八年）中國第一所中等師範學校（南通通州師範學堂）誕生，1904年（光緒三十年）取法日本學制頒布「奏定優級師範學堂章程」（癸卯學制）才統一師範教育體系，使師範教育取得獨立地位並付諸實施（何福田，2005）。

　　1922年的壬戌學制，就曾模仿美國模式，將師範學校併入中學，將師範大學並入一般大學，成為教育學院，實施十年，發現不能發揮功能，又走回師範獨立設校的體制。

　　1945 年台灣光復，翌年設立培育中學師資的省立師範學院（國立台灣師範大學前身），並將原有「總督府師範學校」改為台北、台中、台南、新竹、屏東五所師範學校，以培育小學師資，並廢除具有皇民化色彩的彰化青年師範學校（汪知亭，1978）。1949 年中國大陸淪陷，政府遷台，本階段師範教育的特色在延續前段政策，採一元化培育政策，學生一律公費，畢業後分發任教，教育實習如同正式教師，私人不得辦理師範教育。

　　1968 年全面將師範學校改制為師範專科學校，1979 年公布「師範教育法」更奠定師資培育的法源依據，迨至 1987 年台灣解除戒嚴，並全面將九所師範專科學校升格為師範學院，將幼稚園與中小學師資提高到學士學位。接著北中南各一所的師範大學亦改制成形，各負責中學的師資來源。

　　1994 年公布「師資培育法」取代了「師範教育法」，台灣師資培育政策從一元化、計畫性、分發制改為多元化、儲備性、甄選制。這項師資培育政策的改變，期待能符應民主開放的社會發展，並透過多元儲備、自由甄選機制，更能提升師資養成的基本素質與專業素養。從此，師資培育邁入新里程，開啟多元化的「教育學程」體制。（王順平，2005）

　　2003 年改革「師資培育法」，變動較大者有二：1.教育實習課程由原來的一年改變為半年；2.廢除初檢和複檢檢定程序，改採統一的教師資格檢定考試。

　　2005 年僅餘的六所師範學院同時更名為教育大學，在此之前已有一所與其他大學合併，兩所轉型為綜合大學，至此已無師範學院。而原來之三所師範大學已具綜合大學雛形，直進行內部改造，朝向以師資培育為特色的綜合大學發展。

　　至此，附在師範校院的學生公費名額已極少數，其畢業必須服務外，所謂師範大學已經不完全是師培機構了。從二十世紀交界前後到二十一世紀交界前後，雖有民國十一年壬戌學制十年間，師範校院附於中學與大學而不獨立設校，但大體來說，百年師範體制逐步「退場」。

　　而真正對影響臺灣師資培育的法令，應該始自 1979 年所公布的「師範教育法」、以及 1994 年將師範教育法修正為師資培育法、2003 年新修訂的師資培育法，其中，尤以後兩者之修訂，轉變國人對師資培育的不同觀點，可說是改寫我國師資培育的里程碑。

二、「師範教育法」時期（1979-1994）的師資培育制度

　　政府遷臺後，雖曾對師資培育相關法令政策進行規定，但各規定卻是分散於各法規之中，尚未形成法制架構（李逢堅，2000），至 1970 年代因師範專科學校相繼設立，然卻缺乏法源依據，教育部乃著手研訂「師範教育法」，並自 1979 年公布實施，確立「一元化」、「封閉式」、「公費制度」的師資培育方式（李逢堅，2000；林本，1963；高強華，2000），而此舉堪我國師範教育史上一件大事。

　　師範教育法主要內容，乃是整合當時其他的法令以及隨時代革新的部份，其特點包括：(1)私人不得辦理之；(2)視師資之需要做有計畫的招生；(3)給予公費，並科以最低服務年資；(4)主管教育行政機關分發實習服務；(5)辦理暑期班、夜間班在職進修（最後成為晉升合格教師的管道）；(6)可招收大學畢業生，施予一年之教育專業訓練；(7)修業年限之另外加實習一年，及加強教師在職進修等（李逢堅，2000）。

　　此種師資培育政策，基本上採取「一元化」和「公費制」的培育方式，主要的理由包括：以單純的師校環境，培育高尚的專業精神；以一元化的政策充分掌握教師需求，避免人力浪費；易於掌控師範生素質（孫邦正，1985）。在那漫長的時代，強調「教育第一、師範為先，繼往開來、人師為貴」，認定教師是一種「志業」，非普通行業。

　　師範教育法公布實施後，雖然對師資職前培育與實習制度的建立、地方教育輔導制度的確立、在職進修的辦理等師資培育相關工作有顯著的效

益，不過卻也因為時代的變遷與制度本身限制，衍生許多問題，諸如：(1)採取一元化、計畫性的政策產生師資供需失調；(2)師範大學無法培育職校國中某些類料師資；(3)師範生分發難以因才任教；(4)少數師範生因公費保障致求學動機較弱；(5)師範生轉業或升學的限制頗多；(6)進修部無固定員額與經費，課程未能充分顧及教師需求；(7)結業生實習輔導未能充分落實（蔡炳坤，2002）。

三、「師資培育法」實施後（1994-）的現況分析

　　過去四十幾年來，台灣地區的師資培育制度，如師資的養成、進修及任用等，向來是由上而下一元化的，其中又以師範院校為主體培養所需的中小學師資。但是，隨著社會的快速變遷：政治上的解嚴，經濟上的自由化，教育的市場化取向，以及多元化社會的發展，使得政府的師資培育政策，亦即過去的師範教育系統，受到相當嚴厲的挑戰與質疑。隨著國際化的腳步，教師工作逐漸行業化，一元化政策在種種的反對聲音下不得不朝向多元化的師資培育。1994 年著手修訂完成的「師資培育法」取代了過去的「師範教育法」，確立了師資培育多元化的制度，也把保有傳統歷史使命的「師範」改為「師資」，「師範教育」一詞在法制上逐走入歷史。這種開放的師資培育制度之主要論點是：透過自由市場機制，將可加強競爭，從而提升教師素質，也一圓許多非師範系的青年學子之教師夢。

　　「師範教育」為「師資培育」所取代，精神上，從一元化走向多元化，由公費制走向自費制，由計畫式走向儲備式，由分發制走向市場制，由分流培育又正走向合流培育（尚未成型）。自 2003 年以後，再變為：教育實習從一學年減為一學期，實習者的身分由教師轉為學生，從有津貼變為無酬並需繳付學費，教師資格從檢覈改由統一考試決定。這些變化使台灣

的師資培育呈現嶄新的面貌和嚴酷的挑戰，深深影響著未來教師的供需和教師專業的發展。試分述如下：

（一）原始「師資培育法」（1994-2003）

1994 年公佈的原始「師資培育法」把整個師資培育制度做了相當幅度的調整與改變，其中包括了下列五項重要內容（伍振鷟，2002；吳清山，2002；吳武典，2004）：

1、師資培育管道由一元化轉變為多元化

師範教育法時期，中小學師資的培育，都來自師範校院，實施的師資培育法後，師質培育從原有僅師範校院的一元式獨營事業，轉而成為多元式的師資培育政策，開啟了師資本身的多樣性。亦即師資培育機構除了昔日既有的師範院校，即三所師範大學、政治大學教育系（培育中等學校師資）及九所師範學院（培育小學師資）外，一般大學皆可以申請教育學程的設置，參與師質培育的工作，亦即加入了一般公私立大學教育相關系、所及師資培育中心等三類。

2、師資培育方式由公費培育改採自費為主

過去師範教育法時期，師範校院學生享有公費，而師質培育法實施後則規範師資培育以自費為主，兼採公費或助學金方式實施，少數公費生則以就讀師資類科不足之學系或畢業後志願至偏遠或特殊地區學校服務之學生為原則。亦即大體上將原以公費為主的制度，改由市場供需決定的自費為主，公費生則因具有特殊任務，僅係輔助性質。除可減輕國家財政的負擔外，亦可促使不想受公費服務年限束縛者，有意任教職者，有另外的管道。

3、教師資格取得採「檢定制」

以往師範教育法時期，師範學生結業後分發實習一年，成績及格者，即取得合格教師，師質培育法實施後，必須在修畢教育學程後，參加初檢合格，取得實習教師資格，經實習一年成績及格參加複檢合格，方能取得合格教師資格。換言之，對師資素質嚴格品質管制，藉此建立教師證照制度。

4、小學師資培育得合流培育

過去中小學師資培育係採分流培育，師範大學培育中等師資，師範學院培育小師資。根據修正師培法，師範大學可設小學學程，培育國小師資；師範學院亦可設中學學程，培育中學師資。另一種設計是修足五十個合流學分，加上實習與檢定之後，即可同時得中小學教師資。

5、師資培育採「儲備制」

過去師資培育都會先分析師質缺額的數量與類別，然後再採取較計畫性的規劃方式，需要多少，便培育多少，以期達到供需平衡。師資培育法實施後，以自費主，採行多元培育，畢業後不予分發，屬於儲備方式，只要有意願擔任教師者，都可透過學程的修課，取得教師的基本資格，透過市場機能調解供需。

因此，師培法公布施行之後，我國的師資培育正式朝向「多元」、「開放」、「自費」、「合流」和「儲備」方向邁進，與過去的封閉式師資培育制度形成強烈的對比。

（二）新近進修訂的「師資培育法」（2003-）

「師資培育法」自公布後，又多次修正，最近最重要的修正是在 2002 年七月公布，2003 年八月上路的稱為新制者，變動較大者有下列三項：

1、各大學培育師資須成立師資培育中心；

2、教育實習課程由原來的一年改變為半年；

3、廢除初檢和複檢檢定程序，改採統一的教師資格檢定考試。

「師資培育法」其新制與舊制最大的不同，在於實習與教師資格檢定方式。新制改為大學四年修完教育學分後還不能畢業，得再加修半年（一學期）教育實習，實習成績及格才准畢業，使大學修業時間從四年拉長到四年半；且實習期間因為仍是學生身分，沒有實習津貼可領，還得照樣辦理註冊，繳交四學分的實習學分費。而通過實習的大學畢業生，如欲取得教師資格，必須參加每年四月教育部主辦的「教師資格檢定考試」，考試通過後方能取得中學、小學、幼稚園或特殊教育四類之一的合格教師證書，然後再去應徵教職。

四、師資培育變革的背景分析

早期師範教育制度之所以受到社會變遷的強烈衝突，乃是「一元化的教育制度，無法滿足多元化價值社會的需求」（李建興，1996）。文獻研究中我們可以發現影響台灣師資培育制度的因素主要可分為兩大類：一類是師資培育制度本身的因素；另一類是師資培育制度以外的因素，亦即社會結構的因素：如政治、經濟、傳統價值等。

（一）師資培育制度本身的因素

台灣師資培育方向改變的主要原因，制度本身的問題就是其中之一。起因於技職教育分工非常細，師範院校無法培育全部所需的教師，其中高級中等學校（含高中與高職），職業學校部分則類別繁多，包含工、農、商、管理、家政、生活科學、海專、護理等類科，三所師大及政大相關科系極度缺乏這些類科，難以因應。這種設計不夠完整的師範教育制度存在了幾十年，除無法反映現實社會及市場需求，加上長期的過度保護師範

生，致使過去的師資培育制度受到不斷的質疑和批評。它不僅無法領導社會變遷的方向，反而要跟著社會變遷的後面追逐了。

（二）社會結構因素

師資培育制度是社會制度之一，因此其有關之變革或改革自難免受到社會變遷的影響，或是與社會結構因素有互動關係。而促成師資培育制度改革的社會結構因素，包括政治、經濟、文化等。過去一元與控制封閉的社會走向多元文化與自由開放的社會之後，對師資培育制度產生相當大的影響。

1、政治因素

過去台灣的師範教育屬於閉鎖式的，其主要肇因於當時政府確信師範教育是精神國防，所以教師應由國家公費培養。亦即教育是推行政治及發展經濟最有效的方法，視師範教育為精神國防教育，教師為國家文化政策的鬥士，所以教育應如軍事國防幹部一樣，由國家以公費來培育。

可是自 1987 年解嚴之後，隨著政府的民主化，教育民主化的要求也甚囂塵上。台灣解嚴的結果是其社會走向多元化，在師資培育方面也要求其多元化（黃光雄，1995；文軒，1995）。在教育部提出的《中華民國教育報告書》說明了由於我國中小學教育蓬勃發展，師資素質不斷的提高，為了因應未來社會的多元化及中小學教育發展與師資需求，並開拓師資本身的多樣與專業內涵，八十三年二月七日修正公布「師資培育法」，規定師資培育走向多元化（教育部，1995）。但也有學者認為台灣師資培育制度或政策的改革，是政治的考量壓倒學理的主張，而且這樣的改革，使教育專業化的理想遭到嚴重的挫折。（伍振鷟，1995）

2、歐美的社會思潮

有學者認為台灣師資培育制度的改革主要是受到世界潮流或主要國家的影響，（陳光輝，1994；李建興，1996），但也有學者質疑此一說法，不認為師資培育走向多元化是世界潮流，而台灣應順應這一潮流，因為誰代表世界潮流？潮流是否一定就是對的？（黃光雄，1995），他們的主張和質疑都可以給讀者一些啟發。然而台灣師資培育制度的改革確實受到歐美各主要國家，如英、美、日強調教師專業的提昇和市場的自由競爭〈市場化取向〉的教育思潮影響（王家通，1995；卓英豪，1995）。例如各級學校所謂的「自主」，表面上看來是自主與本土意識抬頭，然實際上是受到美國的影響（何福田，1995）。

3、傳統因素

受到傳統觀的影響，如「天地君親師並重」，「一日為師，終身為父」，和儒家思想的影響，使得教師目前在台灣社會裡，仍有相當高的社會地位。數十年來，台灣教師的職業聲望一直居高不變，對於選擇教學行業的人是一大誘因。在評量四十種職業的聲望，並將其歸納為六個聲望等級中，大學教授的聲望被評為最高等級，與內閣閣員及大法官的聲望等級相同。中小學校長與中學教師的職業聲望列為第二級，與立法委員、醫師及律師的聲望等級相同。小學教師的聲望列在第三級，與建築師、牙科醫師及會計師的聲望等級相同（林清江，1995）。

4、教師的工作特質：較高的職業聲望與較佳的工作環境

雖然台灣的教師工作比較繁雜責任比較重，可是也有三種較佳的工作條件：第一，是教師享有長達兩個月以上的寒暑假，而且照支原薪；第二，教師的待遇比同級的公務人員的待遇略微高些；第三，學校環境比其他工作環境單純。因此這些較佳的工作環境加上較高的職業聲望，教師成為許多大學畢業生嚮往的行業，使得不少有意願進入教學行業的一般大學生，

強烈要求師資供需應透過自由市場機能自動調節。為此，政府乃開放師資培育的管道（呂溪木，1995；文軒，1995）。

5、結構性失業

最近幾年來，台灣的高等教育（大學及獨立學院）一直是持續的穩定成長，在 1976 年時有 25 所大學及獨立學院，1980 年時有 27 所，1985 年有 28 所，到了 1990 年遽增到 46 所，在 1994 年時更增至 58 所（教育部，1995）。其學生數也不斷的增加。雖然，政府不斷的努力創造就業機會，可是大學畢業生的失業率仍然有逐年升高的趨勢，尤其以文法商科的畢業生最為嚴重。產生了結構性失業的問題。此一現象使得普通大學的教師和學生都主張開放師資培育制度，因此，普通大學畢業生若干科系出路未臻理想，恐怕也是要求師資開放的真正原因（黃光雄，1995）。師範院校的畢業生與普通大學畢業生相較，畢竟是少數，故在傳達意見及在任何場合表決時，皆居弱勢，故開放之勢，無法抵擋。

因此可知許多教育改革並不是純粹要解決教育問題，而是為了解決其他的社會問題。這些社會問題可能才是教育改革的真正目的，但不符教育理想或目的，可是往往卻被官方教育改革人員以某一教育問題夾帶「過關」。

五、多元師資培育制度衍生的問題

綜觀目前我國師資培育法令與政策，雖有上述的特色，但亦衍生不少的問題，例如儲備教師、師範院校轉型、教育實習、教師資格檢定、師資培育學程評鑑仍待加強等問題，皆值得加以省思。基於此，針對師資培育制度變革所來的問題、提出未來可以努力的方向，冀望能發揮師資培育多元開放的正面效果，減輕負面的影響。

（一）政府師資培育數與新生兒出生數反向拉距之失算與失策

師資培育多元化後，教育學程擴展過於快速，設置師資培育中心之大學校院而言，多達八十餘所，換言之，超過一半的大學都在培育師資，每年所培育師資約近二萬，已遠遠超過所需，導致教師供給量大增，但社會少子化現象卻愈來愈嚴重，學齡兒童數急遽下降，致使教師需求量減少，超額情形日益嚴重，造成教師的供需嚴重失衡，許多具備正式教師資格者無法擔任教職（應徵教職錄取率，多在百分之十以下），「十萬流浪教師」充斥教育市場，造成教師人力資源的浪費，突顯教育學程開設浮濫及市場供需失調的問題。在盲目開放政策下，為多元而多元，我們看到了多少的糟蹋和浪費！政府雖然鼓勵教師退休以促進新陳代謝，但是緩不濟急，除非調整班級學生數、增加教師編制員額，否則教育市場仍是供過於求的窘境。因此，逼得教育部 2005 年起也開始針對全國師資培育機構進行評鑑，並嚴格淘汰不適的師資培育機構，以降低師資培育的數量。

政府廣開師資培育路，結果教職窄門更難入，一昧追求多元開放，養成有餘，出路不足，徒增財源與人力之浪費，由下之數據可見教育資源之重創：

1、師培數與出生數逆向拉距大：新生兒出生數 84 年 329,581 人，93 年 216,419 人；教師培育數 84 年 9,719 人，93 年 19,390 人，96 年 9,323 人（教育部計畫數）。相較 84 年與 93 年，新生兒出生數約減少三分之一，師培數卻增一倍。

2、師培機構迅速擴增：教育師培機構 84 年有 13 所，93 年全國大學院校 145 所，設有師培機構的 74 所（公立 39 所，私立 35 所），自 84 年至 93 年，師培中心增加 5.69 倍，幾佔全國高等校院之半數。

此情況導致全國中小學聯合教師甄選錄取率甚低，94 年全國聯合教師甄選缺額：國中 2,685 人，國小 933 人。94 年全國聯合教師甄選報名數：國中 22,442 人，國小 39,373 人。由上資料顯示，94 年教師甄選錄取率：國中 11.96%，國小 2.37%。（台灣教育月刊，2006）

（二）師範校院轉型問題

同樣因師資培育多元化而起的，是師範校院的轉型問題，師資培育法實施後，師範校院既有的封閉就業市場消減，師範校院原有優勢不復存在，其招生的吸引力也大幅下降，加上師資供需失衡，以及社會少子化影響，面對變局所需條件又尚未建立，如何協助師範校院轉型，以因應其他大學的挑戰，也是教育部關注的問題之一。師範學院雖於 2006 年改為教育大學，如何協助其內部轉型的呼聲持續存在，而急迫性也愈來愈高。

而且早期師範系統提供公費制度，對於中下階層學習優秀的學生可以提供社會流動的機會，當今師資培育制度除了公費名額稀少外，就業市場的不確定性將使師範系統面臨更嚴峻的考驗，也會影響優秀人員就讀師資培育單位的意願。

（三）教育實習的困境，實習指導流於形式

我國師資生的教育實習時程，從原有的一年且是實習教師的角色，縮短為半年制的教育實習，而且是實習生的角色。實習教師無法完整地參與學校整年行政與教學活動，獲得實習務經驗將大打折扣，而且有些未完善規劃的實習學校，甚至將實習生視為價勞工，處理的多半為行政鎖事，甚或形成以行政實習為主，教學實習與導師實習為輔的本末倒置現象。實習生的最重要的輔導者係實習輔導教師，然教育實習機構實習輔導教師迄今

缺乏適當的輔導職能訓練以及工作誘因，以致實習輔導成效仍有大幅改進的空間。

（四）新制先實習再檢定徒增困擾

現今實習教師不論品質良莠與否，一律進教育現場實習，完後再參加檢定考試。「先實習再檢定考試」，造成許多困擾：(1)不符合品質管制原則：許多校長和家長憂心師資生素質不齊、經驗不足，統統進入教育現場實習，不但學校難以負荷，且後果難料（擔心孩子成為實驗的白老鼠）。因此，要求先行篩選師資生，即先舉行教師資格檢定考試，合格者再成為實習教師。即使接受了實習教師，多半令其打雜，根本不能獲得真正的實習經驗；(2)不符合經濟效益原則：根據新制及現況，完成實習者，未必通過檢定；通過檢定者，未必能取得教職。在當前師資嚴重供過於求的情況下，「先實習，再檢定」許多師資生在成為合格教師之路上平添許多師資生冤枉的投資，徒增許多不必要的挫折（吳武典，2006）。

（五）教師遴選常有弊端產生

自從 1995 年教師法公布之後，各校依法成立教師評審委員會，辦理教師聘任相關事宜，此種象徵「學校本位管理」的精神，的確有其時代的意義。然而實施多年的結果，各種弊端紛紛出現，例如：人情關說、黑箱作業、內定說。（吳武典，2005）

（六）師資培育學程評鑑仍待加強

在師資培育多元化後，各公私立大學競相成立教育學程，由於有些大學在教育學程上投入的師資和經費設備都相當有限，因此良莠不齊的現象很難避免。教育部在教師供需失衡的窘境下，又急於推出「退場機制」，縮減新產出的教師員額，避免流浪教師的增多，2005 年起藉由評鑑機制，

逼迫退場，裁減大學的師資培育中心，這種先設定目標的評鑑，當然也遭到非議。因此宜建立合理的師資培育機構進退場機制，建立績效評鑑和進退場機制，以確保專業化，維持卓越的品質，實是當前師資培育專業化的努力方向之一。

六、師資培育的未來展望

在釐清我國師資培育的基本理念、掌握世界師資培育的脈動、分析我國師資培育現況的得失和問題之後，發現師資培育政策已走到一個新的十字路口，新制的理想尚未實現，舊制的優點已逐漸在腐蝕。回歸教育的本質，師資培育最終的目的在於確保師資素質的提升與專業的表現，不管師資培育政策如何的改變，針對現行多元制度的種種問題，宜就未來的推動策略和行動方案進行規劃提出政策性建議，其未來可以努力的方向如下：

（一）加強師資培育學程評鑑及建立合理淘汰機制

目前減少師資需之落差，教育部已對大學設教教育學程及教育學分班之質與量，進行嚴格審核。此外，在師範校院部分，核定 94 學年度各師範校院師資培育數量，減少師資培育學系大學部培育總量 10%，師院於 94 學年度改制為教育大學後，將逐年調減師範校院師資培育量減少至目前百分之五十以下。另在大學校院學程部份，教育部依規定，訂定評鑑規準，建立教育學程退場機制。目前的作法係評鑑結果如為一等則維持原招生名額；評鑑結果如二等則減少原招生名額 20%；評鑑結果如為三等則停止招生。

除了減少師資培育數量之外，我們期盼教育行政機構真能運用國內少子化之機會，落實小班教學的教育理想。國內各小學，特別是中低年級枉，

每班人數如在 30 人以下，可減至 20 至 25 人，除了可以盡量維持所需教師員額外，對教師教學負荷的減輕以及教學品質的提升，會有相當的助益。

（二）協助師範校院之轉型，以充分運用其資源，並提升其競爭力

師範學院轉型以面對師資培育多元化之後的嚴酷挑戰，是伴隨教育改革未曾中斷的議題。94 年 10 月為止，原有九所師範學院之中，計有三所改制為綜合大學，其他六所業已於 94 學年度全數改制為教育大學。三所師大已具綜合大學雛形，直進行內部改造，朝向以師資培育為特色的綜合大學發展，問題較少。

六所師範學院雖改制為教育大學，但在體質上仍缺乏競爭力，在入口學生素質、師資市場競爭力這兩項指標上，均已明顯下滑，本身規模又小，前景較不樂觀，必須進一步升格或與週邊學校進行整併，加速內部改造或外部整合，以朝向綜合大學方向發展，如此方能配合大學發展趨勢，並加強其在人力市場上的競爭力。

其內部改造可朝轉化成教師進修學院（大學）或以辦理教師進為主要任務的教育大學發展，減招職前師資生，增辦在職進修，增辦在職進修，兼辦學士後師資班。外部整合可採同質整併，如師範聯合大學，或異質合併，併入較大規模的大學，或與規模相當的大學合併。

（三）教師人力資源的整合，並且建立「專業標準本位」的師培體系

解決當前教師職缺「僧多粥少」的現象，必須作教師人力資源調查與整合。例如：全面檢討改善教師退休制度、嚴格淘汰不適任教師、教師職缺的有效管控，根據人口出生率核算與預估師資培育人數，有效整合教師人力資源。

尤其師資培育政策在確保師資素質的卓越性和師資供需的穩定性。師資培育多元化無論如何改變，應確保師資培育「專業化」和「優質化」。

在未來的社會裡，可預知教師對學生的影響依然存在，教師素質的良莠終究關係著教育發展的成敗，甚至國家的興衰，因此任何一套培養教師的制度，都不能悖離「提升教師素質」的最高原則。要使以上願景實現，首先必須審慎規劃研訂結合傳統「人師」的師範精神，又兼顧世界潮流的各類、科教師之「專業標準」。儘速創設專責教師專業標準審議和教師認證的具有公信力的常設性機構。

（四）師資培育不能完全市場機制化

開放的師資培育制度之主要論點是：透過自由市場機制，將可加強競爭，從而提升教師素質，也一圓許多非師範系統的青年學子之教師夢。我們絕對歡迎既優秀又有愛心的青年學子投入教育陣營，也應該開闢適當管道讓他們有機會獻身教育。但我們很懷疑自由市場機制是否能無限制地應用於師資培育與進用的領域。如所周知，自由市場機制是極具變動性與功利性的，甚至是非常殘酷的。把教師比作商品，把學校比作市場，那豈不是把教育當作買賣？那麼師生關係將變成形什麼了？這種嚴重的供需失調現象，不能輕鬆地以「市場機制本來如此」一語帶過，即使在物質商場上也會造成嚴重經濟危機，何況是人力市場呢！其間隱藏著多少不必要的投資和挫折、多少的人才與資源浪費。

總而言之，師資培育班的量之適度調節與管控，仍有其必要。在維持多元及開放精神下，應兼顧計畫性培育，以適度調節供需量。

（五）師範精神、人師典範不能失落

在 1994 年以前漫長的時代裡，強調「教育第一、師範為先，繼往開來、人師為貴」，教師是一種「志業」非普通行業。然而，隨著國際化的腳步，教師工作逐漸行業化。1994 年「師資培育法」實施後，「師範教育」

一詞在法制上遂走入歷史，師範精神似乎也逐漸跟著走入歷史，叫無數人感到嘆息。

「人師」是我們的優良傳統，是中華文化的寶貴資產，也是今日社會的共同期待，任何師培方案應以培養良師典範為目標，注重師資生的人格陶冶，使具有奉獻精神，而不僅是以培養「經師」為足。未來師範校院與一般大學在師資培育功能上也應有區分，師範院校應兼扮「穩定市場」與捍衛教師品質的中堅角色，堅持「學作人師，行為式範」的師範精神。

（六）廣設獎助學金，吸引優秀清寒學生加入師資培育行列。

早期師範系統提供公費制度，對於中下階層學習優秀的學生可以提供社會流動的機會，當今師資培育制度除了公費名額稀少外，就業市場的不確定性將使師範系統面臨更嚴峻的考驗，也會影響優秀人員就讀師資培育單位的意願。因此應繼續保留相當的公費名額，並廣設獎助學金，吸引優秀清寒學生加入師資培育行列，保留早期師範教育時期，讓貧窮人家子女亦可以受到良好教育的升學管道。

（七）教育實習期間恢復為一年，以落實教育實習成效

教育實習一向被認為是師資培育成功的關鍵。然從師範教育法與 83 年公布實施的師資培育法的一年教育實習，至 2003 年了經濟因素考量，改為半年，在時間減半，身份由原來的實習教師變成實習生，對師資培育機構與實習學校實在是一種相當大的挑戰。由於半年根本實習不了什麼，造成實習學校的極大困擾，甚至許多中小學因此拒絕接受實習生。當初政府為了解決實習教師身分問題與省卻「實習津貼」，今天付出了降低實習品質的代價。因此建議教師實習期間恢復為一年，以提供實習教師完整的實習機會與實務經驗，同時也不致造成師培機構和實習學校行政作業上的困擾。

（八）教師資格檢定「兩階段篩選」制度：採行「先檢定，後實習」

因此宜研擬規劃的兩階段篩檢制度，在實習教師進入教育實習現場之前先進行教師資格檢定考試，通過後取得「實習教師」資格，再參加教育實習；實習完成之後，通過複檢始能取得正式合格教師證書。修訂實習安排在通過教師資格檢定考試之後，再參加實習；同時將每年舉辦一次的教師資格檢定考試配合新制教育實習實施，增加為一年二次。

（九）走向半計畫式、半儲備式的師資培育制度

單獨設置的教育學程即將受到嚴酷的存活考驗，而大學教育學院或設有教育系所的教育學程無庸置疑的較有競爭力，這似乎又回到民國十一年壬戌學制的高等師範學校時代，並與美國的情況相似。為了避免重蹈覆轍，實施中庸之道，就是半計畫式、半儲備式（放任式），在維持多元開放的精神下，兼顧計畫性培育，以適度調節供需量。因為實施半計畫式的師資培育策略，不怕某類教師嚴重不足（如包班制教師嚴重缺乏），即如發現已呈不足現象，補救不難，不會捉襟見肘。（何福田，2005）

（十）解決教師甄試問題

為解決多數教師應聘者一再參加甄試的問題，教育部由中教司協調各縣市教育局辦理之教師甄試於同一天辦理，以減少教師奔波，並使供需情形還原貌。杜絕教師甄選不公事件，教育部已研訂「公立高中以下學校教師甄選作業要點草案」加以規範，並嚴格明訂利益迴避條款。另為確保教師甄選的公平、公開及公信，教育部業已完成編印「高級中等以下學校教師評審委員會組織及運作手冊」，作為各主管教育行政機關暨各級學校辦理教師甄選作業參據。

七、結論

　　制度的改革往往因社會的變遷而起，而且前者常常需要滿足後者的要求。師資培育多元化雖是社會展的趨勢，然培育政策亦須確保師資素質的卓越性和師資供需的穩定性。在未來的社會裡，可預知教師對學生的影響依然存在，教師素質的良窳終究關鍵著教育發展的成敗，師資素質的良莠是教育成功的基石。

　　1994 年台灣師資培育的管道由單一閉鎖走向多元開放後，雖可增加各校選優良師資的機會，但師資培育擴充迅速，儲備教師遽增，卻面對了全球少子化的趨勢，教師需求銳減，然師資供需也不能完全聽由自由市場機制決定，「教師市場」不等同於「商業市場」。在維持多元及開放精神下，似乎亦應兼顧計畫性培育，以適度調節供需量。而接下來如何建立公平合理的績效評鑑和進退場機制，是往後最先要面對的問題。

　　而對於師範校院如何轉型發展，升格改大及師培減量並不能解決問題，「師範教育」是否會從此消失，值得關注。同時寄於師範校院的公費名額銳減後，如何鼓勵清寒優秀學子投入教育工作行列，保持良好的社會階層流動，如早期藉由師範院校的公費，貧窮的子弟皆可以藉由教育出頭，為國家所用，亦值得教育當局深思。

　　另外教育實習由於經濟的考量由一學年縮短為一學期，似乎也出現了弊端。恢復一學年之實習，以提供實習教師較完整實習經驗，減少師培機構及實習學校行政作業之困擾，變成了共同的聲音。而目前先實習，再資格檢定考試的方式也不符品質管制經濟效益的原則，「先實習，再檢定」讓許多師資生在成為合格教師之路上增加了許多浪費的投資，也徒增許多不必要的挫折。對於各地教師甄選過程如何做到公開、公正、公平，此刻都應一併探討。

　　教師工作是一種「志業」，而非普通職業，在維持多元開放精神下，宜修正改善現今師資培育之盲點缺失，針對師資培育制度變革所來的問題、提出未來可以努力的方向，冀望能發揮師資培育多元開放的正面效果，減輕負面的影響。

參考書目

王順平（2005）百年師校與十年師培的未來。台北：國立教育研究院籌備處。

吳武典（2005）我國師資培育的困境與突破。研習資訊，22 卷 6 期，37-46。

台灣教育月刊（2006）教改總體檢「每月一報」第三報。台灣教育，637期，33-36。

吳武典（2006）師資培育的正思與迷思。台灣教育，638 期，2-6。

汪知亭（1978）台灣教育史料新編。台北：商務。

黃光雄（1995）我國師資培育的動向。師大校友雙月刊，277 期，2-4。

教育部（1995）中華民國教育報告書。台北：教育部。

文軒（1995）師資培育多元化後，師院生仍大有可為。師友月刊，335 期，41-43。

呂溪木（1995）中華民國師資培育的改革與展望。師大校刊，14-15。

林清江（1995）多元與卓越。師友月刊，335 期，35-40。

何福田（1995）師範院校之現在與未來。國教天地，113 期，1-9。

何福田（2004）信心與定力。研習資訊，21 卷 2 期，1-6。

何福田（2005）論我國師資教育之走向。研習資訊，22 卷 6 期，1-7。

王家通（1995）中小學師資培育。載於中華民國比較教育學會主編：教育改革的展望——教育部與教改會教育政策報告書評析，59-70。台北：師大書苑。

卓英豪（1995）師資培育制度之變革——教師資格檢定及教育實習。教育實習輔導季刊，1 卷 5 期，1-9。

陳光輝（1994）台灣地區師範教育的演進概況及其問題。台灣教育，517期，42-49。

李建興（1996）師資培育法與教師法的精神與內涵。教育實習輔導季刊，
　　2 卷 1 期，1-4。

伍振鷟（1995）師資培育法的變革與衝擊。載於中華民國師範教育學會主
　　編：教師權利與責任，47-53。台北：師大書苑。

我國師資培育的法律基礎研究

周俊良
（樹德科技大學師資培育中心助理教授）

壹、緒論

一、前言

　　「良師興國」，古有明訓，提振師資素質，正是教育品質維護的關鍵課題。而社會現象映射教育的態樣，面對民主意識高漲，國內紛擾的政治情況、經濟不景氣的失業問題、社會少子化、師資需求數量緊縮的現狀，未雨綢繆的立定優質師資培育法規與政策，已刻不容緩，俾利社會快速的變遷與挑戰。

　　「師資培育為大師培養大師之點滴社會工程」，其對於百年大計的教育事業而言，顯得格外的重要，優秀師資的培育，攸關國家未來的發展（教育部，2007）。有遠見的國家，會將政府的投資，挹注於教育事業之上，而教育事業最重要的環節，當屬良好師資的養成，師資的培育則須賴優質的立法不為功，我們必須通盤評估因應，優質立法以對，貫徹「教師專業標準本位」的核心政策進行變革（教育部，2007）；所以，師資培育相關法令的立法品質，準據師資培育的發展良莠關鍵，本研究將透過師資培育相關法令內容的解釋與分析，賦予師資培育不同的意義。

二、研究目的

綜上所述，本研究主要的目的有三：

(一) 瞭解我國師資培育法規體系與內涵的歷史變遷。

(二) 梳理我國師資培育法令各事項之規範內容與原則。

(三) 檢討我國師資培育的法律地位及其對師資培育政策、實務的影響。

三、研究方法

本文探究的主要方法有歷史研究法與分析研究法，分述於後：

（一）歷史研究法

歷史之研究，為社會科學研究的基礎，未具歷史之觀點，不足以言社會科學之研究（林紀東，1994）。尋本溯源、返古鑄新，鑒往而知來，運用歷史研究法（historical approach）的精神，探究師資培育新舊法令的起源、變遷、演進，以宏觀因果分析法（macro-casual analysis）比較歷史的相關判準，羅列異同，找尋共同的成分而排除相異的因素，以確定因果推論，俾利識別前後時序之旨趣懸殊（謝臥龍等，2004）。

（二）分析研究法

本研究採法律的分析研究法（analytical approach），運用邏輯推理方式以解析法律及師資培育的關連特質，師資培育法的主要觀點、概念與疑義，逐條逐句意義化的澄釋（管歐，1996）。本方法聚焦在師資培育法律要件發生與效果之剖析，以及其對師資培育的涵攝解釋。

四、研究範圍與限制

本研究乃針對我國師資培育法，及其執行時中央主管機關教育部所訂定的非中央法規標準法第 4 條之法律，如師資培育法施行細則……等師資培育相關子法，為釋義的標的。師資培育是一個複合的概念，包含教師職前養成的所有事項，這些議題也將為本文所探討。惟，本研究礙於篇幅，只聚焦在台灣現行的師資培育相關法規的探究，並未對比與探討他國之教師培育法律層面事項。

貳、我國師資培育法規的歷史演進

我國自清朝光緒 23 年（1897），盛宣懷創立上海南洋公學院的師範院，培育中小學師資開始，至民國 83 年公布師資培育法以來，百年的師資培育歷經師範學校法、師範教育法與師資培育法三階段的法規演變（李園會，2001）：

一、我國首部專責的師資培育法──師範學校法（1932～1978 年）

民國 21 年 12 月 17 日公布了我國第一部專責的師資培育法律，因為當時我國的社會、政治、經濟狀況不佳，師範學校法內容稍顯貧乏與簡略，而將近 50 年的期間，國民政府從大陸轉進到台灣，仍以此部法律規範台灣的師範教育。當時師資培育的情狀，以憲法所謂的基本教育的師資培育為對象，此基本教育等同於國民教育，咸指國民小學的教育而言（林紀東，1982）。師範學校法的要點分述如下：

（一）養成小學之健全師資為立法目的

師範學校法第 1 條言明：「師範學校，應遵照中華民國教育宗旨及其實施方針，以嚴格之身心訓練，養成小學之健全師資。」而師範學校也得附設幼稚師範科，俾利培養學前幼稚園的師資（本法§2）；因此，本階段的師資培育，以小學階段為主、幼稚園為輔。至於，學校為師範生安排實習課程，師範學校得附設小學或幼稚園，作為教學實驗的場所（本法§9）。所以，為養成健全小學與幼稚園的基礎教育教師，需施以身心嚴格之訓練，是此時期對未來為人師表者的要求。

（二）師範教育地方辦理，中央監督管轄

依據師範學校法第 4 條規定：「師範學校由省或直隸於行政院之市設立之，但依地方之需要，亦得由縣市設立，或兩縣以上聯合設立之。」可以看出，本時期師範學校的設立，是由省（市）或縣級地方政府來辦理，教育部負行政監督之責，再如本法第 6 條所示：「師範學校之設立變更及停辦，由省或直隸於行政院之市設立者，應由省市教育行政機關，呈請教育部備案；由縣市設立者，呈由省教育廳核准，轉呈教育部備案。」；另外，像是教學科目、課程標準及實習規程（本法§7 第 1 項），皆由教育部定之；其餘，教科圖書的採用也必須是部編或部定本（本法§8）、師範學校校長任用的核備（本法§10 第 2 項）、校長與教師的服務規程（本法§12）及師範學校規程、其畢業生服務規程訂定（本法§16）等事項，皆由教育部行之。由上得知，本階段教育部所握師資培育的權限結構較為鬆散，未若現今的中央集權。

（三）師範生入學考試及免費修業

師範學校有 3 種師範類科，「師範學校及其幼稚師範科，入學資格，須曾在公立或已立案之私立初級中學畢業，特別師範科入學資格，須曾在公立或已立案之私立高級中學或高級職業學校畢業」，均應通過入學考試測驗（本法§13）。因此，師範生的修業年限因不同的類科而有別，依據本法第 3 條的規定：「師範學校修業年限三年，特別師範科修業年限一年，幼稚師範科修業年限二年或三年。」修業期間以公費為主，免徵學費（本法§15）。

二、確立我國師資培育制度的師範教育法（1979～1993 年）

由於師範學校法的規範未臻完備，實行將近 47 年的歲月已顯困窘，遂於民國 68 年，以舊法為基礎，修訂公布師範教育法茲為替代，是為新的師資培育法，也從此確立我國師資培育制度完整的圖樣。新法的大要分述如後（李園會，2001，頁 124-125）：

（一）確立師資培育一元化制度、擴充師範教育的任務

師範教育法明訂師範教育的辦理機構，「由政府設立之師範大學、師範學院及師範專科學校實施之。」（本法§2 第 1 項），並且「師範校、院，視師資之需要，作有計畫之招生」（本法§4 第 3 項），是為師資「計畫性」培育階段；從此不僅確立國家一元化的師資培育制度，同時也宣示師資養成的目的，乃「依中華民國憲法第一百五十八條之規定，以培養健全師資及其他教育專業人員，並研究教育學術為宗旨。」（本法§1）；爰此，師範教育的任務擴及 4 大項，其為培養健全師資、培育其他教育專業人員，如：教育行政、學校行政和社會教育工作……等人員（本法施行細則§2）、研究教育學術，以及輔導劃定地區內之高級中學、國民中、

小學及幼稚教育（本法§14第1項），俾利提昇我國中、小學校與社會教育工作人員的素質。

（二）建構完整之師範教育體系，確立中小學教師分途培育的原則

　　師範教育法第3條稱：「師範大學、師範學院以培養中等學校或國民小學教師及其他教育專業人員為目的，並兼顧教育學術之研究。」（第1項）、「教育院、系以從事教育學術之研究為目的，並兼顧培養中等學校教師及其他教育專業人員。」（第2項），以及「師範專科學校以培養國民小學、幼稚園教師及其他教育專業人員為目的。」（第3項）；依此，師資培育以師大、師院和師專為主，擴及公立教育學院及公立大學教育學系（本法§2第2項），皆可共為師資培育機構；再者，「師範大學、師範學院及教育院、系為培養中等學校職業學科或其他學科教師，得招收大學畢業生，施予一年之教育專業訓練」（本法§5第1項），是為學士後中等學校師資的培育之始。職是之故，師範教育法的公布，不但建構了完整之師範教育體系，亦確立中、小學教師分途培育的原則；意即，二年制及五年制師專培育國小及幼稚園教師，四年制師大或教育學院、系則以培育中學各類科師資為主。不過，此階段也反應出一種意識型態，學生的年齡大小與職前師資的學歷高低成正比。

（三）延續師範生的公費制度與強制性的分發任教

　　師範學校法免收師範生的學費，而師範教育法第15條前段明確規範：「師範校、院學生在校肄業期間免繳學費，並以給予公費為原則。」至於，教育院、系的學生，其志願於畢業後任中等學校教師者，準用本法之規定辦理（本法§15後段、本法§2第2項）。師範生入學接受公費的契約，肄業期間享有學雜費、書籍費、制服費、住宿費、生活津貼、教育實習參觀……等費用全免的優待，畢業後即有接受強制分發實習（一年）及服務

的義務（本法§16）。其服務的年限，依據師範教育法第 17 條的規定：「師範校、院及教育院、系公費生，於畢業後之最低服務期限，以其在校受領公費之年數為準。在規定服務期限內，不得從事教育以外之工作或升學。」；這也是本階段師資培育的特色，以公費制度吸引優秀學生的作法，具有「利貧」的性質與功能。

（四）加強在職進修的辦理

依據師範教育法第 6 條所言：「師範大學、師範學院、教育學院、師範專科學校及設有教育系、所之大學得設夜間部或暑期部，辦理教師在職進修。」同時進行在職教師的進修工作。另外，進修的科目與時間可以採認或充抵學位修業之年限，也於本法第 20 條前段規定：「教師參加大學或研究所進修之教育科目或與其教學有關之科目，於依法取得學籍時，其所修合於規定之科目及學分，應酌予採認；成績良好者，進修時間得予抵充學位應修畢之年限。」。所以，於法有據的鼓勵提昇整體在職教師素質，以及增進教師專業知能。

三、修正自師範教育法，重視多元化來源的師資培育法（1994 ～2001 年）

師範教育法自民國 68 年公布實行十幾年來，因為社經環境的變遷，已需通盤檢討師資培育法律規範層面的得失，立法期間爭議不斷，終於民國 83 年修正舊法，完成立法並更名為師資培育法；爾後，又歷經幾次的修正。本節將以民國 91 年 6 月 20 日師資培育法第 1 條立法目的修正前的第一代師資培育法[1]，為剖析的重點，其特色有（李園會，2001，頁 339-402；張芳全，2000）：

---

[1] 　請參閱法務部全國法規資料庫（http://law.moj.gov.tw），以及立法院法律系統（http://lis.ly.gov.tw/lgcgi/lglaw）。

（一）師資多元化的儲備性合流培育

師資培育法公佈施行以來，打破以往師資培育一元化的政策，除了師範院校之外，一般公、私立大學、科技大學也可以設立教育院、系、所或教育學程來培養師資，各教育階段師資合途培育，提供一般非師範體系的大學欲從事教職的學生，可以修習教育專業課程的管道；從此，師資培育不再為師範院校所獨佔，也瓦解過去師大、師院、師專分流培育不同教育階段教師的作法。

師範教育法施行細則第 4 條提到：「本法第四條第三項所稱『有計畫之招生』，由各師範校、院視各省（市）地區中、小學各學科師資需要數量，擬訂招生名額，函報或層報教育部核定之。」而師資培育法修訂公布以來，「儲備性」的師資培育政策，開放大學畢業生修習教育學程，師資培育量大幅增長，檢定合格後取得教師證書，可以隨時供應師資匱乏之中、小學的需求；質言之，我國師資培育里程，已由之前的「計畫性」培育，演變為當前的「儲備性」培育。

（二）規範教師資格審定及教育實習方式

依本法第 8、9 條條文，新增了教師資格檢定及教育實習的規定，「取得實習教師資格者，應經教育實習一年，成績及格，並經教師資格複檢合格者，取得合格教師資格。」（本法§8 第 1 項），確定了教師資格初檢暨複檢的檢定程序及實習的法源依據。師資培育學生（簡稱師資生）必須經由教育學程的修習，初檢合格獲實習教師資格，隨後付實習學校參與教育實習一年，實習成績及格與複檢的「審定」程序即能取得教師證書（教師法第二章、高級中等以下學校及幼稚園教師資格檢定及教育實習辦法第三、四、五章）。

（三）師資培育公、自費並行，建立教師聘任制度

師資培育法規定，「師資培育以自費為主，兼採公費及助學金等方式實施」（本法§11 第 1 項），可知本階段的師資培育，已大幅異於過去的單一公費制，而採公、自費並行，以自費制為主。至於，「公費生以就讀師資類科不足之學系或畢業後自願至偏遠或特殊地區學校服務學生為原則。」、「為獎勵家境清寒或成績優異之自費生，得設立師資培育助學金」（師資培育自費、公費及助學金實施辦法§15 第 1 項）；公費生則需在取得教師資格後，付有接受分發至偏遠或特殊地區學校服務的義務，惟仍須經學校教師評審委員會（教評會）審查通過，校長聘任；而自費生雖不接受分發，需自覓教職，經學校教評會審查通過，亦由校長聘任之（參考教師法第三章）。

（四）重視教育實習輔導

為調和教學理論與現場實務之間的鴻溝，師資培育法第 13 條前段特別規定，「師資培育及進修機構得設實習輔導單位，辦理學生及實習教師之實習輔導工作」。同時，師培大學實習輔導單位設置法制化了。

（五）強化師資培育機構在職進修的責任

師資培育法第 12 條，賦予師範校院辦理在職進修的任務，第 15、16 條觸及在職進修的議題稱：「師範校院及設有教育院、系、所之大學校院得設立各科教育研究所，著重各科教育學術之研究，並提供教師在職進修。」（本法§15）；而師資培育大學在職進修單位設立法制化，也由法條規範之：「師範校院及設有教育院、系、所或教育學程之大學校院得設專責單位，辦理教師在職進修」（本法§16 第 1 項）。

參、我國現行師資培育法令的內涵

教育法令在我國的法律體系中，歸屬行政法的範疇，師資培育法亦為教育法的一員，為一規範職前師資之養成的特別法。現行師培法於民國 94 年 12 月 28 日修正，共有 26 條條文，以體系及法內涵之時序而言，師資培育法所處的法律地位，先於教育人員任用條例及教師法，其主要宗旨在於培養具教學知能及專業精神，並朝民主、法治之涵泳與生活、品德之陶冶的教師目標邁進（師培法§2）。而培育師資的對象與範圍，涵蓋中、小學及幼稚園的老師（師培法§1），並不包括大學教師或其他教育人員。其相關法令內涵分析，臚列於後：

一、確立中、小學及幼稚園教師培育職責，並以充裕師資來源為立法宗旨

「目的」是所有法律的創造者，多元管道的師資培育政策，投射在師資培育法的立法目的之上，檢驗立法者（lawmaker）的製法目的，由師培法第 1 條：「為培育高級中等以下學校及幼稚園師資，充裕教師來源，並增進其專業知能，特制定本法。」。可知，修正後的師資培育法，確立了中、小學及幼稚園師資培育職責，移轉其他類別的教育人員培育，如教育行政、學校行政或社會教育人員，由為他法所規範（湯維玲，2003）。

再者，從以往的「計畫性」培育到「儲備性」培育政策的演變，充裕教師來源是新師資培育立法目的之所繫；「計畫性培育」階段，常發生計畫失誤，預估師資養成與實際需求數量不符的情形，導致中、小學教室裡沒有正式合格老師教學或現有教師課務量過重，師資不足的狀況影響教育品質甚鉅。不過，世界各國師資培育法的立法目的鮮少以「充裕師資來源」為主要目的，應以培養專業知識、技能與人格特質為師培宗旨，因此師培

法目標之訂定欠缺適切性（楊深坑，2002；吳清山，2003）；但是，新師資培育法施行以來，確實達到充裕師資的目的，甚至有培育過剩的情形，社會大眾隨民意代表稱其為「流浪教師」，而非教育部所謂的備用教師（教育部，2006）。

二、師資培育的內容組成

依據師資培育法第 7 條第 1 項之規定：「師資培育包括師資職前教育及教師資格檢定」兩部份，師資培育大學的任務除了提供職前教育訓練的課程外，教師資格檢定也是教師培育的教育內容，師培大學具有法律上的責任，須為修習教育學程之師資生施予通過師資檢定的各項教育服務。

三、由中央延伸至地方的主管機關

師資培育法第 3 條第 1 項第 1 款的規定，師資培育的主管機關在中央為教育部，在地方為各縣市政府，依據教育部組織法第 9 條第 1 項第 3 款的規定，中等教育司為負責掌管師資培育的業管單位；惟，我國地方的權能受制限縮，師資培育的權限仍以中央主管機關為發號施令的中心，此現狀不同於教育權發達的美國，其聯邦政府並無規範師資培育的法令之制訂，教育事務之師資培育權仍屬地方州政府的權限（蔡清華，1997）。我國中央主管機關被立法者賦予優越的法律權能，對師資培育的事務管轄權項目、密度、介入程度，可謂為既繁且重的行政監督；常用主動的「定之（訂定）」，和被動的「認定」、「核准」與「核定」法律用語，展現其在行政法上的權利能力（李建良、陳愛娥、陳春生、林三欽、林合民、黃啟禎，2005）。

　　「核准」與「核定」在法條詞語的含義接近，惟仍有差異；「核准」表示有權機關教育部的同意，單純表示同意權而已，不必具備一定之要件或程序，乃本於既有之概括或一般權責；「核定」則指中央主管機關教育部對於所陳報之事項，必須予以審查，並做成決定，才算完成該事項之法定效力，且對於所核定之事項，有其當然之效力；質言之，中央主管機關教育部本於特別賦予之決定權責，事項未經核定，法律效力無從產生（羅傳賢，2002）。依據【師資培育法】的規定，中央主管機關業管師資培育的事項有：

(一) 師資培育相關學系的認定（本法§5第2項）。

(二) 大學設立師資培育中心的核准（本法§5第3項前段）。

(三) 師資培育大學辦理職前教育課程各師資類科的規劃核定（本法§6第1項）。

(四) 師資培育職前教育專門課程及教育專業課程擬定之核定（本法§7第3項、第4項）。

(五) 大學師資培育大學申請學士後師資班的核定（本法§9第3項）。

(六) 持國外大學以上學歷之認定（本法§10第1項）。

(七) 教師證書之發給（本法§11第1項）。

(八) 各師資培育大學的學費收取辦法之核定（本法§18）。

另外，教育部有權設置與訂定：

(一) 「師資培育審議委員會」及其組織運作辦法（本法§4）。

(二) 師資培育中心之設立辦法（本法§5第3項後段）。

(三) 持國外大學以上學歷者之認定標準（本法§10第2項）。

(四) 教師資格檢定辦法（本法§11第1項、第2項）。

(五) 公費及助學金培育方式實施辦法（本法§13第2項）。

(六) 教師進修課程認可辦法（本法§19第1項第3款、第2項）。

(七) 幼托園所任職人員擔任教師資格與在職進修之辦法（本法§24）。

爰此，我國師資培育中心的成立要件採積極的「核准主義」，並帶有「國家監督主義」之色彩，然而卻含「特許」的成分，依法教育部掌控師資培育中心的設立核准、招生及修業年限、職前教育課程核定、資格檢定辦法訂定、在職進修……等事務的主導權，地方政府與師培大學能夠發揮的空間被大範圍的限縮。

四、影響師資培育發展之師資培育審議委員會

依據師資培育法第4條的規定，「中央主管機關應設師資培育審議委員會」，由過去行政命令頒訂設置要點，至此正式將「師資培育審議委員會」提昇到法律位階，以負責重大師資培育事務的審議工作，該委員會審議的事項涵蓋師資培育機構從開始設立至停辦的所有事務，佔有非常重要的地位（楊深坑，2002；湯維玲，2003；謝卓君，2004）。以下根據教育部師資培育審議委員會設置辦法，分別從其組成、任務、運作等論述：

（一）組成委員

「師資培育議委員會」之委員設置以21人至27人為限，其中1人由教育部長指派次長兼任主任委員，其餘委員由部長就中央主管機關代表、師資培育之大學代表、教師代表及社會公正人士中聘兼，任期2年，期滿得續聘；而代表機關出任者，則隨其本職進退之；委員出缺時，應予補聘，其任期至原委員任期屆滿之日為止。教育部長具有主任委員及一般委員的指派和聘任權，一人主導委員會的人事權；因此，該委員會的運作成敗所導致師資培育品質的良窳，教育部長將有負起完全責任的義務。

（二）審議任務

「師資培育議委員會」之審議事項與任務，依據師資培育法第 4 條共有 8 項，第 9 條為「概括條款」，整體可分為：

1、關於師資培育政策之建議及諮詢事項。

2、關於師資培育計畫及重要發展方案之審議事項。

3、關於師範校院變更及停辦之審議事項。

4、關於師資培育相關學系認定之審議事項。

5、關於大學設立師資培育中心之審議事項。

6、關於師資培育教育專業課程之審議事項。

7、關於持國外學歷修畢師資職前教育課程認定標準之審議事項。

8、關於師資培育評鑑及輔導之審議事項。

9、其他有關師資培育之審議事項。

由該委員會的審議事項可以看出，全國師資培育的走向與方針，掌握在這 21 至 27 人的委員會委員手上，而這些委員又來自教育部長的指派聘兼，師資培育審議委員會權限有過大之嫌（吳清山，2003）；我國的師資培育真可謂在「一人一會」的機制中規劃發展。

（三）會務運作

「師資培育議委員會」置執行秘書一人，由部長指派主管業務司長兼任，承主任委員之命，綜理會務。每三個月舉行會議一次，必要時得召開臨時會議，由主任委員召集並擔任主席，主任委員不能出席時，由主任委員指派或委員互推一人擔任主席。委員會之決議，以過半數委員之出席，出席委員過半數之同意行之。委員應親自出席會議，但由機關代表兼任之委員未能親自出席時，得指派代表出席，並參與會議發言及表決。為利推動審議事項，必要時得設專案小組進行研究或研擬意見，提出會議討論。

五、具備法律資格的師資培育機構

師資培育法第 5 條第 1 項規範：「師資培育，由師範校院、設有師資培育相關學系或師資培育中心之大學為之。」，排除舊有師範院校體制，明訂各大學需設置相關學系或師資培育中心才能進行師資培育的工作，師範院校被迫面臨邊緣化的命運（楊深坑，2002）。而師資培育相關學系的認定與師資培育中心的設立核准，皆須由中央主管機關為之。師資培育相關學系，教育部採「實質認定」主義；另外，師資培育中心的設置，則採「形式認定」原則，教育部訂有大學設立師資培育中心辦法，規範設立條件包括：

（一）先經師資培育審議委員會審議通過

大學依發展特色及師資培育需要，填具申請書、檢具證明文件，向中央主管機關申請，經師資培育審議委員會審議通過，才能進行後續的條件審查。

（二）至少五位專任教師員額

每一師培中心無論設置多少學程，應配置至少 5 名或以上與任教學科專長相符之專任教師，其員額得由學校現有編制調配運用。

（三）充足的教育專業圖書設備

應有教育類圖書一千種、教育專業期刊二十種以上及教學、研究用之必需儀器設備，常被列為師資培育中心評鑑的指標之一。

（四）教育學程各類科課程內容應符合規定

教育學程各類科課程內容應符合大學設立師資培育中心辦法第3條規範，其規定為：

1、中等學校師資類科

包括教育基礎課程、教育方法學課程、教材教法、教學實習及半年教育實習課程。

2、國民小學、幼稚園及中小學校師資類科

包括教學基本學科課程、教育基礎課程、教育方法學課程、教材教法、教學實習及半年教育實習課程。

3、特殊教育學校（班）師資類科

包括一般教育專業課程、特殊教育共同專業課程、特殊教育各類組專業課程及半年教育實習課程。

六、師資培育之職前教育類科

現行師資培育法第 6 條的規定，師資培育大學辦理師資職前教育課程，應按中等學校、國民小學、幼稚園及特殊教育學校（班）師資類科分別規劃；惟為配合教學需要，中等學校與國民小學師資類科，得合併規劃為中小學校師資類科學程（本法§6第2項），確定了中、小學師資合流培育之法源（湯維玲，2003；吳宗立，2004）。所以，各大學師資培育中心，以中等學校、國民小學、幼稚園、特殊教育學校（班）及中小學校師資類科學程為主。

七、師資培育之教育學程

師資培育法第5條規定，師資培育機構實施課程計畫的程序，先由教育部頒訂相關辦法，規範師資培育各類科的課程標準，各培育機構依部頒的標準規劃課程，報部核定後實施（本法§6第1項）。課程領域包括普通課程、專門課程、教育專業課程及教育實習課程（本法§7第2項），教育專業課程暨教育實習課程，合稱教育學程（本法施行細則§3第2項）。普通課程為學生應修習之共同課程，專門課程是培育教師任教學科、領域專長之專門知能課程，教育專業課程則為培育教師依師資類科所需教育知能之教育學分課程，而教育實習課程乃為培育教師之教學實習、導師（級務）實習、行政實習、研習活動之半年全時教育實習課程（本法施行細則§3第1項）。

八、師資培育學生之種類

師資培育法第8條規定師資生的修業年限：「修習師資職前教育課程者，含其本學系之修業期限以四年為原則，並另加教育實習課程半年。成績優異者，得依大學法之規定提前畢業。但半年之教育實習課程不得減少。」；所以。師資生以具有學籍的在學學生為主，惟亦有師培大學辦理學士後學分班和接受持國外大學以上學歷之師資生。另外，師資生修畢規定之師資職前教育課程，成績及格者，才准由師資培育之大學發給修畢師資職前教育證明書（本法§9第4項）。師資生可以分為四類：

（一）師資培育大學相關學系之師資生

師資培育法第9條第1項規定，「各大學師資培育相關學系之學生，其入學資格及修業年限，依大學法之規定。」，而其亦受本法第8條所規範。

（二）師資培育中心之師資生

師資培育法第 9 條第 2 項規定，「設有師資培育中心之大學，得甄選大學二年級以上及碩、博士班在校生修習師資職前教育課程。」是為師資培育中心師資生之謂。

（三）學士後教育學分班之師資生

而學士後教育學分班之師資生，乃為師資培育大學，報部核定後，招收大學畢業生，修習師資職前教育課程至少一年，另加教育實習課程半年的學生之稱（本法施行細則§6第 2 項）。值得一提的是，「幼稚園及托兒所在職人員修習幼稚園教師師資職前教育課程辦法」所培育的師資生，以民國 92 年 7 月 31 日前在職之現職幼稚園或托兒所未具合格教師資格的教保人員為主，修業時雖可以不具學士學位，然未持有學士學位者，則無法修習半年之教育實習課程。

（四）持國外大學以上學歷之師資生

師資培育法第 4 條第 7 款，以及第 10 條第 1 項：「持國外大學以上學歷者，經中央主管機關認定其已修畢第七條第二項之普通課程、專門課程及教育專業課程者，得向師資培育之大學申請參加半年教育實習」，以取得師資職前教育證明書，稱作持國外大學以上學歷之師資生。其修業資格的認定，教育部定有持國外大學以上學歷申請認定修畢普通課程專門課程及教育專業課程標準行之。

九、教師檢定考試

（一）考試代替資格審核

師資培育法規定，「取得修畢師資職前教育證明書者，參加教師資格檢定通過後，由中央主管機關發給教師證書。」（本法§11第1項後段）。依據民國92年7月31日修訂的高級中等以下學校及幼稚園教師資格檢定辦法，現行師資檢定必須通過考試，方可取得教師證書；惟，不同於92年8月27日廢止之高級中等以下學校及幼稚園教師資格檢定及教育實習辦法規定，在此「所謂檢定，與專門職業人員之『檢定』不同，乃謂主管機關依法律所設定之條件，予以審核確認之行政行為也。教師資格之檢定屬確認性行政處分。」（李惠宗，2004，頁139）；質言之，只要經由地方政府教育局複檢（書面文件檢覈）審定通過，即可取得教師證書（教育部中等教育司，1997）。

而審定與檢定制之交界，是以91年進入教育學程就讀的師資生，於93年取得實習證書參與實習者，其可選擇教師資格之審定或考試檢定；選擇審定制者，實習一年修畢實習課程，於94年度審定通過，即可取得教師證書；選擇考試檢定者，實習半年，參加教育部第一次辦理的師資檢定考試，通過者才能取得教師資格。

（二）新增「教師資格檢定委員會」，部辦教師資格檢定考試

師培法第12條第1項規定，「中央主管機關辦理教師資格檢定，應設教師資格檢定委員會。」。現行教師資格檢定考試的試務，由教育部指定國立教育研究院統籌辦理。

（三）雙學程擇一檢定主義

師培法第 13 條第 3 項規定，「已取得第六條其中一類科合格教師證書，修畢另一類科師資職前教育課程之普通課程、專門課程及教育專業課程，並取得證明書者，由中央主管機關發給該類科教師證書，免依規定修習教育實習課程及參加教師資格檢定。」所以，師資生如果修有兩種類科之教育學程，只要擇一類科參加實習與檢定考試即可，通過考試可分別同時取得雙教育學程證明書。

十、分發與公開甄選

不同於以往，現行「取得教師證書欲從事教職者，除公費生應依前條規定分發外，應參加與其所取得資格相符之學校或幼稚園辦理之教師公開甄選。」（本法§14）；因此，除公費生外，有了教師資資格，並不等同有了教職，仍須參加各縣市政府或各校之競爭激烈的教師甄選，通過甄試錄取後，方得佔有教師職缺。而「公費生畢業後，應（分發）至偏遠或特殊地區學校服務。」（本法§13第 1 項後段），則有補充弱勢區域師資質量的功能。

十一、實習就業與地方教育輔導

師資培育法第 15 條第 1 項規範，「師資培育之大學應有實習就業輔導單位，辦理教育實習、輔導畢業生就業及地方教育輔導工作。」，強制師培大學必須設置實習輔導單位，以辦理實習就業輔導與地方教育輔導。

（一）實習就業輔導

依「本法第十五條第一項所定實習就業輔導單位，應給予畢業生適當輔導，並建立就業資訊、諮詢及畢業生就業資料。」（本法施行細則§9第1項）；所以，實習輔導單位的設置功能，以其在學學生的實習，以及畢業後的就業輔導為主，尤以後者為重點，並列為日後評鑑的關鍵項目[2]。

（二）地方教育輔導

此外，實習輔導單位除了實習就業輔導之外，地方教育輔導工作亦為其工作項目，「中央主管機關得協調師資培育之大學共同劃定輔導區，辦理地方教育輔導工作。」（本法施行細則§9第2項）。地方教育輔導工作常為師資培育中心評鑑項目的重點之一。

十二、全時教育實習

教育實習納入修習師資職前教育課程的必修課程之一（本法§7第2項），教育實習課程較修訂前縮短成為半年的全時實習（本法§8第1項後段），須在各階段的教育現場修習，即使持國外大學以上學歷之師資生仍須依附師培大學註冊修習本課程（本法§10第1項）。

（一）實習內涵規範

師資培育法施行細則第11條第1項規定，師資培育大學實施教育實習課程，應訂定實施規定，其內容包括下列事項：

　　1、師資培育之大學實習指導教師、教育實習機構及其實習輔導教師之遴選原則。

---

[2] 取自聯合報2007年5月24日第C4版，標題：「台大等師培中心5年後停招」。

2、實習輔導方式、實習指導教師指導實習學生人數、實習輔導教師輔導實習學生人數、實習計畫內容、教育實習事項、實習評量項目與方式及實習時間。

3、學生實習時每週教學時間、權利義務及實習契約。

4、教育實習成績評量不及格之處理方式。

5、其他實施教育實習課程相關事項。

從上揭條款可知，實習法定的實施程序與內容，包含實習指導與輔導教師遴選、指導實習學生的人數、實習項目與成績、實習期間的權利義務，以及概括條款的所有實施教育實習課程相關事項。

（二）實習修業資格

依照師培法施行細則第 4 條規定，修習師資職前教育課程之學生，需符合下列情形之一，始得參加半年之教育實習課程：

1、依大學法之規定，取得畢業資格，並修畢普通課程、專門課程及教育專業課程者。

2、取得學士學位之碩、博士班在校生，於修畢普通課程、專門課程及教育專業課程且修畢碩、博士畢業應修學分者。

3、大學畢業後，修畢普通課程、專門課程及教育專業課程者。

（三）實習期限

半年全時教育實習，以每年 8 月至翌年 1 月，或 2 月至 7 月為起訖期間（本法施行細則第 4 條前段），整學年之上、下學期，皆可辦理教育實習課程的修習。惟，師資生修習期間的作息，必須是全時的實習，不得為兼職或在外校兼職的情事。

（四）實習機構

師培法第 16 條規定，「高級中等以下學校、幼稚園及特殊教育學校（班）應配合師資培育之大學辦理全時教育實習。主管機關應督導辦理教育實習相關事宜，並給予必要之經費與協助。」說明實習地點為中等以下各教育階段校、園的實務現場，且中央與地方主管機關，皆有責任提供經費補助及行政支援；教育實習機構由師資培育大學遴選，共同會商簽訂實習契約（本法施行細則§10前段）；惟，實務的作法，先由實習生主動尋覓屬意的機構或學校，報准機構或學校所在的地方教育主管機關之審核後，再由師培大學出面與之簽訂實習契約。

（五）實習成績評定

師資培育法施行細則第 11 條第 2 項，規範了實習生「教育實習成績之評量，應包括教學演示成績，由師資培育之大學及教育實習機構共同評定，其比率各占百分之五十。」。

（六）實習輔導學分費

師資培育法施行細則第 12 條規定，師資培育大學辦理半年之教育實習課程，得依法向學生收取相當於 4 學分之教育實習輔導費。所以，雖然為零學分的教育現場實習課程，仍須繳納 4 個學分費的實習輔導費用。

十三、核定主義的學費收取

師資培育法第 18 條規定，「師資培育之大學，向學生收取費用之項目、用途及數額，不得逾中央主管機關之規定，並應報經中央主管機關核定後實施。」所以，各校所收之師資生的學費，依各校自行訂定，但本法

採「核定主義」，需由有權機關教育部的核定方能收取，以避免學費被超收，保障學生的權利（吳清山，2003）。

十四、教師進修及資格授予

主管機關可以協調或委託師資培育之大學開設各類型教師進修課程，師培大學得設專責單位，辦理教師在職進修（本法§19）；是此，本法將師資培育的概念延伸至職後的教師進修範疇。而師資培育大學所設教師在職進修專責單位辦理之各項進修，其授予學位或發給學分證明書，除依師培法相關規定外，並依大學法及學位授予法辦理（本法施行細則§13）。

十五、過度條款之緩衝規定

師資生修畢普通課程、專門課程及教育專業課程後，因故延緩教育實習課程的修習者；或代課及代理教師，折抵教育實習課程；或合格偏遠或特殊地區修畢規定之教育專業課程者，免參加資格檢定及參加教育實習；抑於師資培育法修正施行前，現職高級中等學校護理教師，以及從事幼稚園或托兒所工作並繼續任職之人員，具有大學畢業學歷，欲修習師資職前教育學程者，師培法立有緩衝的規定。

肆、師資培育法的檢討與展望

以下將探究新師資培育法公告以來，其法律層面規範的內涵，所對我國師資培育政策、實務作法的限制與影響，以代本研究之結論，並提出未來師培的新展望。

一、法律體系規範之限制與影響

以下分別就師資培育法律體系規範的主要問題討論之：

（一）違反「法律保留」原則

法律保留原則乃三權分立下立法權與行政權的界線劃分原則；質言之，其表徵了一套保留由議會決定的重要事務之標準，即給付之教育行政中的重要性與原則性的事項應以法律定之（徐筱菁，2002，頁6）；例如，課程內容、學校組織與就學義務及學校關係（董保城，1997）。而師資培育的「重要性與原則性的事項」立法不足，如課程內容（如表2）、師培中心組織在師培大學內的定位不明、師資生學費之公、自費及助學金的經費來源與運用，以及非師範院校與教育大學的師培機構，辦理教師在職進修的能力與負擔規定……等事項，皆應由法律訂定（周志宏，2003；陳木金，1999）。

（二）法律架構欠缺完整性

現行第二代師資培育法，屬一般的法律結構，除具明顯標題師資培育法之外，尚有立法目的（§1）、理念規定（§2）、用詞定義（§3），以及其他實體性及程序性的規定（羅傳賢，2002）。惟因不斷修正，造成體例紊亂，枝節繁瑣，毫無系統可言，法律架構欠缺完整性（吳清山，2003）。

（三）「法律授權」之委任條款過多

師資培育法為行政法的一支，以憲法為主要依循，不能違背公法上的立法原則，教育重要事項應以法律來規定，中央主管機關的行政強權作為，須得到適當的限縮，給於師培大學辦理師資培育時，有較為自主的空間。我國教育政策之重要事項，除教師法外，幾無法律加以規範，處處充

斥著概括授權與不確定的法律概念，教育行政人員則必須仰賴上級主管機關頒佈的行政命令，指導各項行政事務的實現方式，以補教育法極低的立法密度（徐筱菁，2002，頁6）。以師培法而言，法律授權委任行政主管機關訂定命令之條款計有7項之多，分別為師資培育審議委員會設置辦法（§4第2項後段）、師資培育中心設置辦法（§5第3項後段）、國外學歷認定標準（§10第2項）、教師資格檢定辦法（§11第2項）、公費生之權利與義務辦法（§13第2項）、社會教育機構及法人開辦教師進修認可辦法（§19第3項），以及師資培育法施行細則（§25），對於主管機關而言，確實是耗時而沈重的負擔（吳清山，2003）。

（四）部份條文的規範缺陷

1、教師檢定未明文以考試方式行之

師資培育法第7條第1項、第9條第4項，以及第11條第1項有關教師資格的取得，條文語意不清，教師資格檢定不敢明示考試（吳清山，2003）；只由教育部的命令「高級中等以下學校及幼稚園教師資格檢定辦法」第2條提到，每年的教師資格檢定以筆試行之（如表一）。

表一：師資培育法令有關師資檢定法條內容表

法案名稱	法條號	條文
師資培育法	第7條第1項	師資培育包括師資職前教育及教師資格檢定。
師資培育法	第9條第4項	前三項學生修畢規定之師資職前教育課程，成績及格者，由師資培育之大學發給修畢師資職前教育證明書。
師資培育法	第11條第1項	大學畢業依第九條第四項或前條第一項規定取得修畢師資職前教育證明書者，參加教師資格檢定通過後，由中央主管機關發給教師證書。
高級中等以下學校及幼稚園教師資格檢定辦法	第2條	高級中等以下學校及幼稚園教師資格檢定，以筆試（以下簡稱本考試）行之。每年以辦理一次為原則。

2、師資培育課程組織未明

師資培育法第 7 條論及師資職前教育課程含括普通課程、專門課程、教育專業課程及教育實習課程（本法§7 第 2 項）；但是，課程只有概要的規範，並無清楚的組織與明確的說明，在施行細則第 3 條中，也只有泛泛的定義。教育部為有權機關，專門及教育專業課程在師培大學的實施，皆須先經其核定（如表二），學校顯不出自己的特色，中央集權的態勢顯露無遺，同樣違反教育重要事項之法律保留原則（湯維玲，2003；謝卓君，2004）。

表二：師資培育法第 7 條有關師資職前教育課程內容表

法案名稱	法條號	條文
師資培育法	第 7 條第 2 項	師資職前教育課程包括普通課程、專門課程、教育專業課程及教育實習課程。
師資培育法	第 7 條第 3 項	前項專門課程，由師資培育之大學擬定，並報請中央主管機關核定。
師資培育法	第 7 條第 4 項	第二項教育專業課程，包括跨師資類科共同課程及各師資類科課程，經師資培育審議委員會審議，中央主管機關核定後實施。

3、師資培育相關學系之認定

師培法第 5 條第 1 項稱：「師資培育，由師範校院、設有師資培育相關學系或師資培育中心之大學為之。」；另外，師培法第 4 條第 4 款規定，只有師資培育審議委員會有權認定師資培育相關學系，惟認定標準闕如（湯維玲，2003）。近來，教育部修正「大學設立師資培育中心辦法」，規定設有師資培育中心的大學，並無設有教育相關學系者，其師培中心 5 年內將被逼退場；多所科技大學設有幼教學程，其「幼兒保育學系」是否

為師資培育相關學系？若被認定為非，既使評鑑結果再好，師培中心也將走入該校的歷史[3]。

4、規範主體前後矛盾

師資培育法第 7 條第 1 項規定：「師資培育包括師資職前教育及教師資格檢定。」，而同法第 19 條第 1 項前段與第 2 項卻言：「主管機關得依下列方式，提供高級中等以下學校及幼稚園教師進修：……。前項第二款師資培育之大學得設專責單位，辦理教師在職進修。」。師資培育的對象為職前的師資生，非現職之教師，而有關教師進修的規範應以於教師法為合適，師培法規範的主體產生前後矛盾的現象（湯維玲，2003；謝卓君，2004）。

二、法律效果之限制與影響

師資培育法的法律效果，所衍生的問題，有下列幾項：

甲、嚴重供需失衡，導致破壞「信賴保護」原則

由於師資培育數量大幅增加，教育部對於新設師資培育中心的核准，採最嚴格的準則主義，對於已設立的師資培育機構，則以評鑑為誠，加重評鑑權能的效果，設下嚴厲的 3 等第退場機制，除了提高師資培育大學的行政負荷不說，更導致師資培育中心主任的退換率非常高，年年評鑑，結果不佳即以大幅扣減招生名額逼退。當初政府為因應師資來源多元的政策，交由市場機制決定，開放並鼓勵教育學程申設，而基於兩造彼此的相互信賴，各大學提出設立教育學程的申請而得到核准。假若當初開放的決策是錯誤的，如今政府反將責任由各師培大學承擔，以行政強權，恣意破壞與各師培大學間憲法所規範的「信賴保護」原則。目前，無人想當落日

---

[3] 同注 2。

師培中心末代或看守主任、教師,師培中心教師也無穩定的安全感,可以安心教學;教育部只擔心有「流浪教師」,但是卻不管有「流浪教授」(劉世閔,2006)?不禁令人欷噓!

乙、教育實習期限縮短,現場經驗難以踐履

從 1 年縮短為半年的教育現場實習時間,使得原本有名無實的教育實習,更加令人詬病;尤以,實習合作機構的實習輔導老師為然,他們認為實習才 6 個月,很多教育環境現場有關行政、教學、輔導等的脈絡細節,皆無緣經歷,促使實習課程的規劃愈加顯得無力。

丙、教師檢定考試難以測驗專業實作知能

一位稱職的教師,並非只有紙筆測驗來檢視其教育知識上的充實與否,而現場的教學知能、學生輔導技巧、行政工作的實作能力等,不易由考試檢視出來(楊深坑,2002)。

丁、外國學歷認定

各國、各校的師資培育制度有極大的差異,課程名稱、授課內容、學分數……等的不同,持外國學歷者的教育學程資格認定問題變得複雜而不易解決,主要在於無法客觀而具體的訂定認定標準,只憑「教師資格檢定委員會」之認定,易招爭議[4]。

三、師資培育法未來展望

(一)確立專業知能標準,樹立專業理想

以充裕師資來源作為立法之目的,是為立法者的識見不足,師資培育首當以謀專業為務,職前師資培育人數的調控,主管機關可以行政手段予

---

[4] 參閱高雄高等行政法院裁判書「91 年訴字第 395 號」,有關持國外學歷的修習課程與教師資格檢定委員會之認定爭議判決。

以有效的估算與控握供需，無須以此為法之主軸，才能創造以專業為鵠的的各項師培輔助規定（楊深坑，2002）。

（二）健全師資培育審議委員會之結構與功能

教育主管機關應在專業師資培育上盡量鬆綁，權大責重之審議委員會的審議事項應以政策面為主，廣納各界建言，發揮建議、諮詢、審議的功能，勿以限制師培大學自主的發展為要務（吳宗立，2004；黃政傑，2006）。

（三）強化師資培育實習課程

教育專業課程與專門課程須報請中央主管機關核定後才能實施（本法§7），而教育實習課程則無此適用規定，教育實習的重視亟待補缺（張玉成，2002）；因此，強化師資培育實習課程，可為增進師資教育現場之專業素養（吳青山，2003）。另外，師培法第 16 條後段規定，教育主管機關應督導辦理教育實習相關事宜，並給予「必要之經費與協助。」，教育主管機關提供必要實習經費及行政協助亦可研究其可行性，以充實實習課程的內涵（湯維玲，2003）。

（四）落實師資檢定考試，提昇師資培育素質

師資檢定考試為第二代師資培育法修法時改革的重點，法條上雖為明文考試，但是考試卻是大眾一致認為最能為師培品質把關的防線，主其事者需慎重委任專業的命題機關，真正汰選稱職的儲備師資（吳青山，2003）。

（五）保留師資培育公費名額，提供有志者加入師資行列

由於就業市場的萎縮，教師的職業所導致的招生吸引力大幅下降，師資培育中心招收有意從事教職的優秀學生之機會，愈來愈不被看好（劉世

閔，2006）。師資培育可以自費為主，而兼採公費及助學金的制度為誘因，吸引優秀而具服務意願的師資生（黃政傑，2006）；一則未來可供應地域弱勢的山地、離島等偏遠地區的師資需求，二則滿足清寒子弟欲從事教職的希望（吳青山，2003；吳宗立，2004；張玉成，2002）。

（六）明確中小學師資培育合流規定

中、小學師資合流培育的規定過於抽象；反觀幼稚園與小學師資，是否也可以合流培育？而其合流，是課程合流？還是師資生合流，而可一人同時修有中、小學教師學程？那九年一貫課程的領域專長考量何在？所以，師資合流培育的規定應該清晰而具體，才不致於產生模糊地帶（吳宗立，2004）。

（七）正視持外國學歷修畢師資職前課程者的問題

有意擔任教職的學生，某些無法在國內依循師培的管道取得教師資格，而遠負素質參差不齊的國外，甚至是東南亞的大學教育相關科系就讀，而這些持國外學歷者的認定，本為地方政府教育局的權限，審查標準寬鬆不一，易招爭端。教育部應可成立國外學歷師資職前課程認定委員會，委由學術團體或師培大學的相關學者統一認定；惟，需訂定客觀一致的標準，課以學生清楚詳實的「舉證」責任，說明所曾修習課程的內容、標準或要求，將可減少很多程序條件認定上的衝突（張玉成，2002；吳宗立，2004）。

參考文獻

王九逵（1999）：多元化社會中的師資培育。載於師資培育發展促進會編：師資培育法之檢討與修訂（頁 45-60）。台北市：五南。

李惠宗（2004）：教育行政法要義。台北市：元照。

李建良、陳愛娥、陳春生、林三欽、林合民、黃啟禎（2005）：行政法入門。台北市：元照。

李園會（2001）：台灣師範教育史。台北市：南天。

巫銘昌（1999）：新制師資培育法在科技大學之實施檢討。載於師資培育發展促進會編：師資培育法之檢討與修訂（頁 111-124）。台北市：五南。

吳宗立（2004）：師資培育新藍圖：新制師資培育制度探析。國教天地，155，頁 35-40。

吳清山（2003）：師資培育法─過去現在與未來。教育研究月刊，105，頁 27-43。

林紀東（1982）：中華民國憲法逐條釋義。台北市：三民。

林紀東（1994）：行政法。台北市：三民。

周志宏（2003）：教育法與教育改革。台北市：高等教育。

陳木金（1999）：從法律保留與重要本質理論看師資培育法的修訂。載於師資培育發展促進會編：師資培育法之檢討與修訂（頁 25-44）。台北市：五南。

徐筱菁（2002）：學校行政行為與法律保留原則─論行政程序法第三條第三項第六款。東吳大學法律學報，14(2)，頁 1-26。

張玉成（2002）：新頒「師資培育法」之評析（下）。國民教育，43(1)，頁 2-6。

張芳全（1999）：教育學程導論。台北市：元照。

張芳全（2000）：重要教育法規沿革。台北市：商鼎文化。

張金淑（2006）：師資培育中心評鑑之分析。當代教育研究季刊，14(1)，頁 25-54。

教育部（2006）：中華民國 95 年師資培育統計年報。台北市：作者。

教育部（2007）：95 年師資培育統計年報。教育部電子報[on line]。Available: http://epaper.edu.tw/news/960410/960410b.htm。

教育部中等教育司（1997）：師資培育法規問與答彙編。台北市：作者。

黃淑苓（1999）：「師資培育法」修正草案之評析。載於師資培育發展促進會編：師資培育法之檢討與修訂（頁 1-24）。台北市：五南。

黃政傑（2006）：迅速改善師資培育公費及助學金制度。師友月刊，466，頁 27-31。

湯維玲（2003）：「修正師資培育法」的分析與疑義。社教雙月刊，114，頁 50-54。

董保城（1997）：德國教育行政法律保留之探討—我國國民教育法修法芻見。輯於「教育法與學術自由（頁 217-247）」。台北市：月旦。

楊深坑（2002）：從專業理念的新發展論我國師資培育法之修訂。教育研究月刊，98，頁 79-89。

楊洲松（2003）：修正「師資培育法」的檢視。中大社會文化學報，16，頁 23-40。

蔡清華（1997）：美國師資培育改革研究。高雄市：高雄復文。

管歐（1996）：法學緒論。台北市：五南。

劉世閔（2006）：批判台灣師資培育市場化所面臨的議題及其競爭力。教育研究月刊，141，頁 99-113。

謝卓君（2004）：我國師資培育法之政策文本分析。教育政策論壇，7(2)，
　　頁 1-28。

謝臥龍編（2004）：質性研究。台北市：心理。

羅傳賢（2002）：立法程序與技術。台北市：五南。

「幼兒性別教育」師資培育課程模式之研究

張鈺珮

（輔英科技大學幼兒保育系助理教授）

壹、研究背景

　　教育具有改造社會的潛在功能，社會批判理論的學者雖一再批判學校教育「複製」了不公平，但也始終沒有放棄以教育改造社會的希望（Miller, 1988）。教育改革是 21 世紀各國國力的要素，教育的功能不只僅於維持並延續固有倫理道德和文化法統的功能，更是孕育莘莘學子健全人格發展，養成思考、分析與問題解決能力，造就和挑戰並創造未來知能的方法（謝臥龍和駱慧文，1998）。在最近一波的教育改革中明白揭示性別平權的概念，可見學校如無法避免性別角色偏見的教育方式，那麼將會對學生人格有不利的發展，也就談不上是「全人」教育（方德隆，2002）。

　　在幼教師資培育階段，以性別為研究主題與以幼兒性教育主題書寫給幼教師培課程所使用的教材中，缺乏呈現女性主義教育學的相關論述。在楊幸真（2004）以女性主義教育學為關鍵字搜尋台灣三大學術研究資料庫，其搜尋的結果中，並沒有跟幼教相關的研究結果。在幼教現場的研究，如李姵樺（2004）是研究遊戲行為的性別差異、蔡慧玉（2004）的研究中

提到性別對自我概念差異的影響，這些研究是強調性別差異，卻沒有提到任何處理性別差異的立場與觀點。在幼教師培課程教材上，在毛萬儀（2002）與林燕卿（2004）這兩本幼兒性教育的書中，並沒有提到女性主義教育學的理論。可見女性主義教育學的論述在幼教研究與課程論述中並未被呈現。

MacNaughton（1997）發現在幼教情境中的教師具有很嚴重的性別盲，根本「看不見」幼教階段有任何的性別問題。同時幼教界和性別教育間有很大的斷層。甚至可說幼兒和幼教領域教師在這波性別教育融入課程的運動中是隱而不見的（Goldstein, 1998），這些外國的研究結果與我在國內的觀察是一致的，就是幼教教師看不見自身所遭遇性別不公平的現況，也缺乏性別平等意識去批判和解決這樣的性別問題。幼教老師因為缺乏性別意識，故對發生在幼兒或自己身上的性別不公平現況無法察覺，以至於將自身在工作上受到不公平的對待，視為理所當然，視為「幼教工作」中應有。

在台灣有關幼教師培階段的「幼兒性別教育」課程，是一個新興的場域。直到 2005 年，才有學者逐漸發表一些文本在研討會中發聲。如任秀媚（2005）從幼小協接課程的角度，帶領歸仁國小的幼稚園老師如田翠華與鐘錦織（2005）、楊智惠與蔡佳紋（2005）等人組成研究團隊，針對融入式的課程進行一系列的行動方案。秀朗國小的葉瑞芬校長則接受教育部的委託嘗試發展幼兒性別方案教材。但這些研究文本與計畫都只侷限在少數「局內人」知情的狀態下呈現，還沒有發表公開發行的期刊中。

根據以上的研究與我對幼教現場的觀察，是缺乏以女性主義教育學為理論基礎的幼兒性別教育師資課程。由於與幼兒性別教育相關的研究數量不多，其研究的場域也皆在幼教現場而非幼教師資培育現場。幼教師需具有與幼兒性別教育相關的專業能力，這有賴在幼教師培課程中有這樣的課程，同時透過研究理解這樣的課程需要如何實踐，才能幫助學生具有性別

敏覺度與教授在幼教現場幼兒的專業能力。故在這樣的台灣背景下，本研究確有進行的必要性，能豐富台灣幼教師培課程的研究。

貳、研究目的

本研究的目的是為了建構有關「幼兒性別教育」師培課程的多元文本，發展出適合在幼教師培課程中可實踐的模式。由於台灣地區缺乏相關的課程文本，因此如何進行可謂由零到有的研究。

我首先經由各種管道收集「幼兒性別教育」相關的課程與教材。有關性別教育的資源很多，我將重點放在「幼兒階段」與「幼教師資培育階段」兩方面的相關資源上。一方面我收集有關實施在幼兒階段的相關課程與教材。另一方面的重心放在幼教師資培育課程上，即以職前幼教老師為實施對象的課程與教材。在台灣的文獻上，有關幼兒階段的研究資料很少，因此需引用其他教育階段的文獻，故以最接近幼兒階段的國小低年級部分，也列為收集與彙整的資源。

在所收集的外文文獻上，因為受限於我本身外語能力的限制，因此是以英文文獻為收集的對象，這些文獻學者是以美、英、澳、加等國家為主。這些學者所處的社會情境跟台灣地區有很大的差異。雖然台灣的幼教界深受美國的影響，但是台灣托育機構的課程模式卻有很大差異，不全然是美式園所的模式，因此我須將這樣的課程與教材轉化成本土化的課程與教材，尤其我擬採用幼兒繪本為課程編寫的中心，收集相關幼兒的繪本也是我研究的重點之一。

在幼兒園課程活動設計的相關書籍中，繪本常常被列為重要引起動機的工具，尤其近來台灣地區使用繪本作為主題網中心的設計也常見。我收集繪本的方向包括相關「幼兒性別教育」書籍中所介紹的繪本，來自女性

主義所改編的繪本，或是網路上相關網站所使用的繪本介紹（國內外均有），而如何將這些資源統合成為教學上可用的資源，運用在建構幼兒性別教育師培課程中，是我蒐集這些資源的目的。

透過這些資料的收集與分析，我運用在自己的教學現場中，逐漸形成一套有形的文本，Evans（1982）認為課程模式是教育計畫中的基本哲學、行政與教育成份之概念性表徵，包含一致性的理論前提、行政政策和教學秩序，已達成預期的教育成果。這種概念性模式可做為教育決策的基礎，當決策轉為行動，即是模式的應用。因此本研究透過相關課程文本收集，女性主義教育學作為教學的哲學基礎，發展出課程文本概念的計畫，從而化為行動實踐，即是一種課程模式的研究歷程，亦是本研究的研究目的。

參、文獻探討

我所收集的課程文本是針對職前幼教教師所書寫，而不包括其他階段，而這些課程文本有其共同的特色是一部分會針對幼教職前教師的部分進行有關幼教師性別意識的提升，一方面則針對幼教現場需用到的課程與教學部分進行教學知能的建構。

性別在幼兒教育的領域中成為很顯著的差異變項，許多專家喜歡談論因為性別所造成的影響。我們所需要更進一步知道的訊息是如何在教室中創造有利於不同性別幼兒所需的情境呢？有沒有哪種行為特質是一種各種性別主體都需要具備的與學習？現今教育中有哪些性別教育的議題適合實踐在幼兒教育的領域呢？

以生理學角度，決定性別的因素來自基因的差異，而基因的差異使得不同性別的個體在各方面的結構與發展上存在著差異的事實（Gurian, 2003）。但性別差異如同人類各層面的行為，實則是一連續的性別光譜系

統，而非相對立、絕對的分化成兩種不同的行為模式（Gurian, 2003）。李姵樺（2004）以性別差異的觀點來詮釋幼兒的遊戲行為，其發現幼兒的遊戲行為存在著許多差異。但這種差異不應成威一種生物決定論的論述，要求控制幼兒成為性別刻板印象下的角色主體。

男性幼兒在某種程度上也許比女性幼兒好動，但在個別幼兒身上我們會觀察到有比男性幼兒更活潑好動的女性幼兒。幼兒的行為固然會受到性別（先天）的影響，然而性別信念系統（性別刻板印象）與社會文化的影響力（同儕社會化）也是不可忽視（Harris, 2002）。性別在教育的領域中成為很顯著的個別差異，許多專家喜歡談論因為性別所造成的影響。然而我們所需要更進一步知道的訊息是如何在教室中創造有利於不同性別幼兒所需的情境呢？有沒有哪種行為特質是一種兩性都需要具備的與學習？現今教育中有哪些性別教育的議題是值得我們去關注與思考的呢？

在《威廉的洋娃娃》這本童書中提到一個喜歡娃娃男孩的故事，這個故事對幼兒性別教育中十分具有啟發性。提醒我們的訊息是，總有不符合傳統性別行為模式的孩子，他們在性別刻板印象的社會文化中很容易受到欺凌，教師如何創造無性別歧視的環境，減少性別刻板印象對幼兒的傷害是十分重要的方向。其次，套用奶奶的話，每個男人將來都可能作父親，照顧假娃娃是為了為將來照顧真娃娃作準備。從積極面而言，現今家庭與性別角色正不斷轉變中，女性就業已經是時代趨勢。這顯示出許多性別刻板印象中應該屬於女性的角色，逐漸成為兩性必備的能力，育幼與家事處理已經是兩性都應該具備的基本生活能力。而同樣的呼應現今的生活型態，傳統我們認為男性應該具備的角色特質，也是現今兩性皆應具備的能力，例如獨立自主、積極進取等方面也是現今女性應具備。

現今社會中兩性的接觸面越來越多，對性的觀念也越來越開放。一方面使得幼兒從小接觸到許多不適合她／他們的訊息，同時也使得他們暴露在更多遭受性侵害的危險情境中。以前陣子流行的卡通如蠟筆小新或南方

四賤客為例，這些卡通原本設定的觀眾群應是成人，然而其角色設定以幼兒或兒童為主角，卻會誤導視聽群眾，也增加幼兒或兒童觀影的機會。而這些氾濫又負面的性別訊息正逐漸侵蝕幼兒的童年，唯有透過學校教育才能提供多元性別角色的文本，給予適合幼兒的性別教育。

一、台灣幼兒性別議題的現況

但台灣地區幼教師關注的層面為何呢？陳瑩珠（2003）發現是幼兒性生理層面（如幼兒的性好奇）與性侵害防治議題為主。以下先說明幼教師最關注的層面。

（一）幼兒性別生理的相關論述

根據台灣的文獻資料，針對幼教領域有關性別生理議題的研究十分的少，關於幼兒的性生理問題有毛萬儀在 1991 年的研究；關於幼教師在幼兒性教育研習需求上，有陳瑩珠在 2003 年所做的研究；關於幼教師在幼兒園實施性教育課程的研究，有蘇楓琪在 1996 年所做的研究，邱世伶（2004）幼兒性教育課程之行動研究。

毛萬儀（1991）的研究指出，幼兒常見的性生理問題有：提出與性有關的疑問、探索身體（包括成人與其他幼兒）、從事性遊戲、對成人的性行為感到好奇與自慰等。

Rothbaum, Grauer 和 Rubin（1997）的研究指出，幼兒性別生理的議題與成人有很大的區別，幼兒往往是以好奇遊戲、自發坦然與感官感覺刺激的因素，而表現出與性別生理有關的態度與行為，並不如社會化的成人一般對性有所認知並明瞭其必然結果、能自我察覺其是十分隱私的私人行

為與擁有熱情與性的慾望。可見幼兒的性生理問題在本質上與成人是不同的，其純粹是一種性好奇的結果。

由於好奇所引起的問題，只要由滿足好奇的觀點來介入，自然就能夠得到有效的解決。舉例而言，幼兒會有偷窺其他成人或幼兒如廁的行為，其原因可能是來自對異性或自己的身體感到好奇，因此老師若平時在教導幼兒身體的器官時，能夠對性器官也做介紹，並同時給予隱私權與自我保護的觀念教學，也可在角落教學中家庭角放置的娃娃是有性器官的娃娃（Schlank & Metzger, 1997）等，這些方法對幼兒性好奇的行為當能有效的改善。

其他和性生理有關的行為也可如此處理，對一般的幼兒而言，幼兒園中能夠引起其興趣的學習情境會有很多，因此這樣的議題只要在符合幼兒發展的範圍中滿足其學習的興趣，以行為改變技術中取代、轉移的技巧，即以一般對幼兒行為輔導的方式，都可以合宜的處理（周天賜，2003）。問題就出在很多的教師一遇上性別生理的問題，往往反映出自己對性別生理的偏見與迷思，而做出傷害幼兒或使幼兒更迷惑的反應，這才是最大的問題。

有關幼兒性生理的問題上，幼兒的性好奇也是一種學習，幼教師不要扼殺幼兒的創意，幼兒對性別生理方面的好奇，與其他部分的好奇是同等重要，都是幼兒認識自己、認知週遭環境，所出現自然而然的探索行為。成人不要因為個人對性別生理的迷思、禁忌與羞愧，而以懲罰、責備或羞辱的方式阻止幼兒。

幼兒不是無性的天使，而是有性反應系統的人類。成人最大的迷思來自誤以為幼兒應該對性方面的議題，在其性器官未成熟前，是無知且無感的。而事實上人類的嬰兒很小就會發覺撫摸性器官是一種取悅自己的方法，因為人類的性反應系統是在性器官成熟前就存在的（林燕卿，2004）。當成人了解幼兒也有性反應系統，也會因為感官刺激引起性反應，如此解

決（或禁止）自慰的問題，應該變成教導幼兒如何安全又能兼顧隱私下的自慰，並且引導幼兒多元的興趣，與其他可以自我安撫、讓自己放鬆安靜的行為等。

我們應該接納幼兒生理上的自然差異，坦然面對一項事實，那就是有些人很早就對性有很高度的興趣與感受，有些人即使性成熟後也不必然興致勃勃，而這些都不該構成其被歧視的理由。我們會發現臨床上處理自慰問題變得很簡單，第一教導幼兒對性器官的衛生與保健，第二教導幼兒隱私的重要性，讓幼兒了解到有些行為只有自己一個人時才能出現。

（二）幼兒性侵害的相關論述

在身體自主這個幼教師也很注重的目標，我則有以下的理解，即幼兒性侵害防治教育重點不是陌生人的傷害，而是熟人的性侵害（洪素珍，2004）。因為幼兒生活領域幾乎都在熟人可見的範圍中，在我們的社會文化與法律規定下也不可能讓幼兒離開其照顧者都自行活動，因此熟人性侵害防治才是幼兒階段須注意的重點。

熟人性侵害防治教育是教師較為忽視的部份（陳寶玉，2002），這種性侵害防治教育要落實則必須從親職教育的角度著手，因為幼兒並沒有足夠了權力抗拒成人，所以成人更需要擔任此種協助幼兒身體自主的角色，平時就要以尊重的方面對待幼兒身體，建立幼兒隱私權的概念。

二、幼兒性別教育的模式

台灣社會從 80 年代末期，婦運團體和少部分女性主義學者已經注意到欲締造性別平等的社會須從基礎教育著手（蘇芊玲，1999）。臺灣地區的幼教師資培育機構在與幼兒性別教育相關課程的內容上，比較接近通識

教育的內涵，其重點是放在成人學生（準教師）性別意識的覺醒上而非增進其教學知能；即只是教學生如何改變自己，而非教這些準教師去教幼兒如何實踐性別教育，改變其性別刻板印象。

無論在語言與知識、提供知識者與認知者、兒童與課程間，這些都會受到性別的影響，這些教育的政治性也包含性別的政治性（Hauser & Jipson, 1998）、所以並沒有任何的教育可以宣稱自己是沒有價值取向。從前面的分析中可知，在轉化模式之前主宰課程文本方向的價值都是以陽具理性所建構的巨型論述為主導。同樣的幼兒教育階段也一樣，也會受到巨型論述的影響，尤其是性別發展發展適切性的論述，更會傷害幼兒自我認同甚鉅（張鈺珮，2004）。

從師資培育的課程結構中可知，師資培育的課程可分為普通教育課程、專業教育課程與專門教育課程（歐用生，1985）。若以幼兒性別教育相關領域來舉例，普通教育課程如性屬關係等，是在通識教育中實施；而專門課程可以是性別研究等專門研究性別這個議題的課程。但在專業教育課程上，即其重點應該放在讓準教師具有教學知能去教授幼兒有關性別議題的內容，這種層面的課程應是幼教師資培育機構的「幼兒性別教育」重點。在專業教育課程中，除了喚醒教師的性別意識之醒覺外，更要將焦點放在如何培養準教師的教學知能上。

根據李明珠（1986）、張翠娥（1986）與劉豐榮等（1995）的研究可知，一位專業的保育人員在教學相關能力上需要具備專業知能是十分重要的項目，Shulman（1987）批評美國許多州的師資檢證過程往往僅以學科知識與教學知識兩部分考量，而忽略了學科教學知識（pedagogical content knowledge）。因此幼兒性別教育的課程應加強學科教學知能的層面，這也是開設在幼教師資培育課程中與其他課程區隔的分水嶺。這表示我有必要收集以專業教學知能觀點設計的課程文本作為幼兒性別教育的課程內容。隨著時代的變遷，台灣地區對性別議題的論述已經呈現多元的風貌。

幼保系學生對性別議題的視野是否有隨著社會變遷而改變呢？她們可以將這些多元的性別議題融入其未來的教學中呢？這顯示出我在收集課程文本時亦要從多元的方面收集，而不能只使用一種版本。

但面對收集到這麼多的文本，我遭遇到的問題是究竟那些是可用我上課使用的課程文本呢？Maher 和 Thompson Tetreault（2001）從後結構女性主義教育學的立場提出教師的角色，在幫助學生「用第三隻眼看」。所以這些課程文本應該是有這樣價值的文本。也即是這些文本的實踐不應該只是要學生照本宣科的應用而已，而是其論述的過程，也同時可以喚醒學生的性別平等意識，所以那些以生物決定論立場強調性別發展適切性的論述，就被我排除在這些課程文本之外。

Pinar（1995）認為理解課程係指教學介入的過程中，將課程視為文本或是一種論述的角度來研讀，這樣的角度其實是隱含多元論述的存在，而不是將課程教材試為統一且唯一的真理，只提供一家之言，也因此關於性別議題多元論述的介入是我在課堂上努力呈現的。這六種課程文本模式就是我歷年來收集的成果，而這些文本也是由具有性別意識的位置出發的文本，因為這些課程文本是將實際的教學抽離出來所建構的版本，所以我引用簡楚瑛（2004）將幼教階段重要的課程以課程模式的方式命名，並逐項說明各個課程模式的意義。

（一）生態學主題網模式

這個觀點我將張玨（1996）提出的兩性平等教育的架構圖，再結合 Bronfenbrenner（1979）的生態觀，以便清楚的呈現在性別一提上何者對幼兒而言是最迫切需要也是最先要學習的。因為這樣的釐清在課程文本的導入上將生理議題設為第一優先是符合生態學觀點作法。因為幼兒的身體

與幼兒的家庭式為關系統中最基本的圓，因此在這兩個同心圓範圍中的議題是對幼兒最基本也最重要，所以作為幼兒性別教育文本的第一部份。

（二）單元設計模式

這是以單元教學模式所發展的文本，其來源來自網路上收集到的教材，其所發展的方式是以特定的小單元如職業選擇來發展成教學活動設計。（出處：http://www.ricw.state.ri.us/lessons.htm，檢索日期 91.10.27）。此種以單元設計的方式來呈現幼兒性別教育的教材是最常見的文本，這些文本來自集體創作，雖然沒有統一核心的基礎，但是卻是最簡易設計，也最普遍的教材文本。在台灣地區也有一些網站提供這樣的資源如幼兒兩性教育（出處：http://140.138.170.17/project/SEX/index.htm，檢索日期：93-09-30）與思摩特網（出處：http://sctnet.edu.tw/，檢索日期：93-09-30）等。這些文本普遍流傳在網際網路上，其易取得性與簡易性對準教師而言是很好的文本論述，所以檢視這些文本論述是十分重要的。

（三）對抗偏見模式

是以對抗性別偏見、刻板印象與歧視觀念所發展出的主題教學課程模式，其目的是希望透過課程的實施，讓幼兒從小就建立對抗歧視與偏見的觀念，這種概念所發展出的教材文本我所收集到的有 Hall（1995）的著作〈The affective curriculum-Teaching the anti-bias approach to young children〉以及 Crawford（1996）的〈Beyond dolls and Guns-101 ways to help children gender bias〉，前者不只是針對性別議題而已，還包括其他層面的歧視，而其所應用的模式是主題教學模式；後者則落實到生活各種層面的抗拒策略，不只是侷限在學校歷程，其所設定的讀者也不只是教師還有家長，而落實的對象則是兒童，不只是幼兒而已。

（四）跨性合作模式

促進跨性別合作角落教學模式的教材，以 Schlank 和 Metzger（1997）的〈Together and equal-Fostering cooperative play and promoting gender equity in early childhood programs〉，這個教材文本其實是最完整的課程，但因為它是以角落教學為主的課程模式在現今的台灣幼教現場落實比較困難但可以作為學生如何設計幼教現場環境的參考依據。

（五）性別優勢模式

性別優勢發展模式，這種模式是以發展性別優勢的角落教學模式，依據男女腦部發展的現況來進行不同促進其發展的教學策略，這種模式的應用主要是針對在幼教現場我們常常會觀察到一些男女行為或是學習取向的差異，而如何看待差異的存在呢？我引進 Gurian（2003）與 Karges-Bone（1998）的〈More than pink and blue- How gender can shape your curriculum〉，以讓促進性別優勢的策略來面對性別差異的議題。

（六）主題繪本模式

這是我結合 Drake, Bebbington, Lakesman, Maynes 和 Wayne（1992）等人統整課程故事模式概念，以及 Goodman、Holdaway 和 Fisher 等人全語言自然教室模式等概念，所發展的性別主題繪本教學模式。這種模式因為是運用以上兩種理論所發展出來的模式，所以並沒有現成的課程教材可用。主要是因為我個人在特定學科領域的專長上是應向與文教學，因此收集有性別平權意識的繪本作為教材，以發展適合幼兒了解性別主題的教學活動，是我教導學生設計幼兒性別教育教學活動的主要模式。我所運用的方式是根據各種有關如何進行幼兒性別教育的書中後面會列適合幼兒階

段閱讀的繪本，在購買這些童書，我目前至少收集 300 本以上中英文相關童書，在尤其中選擇部分作為課程活動設計的中心教材。

　　Pinar（1995）指出運用二手資料是一種創造課程領域地圖的方式，而這些領域的學者也不應該有哪種人獨佔課程領域論述的地位。因此在我提供給學生閱讀的文本會將以上六種文本內容都包含入內，而不特別強調哪一種取向。這六種課程模式的探究即是我實踐幼兒性別教育之師資培育課程的依據，我根據這些文獻來形成我自己教學實踐的文本。

肆、研究方法

一、我採用行動研究的原因

　　我的研究方法為行動研究，之所以選擇行動研究的原因在於MacMillan（1996）從課程教學情境的位置，論述行動研究是由教師主導的研究，著眼於自身的問題，目的在解決教室學校或者教育場域中的問題。因此我運用行動研究正是解決我課程與教學問題最適當的研究方法。

　　Sprinthall、Schmute 和 Siroris（1991）認為行動研究是一種有彈性的研究過程，研究者可能運用任何方法（或者方法與方法結合）解決一個實際的問題。行動研究是一種自我省思階段的教育研究，鼓勵教師在研讀理論的巨型論述後，以實務經驗來檢視理論並建構出創新的行動方向（Kemmis & McTaggart, 1988）。想解決依個實際問題，又想透過實務經驗來將文獻所發現的理論架構付諸行動，正是我研究歷程所關注的焦點，這顯示出行動研究地運用與我的研究目的是不謀而合。

　　行動研究的意涵在教育研究上是結合理論與實際的橋樑，行動研究沒有固定的方法，只要是能夠解決現場問題的方法都可作為行動研究的方

法。這顯示出行動研究是以解決教學現場實務問題的研究法，適合作為我研究自己實踐歷程的主要方法。

二、我的行動研究的步驟

我的行動研究步驟是將顧瑜君（2004）行動研究四步驟與 Mills（2003）的九個步驟作一統合，建構成我的行動研究步驟，以下將說明之。

（一）計劃階段

計劃階段有以下幾項要進行的研究歷程：

1、撰擬焦點領域的敘述：

這點和研究目的相似，我的研究目的已在之前說明過，在此重述一次標題，即為建構有關「幼兒性別教育課程」多元的課程文本。

2、界定變項：

所謂的變項界定與名詞釋義的意涵相似，我所需探究的變項即是有關幼兒性別教育課程模式的文本。

3、發展研究問題：

我的研究問題為有哪些有關「幼兒性別教育」課程文本可使用？尤其是在幼教師資培育機構可用的文本是我欲尋找的重要文本，而收集這些文本加入個人定位觀點，並尋求在教學現場的實踐。

4、描述介入或創新：

在建構課程文本上，尋找各種和課程文本相關的資源，試著建構出多元的課程文本，因為在幼教師培課程中還沒有人建構過這樣的課程文本，所以是一種創新。

5、描述行動研究的成員：

研究成員則包含我與我的學生。而我的指導教授與同事則是我的專家夥伴，對我行動研究的歷程提供諮詢與支持的角色。

6、描述需執行的協商：

由於本研究在我的課程上進行，因此協商的部分應是跟學生充分說明即可進行行動研究。

7、發展時間進度表：

研究進度則是以每學期為一小型的研究週期，總共進行8次。

8、發展資源的敘述：

有關研究資源的收集方式是採用類似釣魚的方式進行。先上一些網路書店以及網路圖書館，鍵入關鍵字如：女性主義教育學、性別教育、幼兒性別教育、gender equity、feminist pedagogy 與 gender equity in early childhood 等相關概念，購買我認為相關的文獻，再由我閱讀這些文獻後從這些文獻的參考書目或建議教材中，再重新尋找與購買這些資料。

由於我在閱讀文獻的過程中很多的幼兒課程設計模式都是以繪本為中心的方式設計教學方案，我便從這些建議使用的繪本中採用儘可能收集的方法，包括一些很難收集到的繪本，則透過交換舊書的網站收集到。此外因應現在學生的學習特性，我也收集很多的視聽產品，而這些是用來作為課程內容與教學資源的部分。

　　我也大量收集跟研究有關的資源，同時為讓我的學生也有實踐的機會，於是我與社福單位如兒福中心、婦幼館等以及學校附設的托兒所、學校附近的小學進行幼兒性別教育繪本導讀活動。而這些研究資源與教學資源的收集是我 6 年來所收集的成果。而我根據行動研究的檢視，將課程中我認為最適合學生學習的內容保留，以進行課程文本的建構。

　　9、發展資料蒐集的觀念

　　這個部分是包括資料收集的來源，包括我所寫的反省札記、教學檔案、學生的學習檔案、學習省思、實作活動的錄影資料和書面資料。

（二）行動階段

　　行動階段就是將以上的計畫在我的教學情境中實踐，我的行動則是在每學期中將我建構的課程文本運用在學生身上，而這些行動則透過學生對我課程文本的學習省思，再加以修正建構創新的文本。

（三）觀察階段

　　在行動時我會透過反省札記，記錄下學生與我的教學互動以及我實踐課程文本過程中的感受。透過對自我的觀察和對學生的觀察，檢視自己實踐過程是否可與女性主義教育學論述的連結，探究在我的教學情境中，以女性主義學論述出發，能產生何種教學策略，而這些教學策略是否真能達成協助學生學習的目的，是我觀察的重點。

（四）省思階段

在省思階段則回顧以上建構課程文本與探究教學策略的過程，摘錄適合放在研究文本的反省札記內容，思考並討論這些反省札記對我研究文本建構的意義，寫出個人自省性的論證，以敘寫研究歷程成書面的文本。

而行動研究就是繼續不斷的循環以上歷程，直到累積相當量的研究資料，便可以形成文本公開發表行動研究歷程的研究文本。

伍、研究結果

在這部份我根據文獻的資料與我的理解，將幼教階段的課程文本分成六種的課程模式，並將歷年的課程文本根據這六種模式來分析。我在表 5-2 將歷年來的課程文本歸類在不同的課程模式下，並透過突圍中飛翔分析與省思這六種課程模式。

一、單元設計模式

單元設計模式是幼教課程設計模式中最基本的模式（簡楚瑛，2003），也是可以作為添加式課程設計的模式：單元設計模式是幼教課程設計模式的核心，根據我對幼教課程模式的小型研究發現，高雄地區與屏東地區的幼教課程模式是以單元設計為主軸，這樣的設計方式可用在等同 Tetreault 的貢獻課程方式運用，即當在課程文本運作時，教師可根據當時幼兒最迫切解決的性別議題（如身體自主自我保護的議題），作為單元設計的主題，設計出獨立的活動單元，由於幼稚園與托兒所階段並無規定對性別議題要實施幾小時的課程，因此比照性別平等教育法對國民中小學的規定辦哩，

在第三章第十七條中寫到『除應將性別平等教育融入課程外，每學期應實施性別平等教育相關課程或活動至少四小時』，此種即為貢獻課程模式，單元設計模式是符合實踐貢獻課程的設計模式。（突圍中飛翔，2005-02-05）

二、主題繪本模式

主題繪本模式是以童書為教材的方式，也是現今幼教界常使用的方式，如就有以主題繪本為主的教學資源手冊（洪藝芬、陳司敏和羅玉卿，2004）。以下將引用反省札記說明主題繪本模式。

主題繪本模式有兩種運作的方式，一種是和單元設計模式相同，只是此單元的目標以選擇的繪本為中心，運用名家作品來教導學生相關的性別教育概念，是一種單元設計模式的相關版本，只是課程文本的建構以繪本為主題中心。這種課程模式很符合台灣現今的幼教生態，因為單元教學還是站主流位置，所已運用有性別平權意識的作品來設計相關活動，讓幼兒深入體驗建立對幼兒性別議題的理解，是現階段最實用最可在台灣地區幼兒性別教育課程還是懸缺課程時，先打前鋒的課程模式。

另一個方式則是透過改變傳統童話或神話的方式進行，因為傳統說給幼兒聽的故事有很多的性別刻板印象在內，因此透過改編成符合現在生活的版本，有助於檢視幼兒的性別角色建構與性別刻板印象，也讓我們從傳統的同化論述中再概念出創新的思維，如小紅帽的故事這可以改編成身體自主的全新版本，讓小紅帽可以保護自己。（突圍中飛翔，2005-02-05）

三、生態學主題網模式

在生態學主題網模式上是我將張玨（1996）提出的兩性平等教育的架構圖，再結合 Bronfenbrenner（1979）的生態觀理論所產生的課程模式。在這個生態學主題網模式中，可以以主題網的方式設計課程文本，從中找到微觀系統中最需實踐的主題，根據我的分類（張鈺珮，2002）以自我認同與接納差異目標為最基本的主題，這都是跟幼兒生理心理與社會關係直接相關的向度。所以要課程文本的論述要以此類論述為最開始。

在這個課程模式的運用上要先找到最符合幼兒需要的主題，透過完整的設計流程，畫出主題網後，形成課程網，根據不同領域，形成可用的活動，這樣的方式可以形成完整的課程文本。這種模式適合整學年以性別為主題來實踐的課程模式。即是等同於 Tetreault（1993）的女性主義課程發展階段論中的女性課程（以女性經驗和活動為課程文本的中心位置），但在此模式中要發展的是性別主題課程（以性別議題為課程文本的中心位置）。（突圍中飛翔，2005-02-05）

由於這個模式是我結合許多學者理論所自行建構而來，而且其可設計完整的課程內容，因此以下表一是我所建構出來有哪些主題是適合生態學主題網模式中適合幼兒性別方案的主題，而這些主題也可以用在師培課程中選擇適合學生的主題。

根據生態學理論，與幼兒越接近的微視系統就是幼兒此時此刻影響較大的系統，也是最重要的生活情境，因此越靠近幼兒的微視系統中的主題，就是最適合幼兒性別教育運用的主題。由張玨（1996）的兩性平等教育概念架構圖中先分析其所在系統，再根據生態學理論的同心圓架構，將最接近幼兒的微視系統（如幼兒本身、家庭、友伴關係、托育機構、鄰里社區）中所含的議題中，適合當成有幼兒性別教育運用的主題以 3 代表。但這些適合的主題中，有些已經是幼兒性教育常會探討到的主題，有太多

的教案設計範例與文本，所以不建議再過度運用以 4 為代表。而外部系統
（如社會、文化等）相關的主題則需要有所調整才能作為課程設計的主
題，以 2 為代表。而不適合的主題則是因為牽涉到鉅視系統（如政治、經
濟意識形態等），對幼兒而言對其直接的影響力較少，幼兒也很難從生活
實例經驗中理解，故列入不適合的主題，以 1 為代表。以下是我分類結果
的呈現在表一。其中適合度的數字意涵為 1 是完全不適合幼兒性別的主
題、2 是須調整、3 是最適合、而 4 則是適合但已經過度使用了。

這種主題單元的選擇方式有助於在進行添加式課程中，因為時間有限
可以選擇最適合幼兒，但又比較被忽略的適合度 3 的主題來進行教學，因
為在添加式課程中，依據性別平等教育法第三章第十七條每學期至少有 4
小時的添加課程或活動，因此需要選擇適合幼兒且容易被忽略的主題，因
此可以適合度 3 的主題來設計相關活動，再逐漸進入適合度 2 的活動中。
以長時間進行以性別為主題的課程而言，生態學主題網模式更可以設計出
完整的內容，形成完整的教學內涵。

表一：生態學觀點分類的幼兒性別方案主題表

項目	幼兒性別方案主題	生態學系統	適合度
1	性／性別概念	微視	4
2	生理：生殖成長（體型）、認識動植物的性別、性別差異（生物論述）、內分泌與情緒、性器官、生理與疾病、性行為等。	微視	4
3	心理：性別角色認同、認知能力、人格、性別發展、語言發展、人際關係、性、愛（性關係）、交友、婚姻（家庭暴力）、性侵害（性騷擾）、性暴力、性虐待、女性主義觀點心理學。	微視	3

4	社會層面：政治參與、社會常模／社會控制、社會化／社會角色（性別角色刻板印象、性別偏見、性別歧視、性別暴力）、權力分配（家務分工、家庭照顧、資源分配）、社會地位、勞動力參與（職業、薪資、升遷、福利）、女性主義觀點社會學。	微視到外部	3
5	休閒：私領域、公領域。	微視	3
6	多媒體：新聞、廣告、傳播、文學（小說、童書、傳記、詩詞、童詩、童謠）、藝術（美術、音樂、兒歌、戲劇、電影）、數位影音視訊。	外部	3
7	文化（多元文化）：體質、社會文化、語言、生命週期：家庭組織規範、女性主義觀點的人類學。	外部	2
8	法律：民法（財產法、親屬篇、兵役法）、刑法（性犯罪、妨害風化、妨害性自主、兒童及青少年性交易防治條例、性侵害犯罪防制法）、行政法規（社會秩序法、勞動基準法、兩性平等工作法、兩性平等教育法）。	外部	2
9	教育：教師、教材、教學法、輔導、環境規劃。	外部	2
10	健康：政策、罹病、求醫、照顧者。	外部	2
11	空間：私領域、公領域。	外部	2
12	社會運動。	鉅視	1
13	政策：公領域、私領域。	鉅視	1
14	學術：男性獨占、高等階段。	鉅視	1
15	歷史：人／時／地／物、道德、規範、演變女性典範生活史。	鉅視	1

四、性別優勢模式

性別優勢模式，是因為在教學現場的確會觀察到性別特質差異的幼兒期在學習上具有不同的面向，不論其成因來自先天或後天，幼兒行為依然會出現差異的層面，所以在課程與教學實踐上並要依據性別差異來建構學

習策略。這樣的模式和 Tetreault 的雙焦點模式相似，都是建碁在將性別二元論述來運用教學策略，如期認為男性幼兒需要在獨立研究的教學策略上會比合作學習更受益，所以教導男性幼兒要使用讓其獨立研究的方案。但在課程文本的建構上這個模式卻又傾向性別平衡模式，因為比如說語文能力的促進上，其論述男女幼兒都需要促進這樣的能力，所以指示給予男女幼兒的策略不同而已，但都需要有促進語文能力的課程文本提供給性別差異的幼兒。（突圍中飛翔，2005-02-05）

學生是如何看待性別優勢模式呢？編號 5-2 階段修課的學生小琪就對我說，她發現女生在戶外活動時，會躲在洞裡玩想像遊戲，而沒有活動。她說雖然她在性別優勢模式中學過，促進女生參與大肌肉活動有助於增加其性別優勢，但她會覺得這些女生是自己喜歡玩這樣的遊戲，她不會干涉要求她們去攀爬區玩。但她也看到男生的大肌肉活動比較好，卻不認為有必要促進女生的大肌肉活動。（突圍中飛翔-教學，2005-10-08）

這顯示出小琪是能看見性別差異的層面，但不認同要縮短這樣的差異。可見這個模式要與以下對抗歧視模式互相配合，學生有性別意識才能設計出性別優勢的活動。

五、對抗歧視模式

對抗歧視模式是以對抗性別偏見、刻板印象與歧視觀念促進性別平權所發展出的融入性課程模式，其目的是希望透過課程的實施，讓幼兒從小就建立對抗歧視與偏見的觀念，實踐促進平權的行動。這樣的課程模式和 Tetreault 所建立的女性課程模式的觀點相同，所以其認為所有日常生活與課程文本主題都可能產生各種歧視，所以我們要從抗歧視的觀點來建構所有的課程文本。而在幼兒性別教育上，則是不論幼兒日常生活的大小私人

瑣事到幼兒園生活中主題課程文本的建構都要有對抗性別歧視的內容，其有融入式教學的意涵，即對抗性別其是應該無所不在，隨時運用對抗性別歧視的透鏡來檢視一切公眾與私人領域。（突圍中飛翔，2005-02-05）

學生是如何看待對抗歧視模式呢？由以下學生的反應中可發現因為學生具有性別盲所以對抗歧視模式要學生落實在其教學現場是受到限制的。

編號 5-2 階段修課的學生小宜說，她還是覺得性別有其自然的因素在，比如說在顏色的活動中，她也會發現大班的幼兒男女喜歡顏色會有差異，但是她還是會認為那是自然的，她不會主動去改變。我問她是否知道如何促進幼兒多使用幾種顏色。

標號 5-2 的學生小娟在教室內會說出一堆不要重男輕女、不要限制女性扮演傳統性別角色的言論，但當詢問其在生活與幼教現場時的現況，卻覺得老師穿裙子、化妝是對家長的尊重是必要的禮貌，即便這樣的穿著打扮會影響與幼兒互動的行為。

編號 5-2 學生小玲說雖然覺得男生也可以玩洋娃娃，但還是覺得很奇怪，尤其是當男生玩芭比娃娃的時候，她是很不能接受的。（突圍中飛翔，2005-10-08）

不但學生自己有性別盲，幼教師資培育課程的老師也有：編號 5-2 的學生小雨就說，當她們拿玩具性別化量表給系上老師勾選時，她們會說這些是男女都可以玩的，而當小雨進一步問說會不會拿男生的玩具給女生玩時，這些老師都會說順其自然不會刻意改變幼兒的本質。（突圍中飛揚-教學，2005-10-08）

可見對抗歧視模式所發展出來的各項課程目標與內容是我的學生比較難以實踐的部份，因此在未來教學實踐上更需要重視性別意識覺醒的層面，這點在本章第二節的部份會有更詳細的描述。

六、跨性合作模式

　　跨性合作模式的重點要改變環境，讓環境的佈置更利於性別特質不同的幼兒合作學習，這也顯示出幼兒性別教育課程的實踐不僅僅是課程文本的建構而已，也牽涉到幼兒園內各種物理與社會環境的改變，運用此種模式讓學生重視全方位的改變，不單單只是老師教什麼而已，而是環境上全方面的改變，重視學習環境的佈置與改變。其理念和 Tetreault 性別平衡課程的概念有關，因為其基本論述的核心是依個促進學習的環境對性別特質差異的幼兒都具有益處，如娃娃角應叫做家庭角，不要讓這個角落專屬於女性幼兒，而是要鼓勵性別特質差異的幼兒都參與家庭角，學習如何在家中作家事、照顧家人，這樣關懷倫理的展現對男女幼兒都是有幫助的。（突圍中飛翔，2005-02-05）

　　學生是如何看待跨性合作模式呢？編號 5-2 階段修課的學生小雯說，當他發現女生排斥男生加入玩扮演遊戲時，她就會介入處理；可是她覺得男生在積木角玩，女生在扮演角玩，她覺得那很自然，她不會刻意處理。（教學紀錄，2005-10-08）

　　這顯示出小雯能理解跨性合作的意涵，也能在幼教現場看出這樣的需求並願意承諾去改變。但因為跨性合作重視各種學習區與社會互動的活動規劃其所遇到的瓶頸是：編號 5-2 階段的學生小玫說，幼兒園中幼兒的認知課程已經填滿了幼兒的時間，幼兒不是在學美語、注音，就是學科導向的分科教學如上美術、音樂與律動等才藝課，老師並沒有刻意規劃角落和團體時間，所以也看不出有哪些時間，會出現促進跨性合作的活動。（突圍中飛翔-教學，2005-10-08）

　　所以跨性模式在台灣幼教生態上有其無法實踐的限制，因為其重視情意目標，而這是現階段幼教課程中較忽略。

　　以上這六種課程模式是我透過行動研究的歷程逐漸建構出來，而透過我所書寫的反省札記我也逐漸反省出各種模式在運用上的需要與限制。

陸、省思與前瞻

　　在最初我先建構成 6 種幼兒性別教育課程模式，分為是單元設計、主題繪本、主題網模式、跨性合作模式、性別優勢模式與促進平權模式。但隨著實踐的過程，因為前面的三個模式都是我根據一些網路的幼兒性別教育課程、性別平等教育架構、幼兒教育的模式、幼兒教育課程設計理念、幼兒教育服務理論與統整課程模式等其他領域中我自己綜合發展出來的。

　　因為是來自多種來源的理論的統整，所以難免重疊之處很多。我自己要實踐的過程也發現，我越來越難區分這三種課程模式，事實上這三種課程模式有很多共同的地方在實踐時都要透過單元設計模式出可用的課程文本，因此這個模式我最後決定將其變成生態學主題網模式來處理。

　　以下將說明這四種模式的課程文本與使用時機：

一、創造優勢

　　這種模式是最符合學生需求從性別差異的角度來論述幼兒，可以是一種雙焦點的課程階段。因為其會從個體認知學習風格的方向論述教師如何協助幼兒學習，以女性主義教育學的階段而言，是屬於心理模式的階段。這種模式認為男女幼兒在學習上有不同的學習風格，這是受到大腦腦側化發展的影響，所以對不同性別化的腦部有不同促進學習的策略（Gurian & Ballew，2003）。而 Karges-Bone（1998）則根據腦部性別差異的方向，發展出適合不同性別化腦部幼兒可用的學習策略，如男生適合獨立研究而

女生適合合作學習等。也對學習區的規劃有依據幼兒腦部性別化理論所規劃的空間配置圖。

這個模式會讓我聯想到多元智能的課程模式，其來自 Gardner（1993）的智能概念，這個模式的重點是在於看見學生先天的優勢協助她們從先天的優勢中學習的更好。我運用這個概念來連結在性別腦側化的學習策略上，而將之命名為性別優勢的模式。

因為這個模式是從先天腦部結構和特質就有差異的角度來解釋男女幼兒在學習上的差異，很容易變成以生物決定論述的立場來看待學習上的性別差異。所以雖然這個模式蠻符合學生從差異角度看待性別的觀點，但是我還是建議運用在進階課程的時候才使用。要等學生了解性別差異是先天與後天交互作用影響，且可透過社會控制的權力形塑不平等的性別關係，與權力差異的性別角色扮演後，才能很謹慎的使用這個模式。

這個模式的優點在於符合學生看見幼兒是具有性別差異的角度，而其用二元對立的論述也容易促進學習理解，因此學生便能理解男生幼兒有怎樣的性別優勢，要如何運用這些性別優勢讓其學習的更好，而且也有具體的學習策略，這也難怪 Gurian（2003）發現這樣的論述極受現場老師的歡迎，也有很多的從差異向度看待幼兒行為的教學經驗可分享。

但這個模式的限制也在於太容易落入性別刻板印象與生物決定論的陷阱中。因此在論述這個模式時，我會強調以下的概念，性別對學習行為固然有影響但卻不是一成不變的，並非固定在男生怎樣、女生怎樣。而且生理上的性別也不能完全決定一個人的學習特質，所以很可能會出現女性具有男性化的腦部，而男性卻具有女性化的腦部，所以要運用何種策略來促進幼兒的學習依然要落實在對現場幼兒實際的觀察中，而不能以刻板印象來決定要使用何種策略。

我自己在實際運用上在編號 4-1 時，運用一些性別化的學習結果，如男性比較理性這樣的性別刻板印象互相比較，到編號 4-2 才詳細說明何謂

性別優勢模式。而到了編號 5-1 與 5-2 就把這個模式界定在進階課程的運用上。編號 5-2 的學生對這個模式的理解是能舉實際的例子說明，有 80% 以上的可以以舉實例的方式說明這個模式。如小宜就會寫出角落在讓女性幼兒有較多的時間參與，所以這個模式對學生而言理解程度是很高的。

使用這個模式要非常小心，其容易用一種性別發展適切論述來衡量幼兒。要避開這樣的陷阱，就要隨時把女性主義教育學的論述放在基礎的位置考慮，即性別優勢模式只是提供一種學習的策略，讓幼兒從其學習特質出發，雖然其會讓到性別的影響而有差異的學習策略。

但在學習內容上則仍以性別平衡的課程為主，所以性別優勢模式中那些學習策略和學習區規劃都只是手段，是透過這些手段建構性別平權的教室。真正的核心還是需要具有性別平權的意識，否則即使知道方法也不一定會實踐。光知道很多學習策略的方法，如果不認同這樣的方法，而且沒有實踐，這種理性思考的學習是不會產生幫助幼兒的效果，所以這也就是為何後面喚醒意識覺醒的教學策略是課程文本實踐的動力，關於喚醒性別意識覺醒的部分我將在後面討論。

二、跨性合作

跨性合作模式是希望透過角落學習區的規劃和團體活動的實踐促進性別特質差異的幼兒，可以接納彼此的差異一起合作學習。因為這樣的論述也是根據男女有差異，所以要透過合作學習活動，增近彼此的社會關係。這個論述學生也能在自己經驗中找到實踐的行動，並願意行動：

因為跨性合作有具體的學習區規劃和具體的團體活動設計，甚至連使用教具都有具體的敘述，而且有沒有達成跨性合作在幼教現場又很容易觀

察與評量，所以這樣的模式似乎容易在幼教現場落實，所以在我教學的過程中，跨性合作模式所衍生的相關內容得到學生的認同。

但在台灣幼教現場的教學情境中卻受到限制，跨性合作模式很難落實在課程中。幼教補習班化的生態讓幼兒在教室內便成一個個獨自從事認知學習的個體，社會發展的目標被邊緣化，幼兒互動的機會變成不重要，而這種對認知發展目標重視，忽視社會發展目標的幼兒課程，跨性合作模式變成在正式課程中沒有位置。

但其實教師也可以透過自由活動時間來促進跨性合作模式的實踐，但是這則牽涉到第三個課程模式-對抗歧視的意涵，如果教師將男女同性活動的模式，視為一種自然的性別分化本質，那教師還有必要刻意介入去促進跨性合作嗎？在對抗歧視模式中我將進一步的論述這個問題。

三、對抗歧視模式

這個模式除了希望每個主題都融入破除性別刻板印象與消除偏見歧視的內容，如講職業是就要呈現各行各業男女的圖像都要存在。此外師生互動的層次也要細微的察覺性別化的現象，除了教師自己不要性別化的對待幼兒外，更要敏覺於教學情境與日常生活中細微的性別刻板印象，並消除時鼓勵進行平權的行動。

這個模式應該是幼兒性別教育最終要達成的階段，也就是性別平衡的課程，但也是最難達成的階段，因為學生可能會運用生態學主題網模式設計添加式課程，但是要她們敏覺於各種性別刻板現象、偏見與歧視，達到性別覺的階段，有第三隻眼看見背後的性別權力關係是比較困難。

生物決定論述的權威十分有決定性的主宰學生和幼教師培教師對看見現象的理解。因此對抗歧視模式在運用上的盲點是大家都知道破除刻板

印象、偏見與歧視很重要，可是問題是性別刻板印象和性別本質的界線在哪？男生喜歡藍色女生喜歡紅色是一種性別刻板印象。還是性別本質呢？那女生喜歡扮演角、喜歡扮演遊戲的玩具，男生喜歡積木角、喜歡戰爭遊戲的玩具呢？女生喜歡扮演遊戲可能推論到從事服務類的職業性向，男生喜歡益智遊戲可能變成科技類的職業性向，這種符合性別本質的分工不好嗎？

為了回答以上的問題，對抗性別歧視模式的論述要建基在性別差異中哪些是本質，哪些是刻板印象？若從性別腦側化的研究就會發現有些刻板印象是有研究支持有些刻板印象則是剛好與事實相違反。

我們常覺得女性幼兒表達情緒的方式用哭泣與言語是非理性的表現，但 Gurian（2003）對人類腦部的研究卻發現這是理性的行為，因為這表示大腦在情緒的處理上是轉化到皮質的部份，用理性的腦來思考如何面對，因此理性的皮質就會用語言（哭是另類的語言）來處理情緒壓力，透過表達後壓力就會解除，是健康理性的表現；但男性幼兒可能面無表情或是看似毫不在意，這其實是將情緒壓力壓抑到原始的腦部邊緣系統和腦幹部分，反而出現攻擊這樣非理性的行為。

這顯示出性別刻板印象的建立來自社會結構背後不公平的位置，所以男性幼兒壓抑情緒的方式被當成理性的是好的，女性幼兒表達情緒的方式反而被當成情緒化是不好的。但事實上女性又而是用理性的腦在處理問題，而男性幼兒卻是用原始的腦部在處理問題（Gurian, 2003）。

即便這樣科學有研究根據的論述，也一樣敵不過性別刻板印象的權威，一般人還是會回答男生比較理性因為不會情緒化，而其實情緒化是健康是一種理性的論述卻很少出現在我們日常生活的常識中。可見評定行為背後性別刻板印象中將男性視為優勢主體的權力，正形塑我們的認知與理解世界的角度，即便有科學根據解釋的刻板印象也不能改變這種主宰的專家權威。

雖然學生對於對抗歧視模式可以理解其重要性，但「看不見」有性別刻板印象問題，只看見「自然」的性別本質，這個模式就會停留在課堂「虛無」的論述中，無法真正的落實在學生的行動中。

所以對抗歧視模式是需要學生性別意識覺醒的能力，協助學生走出性別盲的階段，否則對抗歧視模式會被誤解成一種矯枉過正、故意顛倒陰陽，要將幼兒變成男不男女不女的妖言惑眾論述。這種誤解使得其促進社會正義、協助弱勢者彰權益能的功能不但沒達成，反而被視為是一種鼓勵男女對立，造成社會不安與衝突的論述。

四、生態學主題網

這個模式適合形成如幼教師培課程中將性別教育獨立設科目的貢獻課程模式，而根據性別平等教育法規定要上四小時的添加課程，也可以用這樣的模式發展出可用的課程。

這個課程模式的優點是其接近一種課程設計的方法，比較不是一種有固定理論論述的模式。前面三種模式都有理論文本的依據，唯有這個模式是我從教授幼兒活動設計經驗中建構出來的，所以在第二章第三節幼兒性別教育課程的探究中才特別形成一個實作的課程文本，因為其沒有固定的文本來說明其範圍。

就是因為沒有固定的課程文本，所以可以彈性配合教師上課的需求選擇所需的教材來發展教案。依據生態學的理論而言性別平等教育架構與個人主體的定位不同。課程編號 1、2、3-1、3-2 站在與學生距離最遠的巨觀系統（學科知識體系）中，就會選擇如性別發展論述等理論文本來教學。後來當我看見學生的需要時，我就會以靠近學生的微觀系統，如幼教現場來考慮課程文本的建構。因此就以幼教現場的幼兒教育目標來選擇主題單

元做為上課課程文本,因此主題網課程模式是我建構自己上課課程文本的模式。

　　以上這四種幼兒性別教育課程模式的建構,期能對所有對此領域教學有興趣的夥伴參考,一起推廣這樣的課程模式,讓幼兒性別教育能無所不在的深入我們的生活中,實踐性別主流化的生活態度。

參考書目

方德隆（2002）。國民小學教科書性別意識形態的檢視。載於謝臥龍主編，性別平等教育--探究與實踐（頁117-149）。台北：五南。

毛萬儀（1991）。幼兒性好奇、性興趣及家長教保人員對幼兒性教育之調查研究。中國文化大學兒童福利研究所碩士論文，未出版，台北市。

毛萬儀（2002）。幼兒性教育。台北：啟英。

田翠華和鐘錦織（2005，7月）。幼兒性別平等教育課程實務分享。載於台南大學舉辦之「幼稚園性別平等知能」研習會論文集（頁75-107），台南市。

任秀媚（2005，7月）。幼稚園性別活動設計實例分享。載於台南大學舉辦之「幼稚園性別平等知能」研習會論文集（頁71-74），台南市。

李明珠（1986）。幼稚園教師基本能力之研究。國立臺灣師大家政教育研究所碩士論文，未出版，台北市。

李姵樺（2004，11月）。以性別觀點探究幼兒遊戲行為的差異。載於高雄師範大學性別教育研究舉辦之「性別經驗質性研究研討會與工作坊」會議論文集（頁245-265），高雄市。

邱世伶（2004）。幼兒性教育課程之行動研究。國立台南師範學院碩士論文，未出版，台南市。

林燕卿主編（2004）。幼兒性教育。台北：幼獅文化。

周天賜等（譯）（2003）。E. L. Essa 著。幼兒行為與輔導。台北：心理。

洪素珍（2004）。台灣兒童性侵害處遇的發展與轉變。勵馨電子報，233。2005 年 1 月 20 日，取自 http://www.goh.org.tw/chinese/e-news/2004/233-0624.asp。

歐用生（1985）。課程發展的基本原理。高雄：復文書局。

陳瑩珠（2004）。幼教師對幼兒性探索及參與幼兒性教育研習需求之調查研究-以高雄市私立幼稚園為例。私立樹德科技大學人類性學研究所碩士論文，未出版，高雄縣。

陳寶玉（2002）。宜蘭縣國民小學教育人員對於兒童性侵害的防治知識、態度、行為之調查研究。國立臺灣師範大學衛生教育研究所碩士論文，未出版，台北市。

張玨（1996）。兩性教育。測驗與輔導，135，2774-2776。

張鈺珮（2004）。解構幼兒發展論述的迷思-女性主義教育學觀點。教育研究（高師），12，125-132。

張翠娥（1986）。學前教育師資基本能力分析研究。中國文化大學兒童福利研究所碩士論文，未出版，台北市。

楊幸真（2004 年，8 月）。當西方到了東方：女性主義教育學的回顧與前瞻。載於樹德科技大學舉辦之「教育部兩性平等教育學術研討會」會議論文集（頁 458-488），高雄縣。

楊智惠和蔡佳紋（2005，7 月）。性別平等教育行動研究方案心得省思。載於教育部舉辦之「幼稚園性別平等知能研習會」會議論文集（頁 52-53），台南市。

劉豐榮、黃國彥、周煥臣、林淑玲、游淑燕（1995）。幼兒教師資培育之教育學程設立標準草案。教育部委託專案研究報告。嘉義市：嘉義大學家庭教育研究所。

蔡慧玉（2004）。幼兒自我概念之相關研究。台北市立師範學院國民教育研究所，未出版，台北市。

謝臥龍和駱慧文（1998）。追求兩性平權，教育應扮演的角色。測驗與輔導，148，3058-3060。

蘇芊玲（1999）。中小學教師女性化之教育現況及其與教改的互動關係。載於兩性平等教育的本土發展與實踐。台北：女書。

蘇楓琪（1996）。幼教教師在幼稚園時施姓教育之研究-以台北市立國民小學附設幼稚園大班教師為例。中國文化大學兒童福利所碩士論文，未出版，台北縣。

Bronfenbrenner, U. (1979). The ecology of human development. Harvard University Press, Cambridge.

Crawford, S. H.(1996). Beyond dolls & guns: 101 ways to help children avoid gender bias. NH: HEINEMAN.

Drake, S. M., Bebbington, J., Laksman, S., Mackie, P., Maynes, N., & Wayne, L.(1992). Developing an integrated curriculum using the story model. Toronto: University of Toronto Press

Evans, E. D.(1982). Curriculum Model. In B. Spodek (Ed.), Handbook of Research in early childhood Education, 107-134. New York: The Free Press.

Goldstein, L. S. (1998). More than gentle smile and warm hugs: Applying the ethic of care to early childhood education. Journal of Research in Childhood Education, 12 (3), 244-261.

Gurian, M. & Ballew, A. (2003). The boys and girls learn differently - Action guide for teachers. San Francisco, CA: Jossey-bass.

Hall, N. S. & Rhomberg, V. (1995). The affective curriculum - Teaching the anti-bias approach to young children. Ontaria, Canada: Nelson Canada.

Harris, J. (2002). No you can't play you're a girl: Some primary school recollections of female football players, The Bulletin of Physical Education, 38(3), 161-178.

Hauser, M. E. & Jipson, Janice A. (Eds.). (1998). Intersections - Feminisms/ early childhoods. New York: Peter Lang Publishing.

Karges-Bone.(1998). More than pink and blue-How gender shape your curriculum. IL: TLC.

Kemmis, S., & McTaggart, R. (Eds.). (1988). The action research reader (3rd ed.). Geelong, Victoria, Australia: Deakin University Press.

MacMillan, J. H. (1996). Educational research: Fundamentals for the consumer(2nd ed). New York: HarperCollins Publishers, Inc.

MacNaughton, G. (1997). Feminist praxis and the gaze in the early childhood. Gender and Education, 9 (3), 317-325.

Maher, A. F. & Tetreault, M. K. T. (2001). The feminist classroom - Dynamics of gender, race, and privilege. Lanham, Maryland: Rowman & Littlefield.

Miller, J. P.（1988）. The holistic curriculum. Toronto Ontario, Canada: The Ontario Institute for Studies in Education.

Rothbaum, F., Grauer, A. & Rubin, D. J. (1997). Becoming sexual: Differences between child and adult sexuality. Young Children, 52 (6), 22-28.

Schlank, C. H. & Metzger, B.(1997).Together and equal. MA: Allyn & Bacon.

Shulman, L. & Gudmundsdottir, S. (1987). Pedagogical content knowledge in social studies. Scandinavian Journal of Educational Research, 31, 59-70.

Sprinthall, S. A., Schmutte, G. T. & Sirois, L. (1991). Understanding educational research. New Jersey: Prentice-Hall.

Pinar, F. W., Reynolds, W. M., Slattery, P. & Taubman, P. T. (1995). Understanding curriculum. N.Y.: Peter Lang.

國家圖書館出版品預行編目

幼稚教育的理論與實務研究 / 黃文樹編. --
　　一版. -- 臺北市：秀威資訊科技，2007.10
　　　冊；　　公分. -- (社會科學類；AF0071, AF0072)
　　ISBN 978-986-6732-35-5 (第 1 冊：平裝). --
　　ISBN 978-986-6732-36-2 (第 2 冊：平裝)

1.幼兒教育　2.初等教育理論　3.文集

523.2107　　　　　　　　　　　　96021639

 社會科學類　　AF0071

幼稚教育的理論與實務研究（一）

編　　者 / 黃文樹
發 行 人 / 宋政坤
執行編輯 / 賴敬暉
圖文排版 / 黃莉珊
封面設計 / 蔣緒慧
數位轉譯 / 徐真玉　沈裕閔
圖書銷售 / 林怡君
法律顧問 / 毛國樑　律師
出版印製 / 秀威資訊科技股份有限公司
　　　　　　台北市內湖區瑞光路 583 巷 25 號 1 樓
　　　　　　電話：02-2657-9211　　　傳真：02-2657-9106
　　　　　　E-mail：service@showwe.com.tw
經 銷 商 / 紅螞蟻圖書有限公司
　　　　　　台北市內湖區舊宗路二段 121 巷 28、32 號 4 樓
　　　　　　電話：02-2795-3656　　　傳真：02-2795-4100
　　　　　　http://www.e-redant.com

2007 年 11 月 BOD 一版
定價：320 元

讀 者 回 函 卡

感謝您購買本書,為提升服務品質,煩請填寫以下問卷,收到您的寶貴意見後,我們會仔細收藏記錄並回贈紀念品,謝謝!

1.您購買的書名:＿＿＿＿＿＿＿＿＿＿＿＿＿＿＿＿＿＿＿

2.您從何得知本書的消息?

　　□網路書店　　□部落格　　□資料庫搜尋　　□書訊　□電子報　□書店

　　□平面媒體　□ 朋友推薦　□網站推薦　□其他＿＿＿＿＿＿

3.您對本書的評價:(請填代號　1.非常滿意 2.滿意 3.尚可 4.再改進)

　　封面設計＿＿＿　版面編排＿＿＿　內容＿＿＿　文/譯筆＿＿＿　價格＿＿＿

4.讀完書後您覺得:

　　□很有收獲　□有收獲　□收獲不多　□沒收獲

5.您會推薦本書給朋友嗎?

　　□會　□不會,為什麼?＿＿＿＿＿＿＿＿＿＿＿＿＿＿＿＿＿＿＿

6.其他寶貴的意見:＿＿＿＿＿＿＿＿＿＿＿＿＿＿＿＿＿＿＿＿＿＿

＿＿＿＿＿＿＿＿＿＿＿＿＿＿＿＿＿＿＿＿＿＿＿＿＿＿＿＿＿＿＿

＿＿＿＿＿＿＿＿＿＿＿＿＿＿＿＿＿＿＿＿＿＿＿＿＿＿＿＿＿＿＿

＿＿＿＿＿＿＿＿＿＿＿＿＿＿＿＿＿＿＿＿＿＿＿＿＿＿＿＿＿＿＿

讀者基本資料

姓名:＿＿＿＿＿＿＿＿＿＿　年齡:＿＿＿＿　性別:□女 □男

聯絡電話:＿＿＿＿＿＿＿＿＿　E-mail:＿＿＿＿＿＿＿＿＿＿＿

地址:＿＿＿＿＿＿＿＿＿＿＿＿＿＿＿＿＿＿＿＿＿＿＿＿＿＿＿＿

學歷:□高中(含)以下　　□高中　　□專科學校　　□大學

　　　□研究所(含)以上 □其他＿＿＿＿＿＿＿＿

職業:□製造業 □金融業 □資訊業 □軍警 □傳播業 □自由業

　　　□服務業 □公務員 □教職　□學生 □其他＿＿＿＿＿＿

To：114

台北市內湖區瑞光路 583 巷 25 號 1 樓

秀威資訊科技股份有限公司　　　收

寄件人姓名：

寄件人地址：□□□

- -

(請沿線對摺寄回,謝謝!)

秀威與 BOD

BOD（Books On Demand）是數位出版的大趨勢，秀威資訊率先運用 POD 數位印刷設備來生產書籍，並提供作者全程數位出版服務，致使書籍產銷零庫存，知識傳承不絕版，目前已開闢以下書系：

一、BOD 學術著作—專業論述的閱讀延伸
二、BOD 個人著作—分享生命的心路歷程
三、BOD 旅遊著作—個人深度旅遊文學創作
四、BOD 大陸學者—大陸專業學者學術出版
五、POD 獨家經銷—數位產製的代發行書籍

BOD 秀威網路書店：www.showwe.com.tw
政府出版品網路書店：www.govbooks.com.tw

永不絕版的故事・自己寫・永不休止的音符・自己唱